Nordfriesische Lebensläufe

**Joachim Hinrichsen
Ein Föhrer blickt zurück**

Nordfriesische Lebensläufe · 1

**VERLAG NORDFRIISK INSTITUUT
BRÄIST/BREDSTEDT, NF**

Ein Föhrer blickt zurück

Joachim Hinrichsens Lebens-Erinnerungen

Aufgezeichnet
von Iver Nordentoft

Aus dem Dänischen übersetzt,
neu herausgegeben
und kommentiert
von Volkert F. Faltings

**VERLAG JENS QUEDENS
INSEL AMRUM**

Gedruckt mit finanzieller Unterstützung der
Sydslesvigsk Forening
und des
Ministeriums für Bildung, Wissenschaft, Jugend und Kultur des Landes Schleswig-Holstein

Die Oberstufenschüler des Gymnasiums Insel Föhr
Heike Elvert, Hauke Grundmann, Sandra Juhl, Jan Ketelsen, Marret Mindemann, Wolfgang Möller, Hark Nickelsen, Jan Pedersen, Keike Quedens, Birte Rörden und Göntje Schwab haben an der Textillustration mitgewirkt.

Alle Rechte vorbehalten
Verlag: Nordfriisk Instituut, D-2257 Bräist/Bredstedt, NF, 1988
      ISBN 3-88007-145-4
   Jens Quedens Verlag Insel Amrum, D-2278 Noorsaarep/Norddorf, NF, 1988
      ISBN 3-924422-17-6
Lektorat: Thomas Steensen
Einbandgestaltung: Rainer Kühnast, D-2250 Hüsem/Husum, NF
Gesamtherstellung: Clausen & Bosse, D-2262 Leck, NF

Inhalt

Vorwort 7
Hinweise an den Leser 9
   Zur Entstehung des Textes 9
   Zu den Anmerkungen und Textillustrationen 10
Vorwort des dänischen Herausgebers 11

Name und Herkunft 19
1848–1850 20
Zwischen den Kriegen 23
Der Krieg von 1864 35
1865–1867 65
Auslandsaufenthalt und häusliches Glück 72
Wieder zu Hause. Scharmützel mit der Obrigkeit 79
Der nationale Umbruch 1864–1914 85
Der Weltkrieg 1914–1918 91
Die Abstimmungszeit 93
Der 14. März 1920 132
Nach der Abstimmung 136
Harte Zeiten. Es öffnet sich immer ein Weg! 144

Nachwort 157

Anmerkungen 161
Verzeichnis der Abbildungen 184
Literaturliste 187
Kartenanhang 192
Personenregister 196

Joachim Hinrichsen (6. 11. 1846–7. 6. 1930)
auf der Bank vor seinem Haus in Toftum am 11. Juli 1929
Foto: Dansk Centralbibliotek, Flensburg

Vorwort

Die Geschicke der Nordfriesischen Inseln sind von alters her eng mit der Geschichte des dänischen Königreiches verbunden gewesen. Auch als infolge des Krieges von 1864 Dänemark die Herzogtümer Schleswig und Holstein abtreten mußte, hielten insbesondere die Einwohner der ehemals reichsdänischen Enklave Westerlandföhr noch lange an ihrer dänischen Gesinnung fest. Für sehr viele Menschen dort bedeutete die anschließende Einverleibung in Preußen eine schmerzliche Erfahrung, deren Auswirkungen die althergebrachte, mehr am dänischen Gesamtstaat und seinen Monarchen als an der dänischen Nation ausgerichtete Staatsauffassung der Föhringer nachhaltig erschütterten.

Einer der führenden Köpfe des Dänentums Westerlandföhrer Prägung war Joachim Hinrichsen aus Toftum auf Föhr. Seine Lebensgeschichte steht stellvertretend für viele Hunderte anderer Gesinnungsgenossen, die sich wie er den neuen preußischen Herren im Lande nur widerwillig unterordnen mochten. Joachim Hinrichsen, von jedermann kurz Juchem genannt, hat sich auch öffentlich stets zu seinem Dänentum bekannt und mußte dafür die gesamte Breite behördlicher Repressalien über sich ergehen lassen, mit denen der preußische Staatsapparat seinerzeit sehr massiv auf jegliche dänische Opposition reagierte. Viele der zahlreichen Anfeindungen, Verleumdungen und Demütigungen, darunter Ausweisung und Gefängnis, haben Juchem tief getroffen, von seiner inneren Überzeugung aber nicht abbringen können.

Joachim Hinrichsens umfangreiche Lebenserinnerungen, die diesem Buch zugrunde liegen, sind in ihrer Art ein einmaliges Dokument der jüngeren Föhrer, speziell Westerlandföhrer Geschichte. Gewissenhaft und mit einer unverkennbaren Liebe zum Detail beschreibt Juchem darin die politische und gesellschaftliche Entwicklung auf Föhr vom Ende der dänischen Herrschaft 1864 bis hin zur Volksabstimmung im März 1920 und die ersten Jahre danach. Allein seine Schilderungen zu den Kriegsereignissen von 1864, die er als Freiwilliger auf einem dänischen Wachboot miterlebte, sowie über die turbulenten Vorgänge in der Abstimmungszeit zählen, was Föhr anbelangt, zu den ausführlichsten Augenzeugenberichten überhaupt. Gewiß sah Juchem vieles aus seiner ganz persönlichen Sicht, und ebensowenig machte er natürlich in nationalen und politischen Dingen einen Hehl aus seiner dänischen Haltung. Daß Juchem zudem in seiner manchmal schwärmerischen Begeisterung für alles Dänische die gesellschaftlichen und vor allem wirtschaftlichen Verhältnisse in Dänemark bisweilen übermäßig glorifizierte, mag angesichts seiner eigenen Lebensgeschichte, insbesondere nach den bewegten Ereignissen der Inflations- und Abstimmungszeit, verständlich erscheinen, sollte aber nicht übersehen werden. Dennoch wirken seine Darstellungen keineswegs tendenziös. Ganz im Gegenteil! Man merkt deutlich, wie sehr er sich immer wieder in allem um ein ausgewogenes Urteil bemühte, und es hätte seiner gutmütigen, ausgleichenden Art ganz und gar nicht entsprochen, sich über seine Widersacher in verzerrter oder gar verleumderischer Weise zu äußern. Toleranz gegenüber Andersdenkenden gehörte zu Juchems obersten Lebensgrundsätzen. Möge dieses Buch ganz im Sinne Juchems dazu beitragen, ein weitgehend unbekanntes Kapitel der Föhrer Geschichte besser verstehen zu lernen, das von einem unversöhnlichen Zwist der nationalen Gegensätze geprägt war und dem bislang weder von deutscher noch von dänischer Seite die Aufmerksamkeit und gerechte Beurteilung widerfahren ist, die es im Interesse eines gedeihlichen Miteinanders zweifellos verdient hätte.

Bei der Ausarbeitung und Gestaltung des Manuskripts hatte ich das Glück, auf eine vielfältige Unterstützung zurückgreifen zu können. Das hat dem Buch sichtbar gutgetan, und dafür möchte ich mich von dieser Stelle aus ganz herzlich bei allen bedanken, die daran mitgewirkt haben. Ein besonderer Dank gebührt Brar Lorenzen, Toftum, Brar Roeloffs, Mielkendorf, Nahmen Roeloffs, Süderende, und Jakob Tholund, Wyk, für die Durchsicht des Manuskripts. In schwierigen genealogischen, bio- und bibliographischen Fragen konnte ich stets auf eine fundierte und umfassende Auskunft von Harro Bohn, Nieblum, Miile Koops, Wyk, und Thomas Steensen, Nordfriisk Instituut/Bredstedt, bauen. Auch dafür meinen aufrichtigen Dank. Ein Dankeschön gilt ferner Jane Bossen, Dansk Centralbibliotek/Flensburg, Wilhelm Ellermann, Oevenum, und Hans D. Ingwersen, Wyk, für die mannigfaltige Hilfe bei der Zusammenstellung des umfangreichen Bildmaterials. Schließlich möchte ich es nicht versäumen, mich ganz herzlich bei Frederik Paulsen, Alkersum, zu bedanken, der mit vielen guten Ratschlägen, wertvollen Hinweisen und Anregungen sehr zum Gelingen dieses Buches beigetragen hat.

Utersum, im Herbst 1988
Volkert F. Faltings

Hinweise an den Leser

Zum besseren Verständnis, aber auch um möglichen Mißverständnissen vorzubeugen, erscheint es sinnvoll, Joachim Hinrichsens Lebenserinnerungen einige Erläuterungen zur Textgeschichte sowie zu den Kommentaren in den Anmerkungen und Bildtexten vorauszuschikken.

Zur Entstehung des Textes

Joachim Hinrichsen hat seine Lebenserinnerungen nicht selbst aufgezeichnet. Er hat sie vielmehr im Sommer 1925 dem angehenden dänischen Geistlichen Iver Nordentoft (vgl. Abb. 1) in stundenlangen Gesprächen, die sich über Tage und Wochen hinzogen, mündlich auf dänisch mitgeteilt und später auch durch briefliche Nachträge vervollständigt. Diese Gespräche sind von I. Nordentoft entweder mitstenographiert oder zumindest doch stichwortartig protokolliert worden. Das Ergebnis war eine ungeahnte Fülle von Einzelnotizen. Nach einer sorgfältigen Sichtung ging er nun daran, sein Material chronologisch und thematisch zu gliedern und die einzelnen Teile miteinander zu verknüpfen. Für diese mühselige, aber um so verdienstvollere Arbeit sind wir Iver Nordentoft zu großem Dank und bleibender Anerkennung verpflichtet. Mit Rücksicht auf Juchem und andere noch lebende Personen, die eine sofortige Veröffentlichung leicht hätte in Schwierigkeiten bringen können, verging noch ein ganzes Jahrzehnt, bis Nordentoft sich entschloß, das Manuskript unter dem Titel *„Mands Minde. Joachim Hinrichsens Erindringer"* herauszugeben. Es erschien in *Grænsevagtens Forlag*, Birkerød 1935–36, als *Grænsevagtens Bogrække* Nr. 1.

Das Buch fand seinerzeit weder auf deutscher noch auf dänischer Seite ein nennenswertes Echo. Im Dänemark der dreißiger Jahre war das Interesse an Südschleswig merklich abgeflacht, und in Südschleswig selbst hatte sich drei Jahre nach der nationalsozialistischen „Machtergreifung" die öffentliche Diskussion, die noch zehn Jahre zuvor von den Emotionen der Abstimmung und des Grenzkampfes beherrscht worden war, längst anderen, sehr viel unheilvolleren Parolen zugewandt. Auch der Umstand, daß das Buch in dänischer Sprache erschien, wird seine Verbreitung südlich der Grenze zusätzlich behindert haben. Eine Anfrage vor einigen Jahren ergab, daß der weitaus größte Teil der Auflage in der Tat unverkauft geblieben ist. Zweifellos hätte dieses vorzügliche Buch Besseres verdient gehabt.

Aus stilistischen Gründen hält sich die deutsche Übersetzung nicht immer an den genauen Wortlaut ihrer dänischen Vorlage, jedoch in keinem Falle so, daß dadurch jemals ein Sachverhalt sinnentstellt wiedergegeben worden wäre. Der Herausgeber sah sich dazu berechtigt, da ja auch Iver Nordentofts redigierte Fassung lediglich annäherungsweise mit Juchems Original-Erzählungen deckungsgleich ist. Kleinere Fehler und Ungenauigkeiten der dänischen

Ausgabe sind stillschweigend korrigiert, größere Abweichungen oder Ergänzungen in den Anmerkungen dargestellt worden.

Zu den Anmerkungen und Textillustrationen

Bereits Iver Nordentoft hat Joachim Hinrichsens Erzählungen in einzelnen Punkten sehr sachkundig ergänzt und kommentiert, gelegentlich auch korrigiert. Er ist dabei mit großer Sorgfalt vorgegangen, so daß seine Anmerkungen in der Regel unverändert übernommen werden konnten. Ansonsten sind sie stillschweigend verbessert, präzisiert oder auf den neuesten Wissensstand gebracht worden. Darüber hinaus hat der Herausgeber zahlreiche Anmerkungen hinzugefügt, vor allem im biographischen Bereich. Er war bestrebt, für sämtliche in Juchems Erinnerungen erwähnten Personen verläßliche Lebensdaten anzuführen. In dieser mühseligen Arbeit ist er von den Schülern des Grundkurses Fering des Gymnasiums Föhr tatkräftig unterstützt worden. Zusätzlich werden, sofern es sich um Mitglieder oder Nachkommen eingesessener Familien aus dem Kirchspiel St. Laurentii (Westerlandföhr) handelt, die bei L. Braren, Geschlechter-Reihen St. Laurentii-Föhr (abgekürzt GRL), verwendeten Geschlechternummern genannt, so daß dort leicht weitere genealogische Zusammenhänge verfolgt werden können. Bei Wohnungsangaben im Kirchspiel St. Laurentii beziehen sich die Hausnummern ebenfalls auf Brarens Geschlechterreihen. Diese Numerierung ist jedoch nicht mit der gegenwärtig gültigen identisch. Zur Lage der einzelnen Häuser vergleiche man die Dorfpläne im Kartenanhang, die im wesentlichen die Verhältnisse der dreißiger Jahre widerspiegeln. Im Kartenanhang befindet sich ferner eine Situationskarte zur militärischen Lage des dänischen Kapitänleutnants O. C. Hammer im nordfriesischen Wattenmeer während des Krieges von 1864. Es bleibt noch zu erwähnen, daß sich die Quellenangaben zu dem umfangreichen Bildmaterial auf die Herkunft des Bildes (Archiv, Privatbesitz usw.) beziehen und nicht auf den Fotografen, da letzterer häufig nicht mehr festzustellen war.

Vorwort des dänischen
Herausgebers Iver Nordentoft

Die folgenden Lebenserinnerungen des Joachim Hinrichsen werden von mir unter demselben Sammeltitel *Mands Minde* (eines Mannes Erinnerung) herausgegeben, den ich unter dem Pseudonym *Symmakos*[1]* bereits in der Zeitschrift *Grænsevagten*, 10. Jahrgang, für die Veröffentlichung von Henrik Lassens Erinnerungen verwendet habe. Beide Aufzeichnungen sind im Sommer 1925 entstanden.

Es war, genauer gesagt, im Juni 1925, als ich anläßlich eines Besuches in Toftum auf Föhr die vorliegende Lebensbeschreibung nach Joachim Hinrichsens mündlichen Angaben zu Papier brachte. Nachdem ich den Stoff in einer ersten Niederschrift gesammelt und geordnet hatte, legte mein Bruder Benedict Nordentoft – seinerzeit noch stud. mag., heute cand. mag. und Wanderlehrer in Südschleswig – während eines Aufenthaltes auf Föhr im Juli desselben Jahres Joachim Hinrichsen nochmals eine Reihe bestimmter Fragen vor, auf die er in seinen ersten Mitteilungen nicht mit der nötigen Klarheit eingegangen war. Ich arbeitete Hinrichsens Antworten in den Stoff ein und fuhr im August mit dem vollständigen und gesichteten Material ein weiteres Mal nach Föhr. Dort konnte ich noch letzte Unstimmigkeiten aus dem Wege räumen sowie zusätzliche Einzelheiten aus Joachim Hinrichsens Erinnerungen in den Text einbringen. Danach mußten die Aufzeichnungen bis heute auf eine druckfertige Reinschrift warten, namentlich deshalb, weil seine Schilderungen verschiedene Passagen enthalten, die eine sofortige Veröffentlichung damals nicht ratsam erscheinen ließen.

Was den Inhalt anbelangt, so verbürgt sich die Person des Erzählers für jedes einzelne Wort. Der Herausgeber hat weder etwas hinzugefügt oder weggelassen noch die Darstellungen in irgendeiner Weise verbessert. Wo ich hier und da Ungenauigkeiten feststellte, habe ich sie in einer Fußnote, niemals jedoch im Text selbst korrigiert. Insofern geht der Inhalt ausschließlich auf den Erzähler zurück. Dagegen oblag es größtenteils mir als Herausgeber, seine Schilderungen in die entsprechende Form zu bringen. Dazu wäre Joachim Hinrichsen persönlich nicht imstande gewesen, vor allem nicht auf dänisch. Seine Muttersprache war das Friesische, und auch wenn er Dänisch beherrschte, so vermochte er sich – besonders in seinen letzten Lebensjahren – doch nur mit Mühen in dieser Sprache auszudrücken. Er erzählte seine Erlebnisse zwar auf dänisch, mischte aber immer wieder Brocken auf deutsch, plattdeutsch oder englisch (amerikanisch) darunter. Allein aus diesem Grund konnte auf eine sprachliche Bearbeitung nicht verzichtet werden. Dennoch war ich bestrebt, den mündlichen Charakter seiner Darstellungen zu bewahren.

Ferner erforderte der Stoff eine weitgehende Umgestaltung. Joachim Hinrichsen trug seine Erinnerungen in lockerer Form vor, wie es ihm gerade in den Sinn kam und ohne Rücksicht auf den chronologischen Zusammenhang. Das gilt in besonderem Maße für seine verwickelten

* Anmerkungen s. S. 161 ff.

Abb. 1: Iver Nordentoft (30.9.1898 in Thisted – 16.10.1943 in Mariager), der im Sommer 1925 Joachim Hinrichsens Erinnerungen aufzeichnete und später herausgab; 1929 Pastor in Kongerslev, ab 1931 in Mariager; vgl. N. A. Jensen, En tro Tjener, in: *Jyllands-Posten* vom 18.11.1952.

Angaben zu den Kriegsereignissen von 1864. Es kostete den Herausgeber einige Anstrengungen, diese im nachhinein zu entwirren, zumal mitten in seinen Kriegsschilderungen immer wieder andere Begebenheiten aus seiner Erinnerung auftauchten, meist in Verbindung mit irgendwelchen Personen, die er erwähnte, oder deren Verwandten oder Nachkommen Jahrzehnte später. Ich nahm gleich bei meinem ersten Besuch alles so auf, wie ich es frisch und unmittelbar aus seinem Munde hörte. Danach ging es ans Ordnen des Materials. Gelegentlich mußte ich, um zwei Textabschnitte besser miteinander verknüpfen zu können, einen kurzen Übergangssatz einschieben, der jedoch niemals einen wirklichen Einfluß auf den Fortgang der Handlung ausübte. Bevor ich meine Arbeit auf Föhr abschloß, gab ich Hinrichsen Gelegenheit, das vorläufig ausgearbeitete Manuskript einzusehen; es fand seine Zustimmung.

Für die friesische Rechtschreibung ist der Erzähler, für die plattdeutsche der Herausgeber verantwortlich, der hier dieselben orthographischen Regeln benutzte wie in Lassens Erinnerungen. Im Vorwort dazu werden diese näher erläutert.

Sämtliche Fußnoten stammen vom Herausgeber [Iver Nordentoft], es sei denn, daß sie mit den Initialen des Erzählers (*J. H.*) gekennzeichnet sind.[2] Die Anmerkungen erheben nicht den Anspruch auf Vollständigkeit in ihren Angaben. Ich habe jedoch auf ein paar Bücher hingewiesen, die mir während meiner Beschäftigung mit Joachim Hinrichsens Erinnerungen beinahe von selbst in die Hände fielen.

*

Es erscheint mir unmöglich, diese notwendigen einleitenden Worte so trocken zu beenden, wie ich sie begonnen habe, und unmittelbar überzuleiten auf Joachim Hinrichsens Erzählungen. Ich meine, daß ich nicht nur das Recht habe, einige Bemerkungen über den alten Juchem folgen zu lassen, so, wie ich ihn kennen- und liebengelernt habe, sondern daß ich es seinem Andenken geradezu schuldig bin, dieses zu tun.

Juchem Hinrichs hat lange Reisen nach Norden und Westen unternommen und sich dabei in mehr als einem Teil der Welt umgesehen. Sein Horizont war insofern weiter gespannt als der eines gemeinen Mannes, der zeitlebens über seine engere Heimat nie hinausgekommen ist. Dennoch war und blieb er ein Mensch wie jeder andere auch und besaß daher, trotz seines offenen und gutmütigen Wesens, ebenfalls jene Portion Mißtrauen, wie es das gewöhnliche Volk gegen alle fremden und obrigkeitlichen Dinge zeigt. Andererseits verfügte er über ein seltenes, tiefes und unverfälschtes Zutrauen, das er an Ort und Stelle allen Menschen entgegenbrachte, die er nur *ein wenig* näher kennengelernt hatte. In dieser Hinsicht mußte man ihn fast kindlich unbekümmert nennen.

Als ich im Mai 1925 an Juchem Hinrichs schrieb – mit dem ich bis dahin lediglich vier Jahre vorher einige Tage in Århus zusammengekommen war, so daß er sich wohl kaum an mich erinnern konnte – und fragte, ob ich ihn *eine Zeitlang* besuchen dürfe, um seine Erinnerungen aufzuzeichnen, da antwortete er zwar sehr herzlich, denn ich war ja ein Däne, zugleich merkte ich aber sehr deutlich, daß er meiner Absicht mit einigem Mißtrauen und Kopfschütteln gegenüberstand. „Wozu soll das denn gut sein?" wird er sicherlich gedacht haben. Das war gewiß auch der Grund, weshalb er mir schrieb, ich könne gut „für einen oder zwei Tage" bei ihm wohnen – „ich werde Ihnen an einem Tage schon etwas erzählen" –, und im übrigen könnte ich ja ein deutsches Buch über die Insel Föhr zu Rate ziehen, meinte Juchem. Als ich schließlich eintraf, empfing er mich mit einer distanziert freundlichen, fast respektvollen Zurückhaltung. Ich ging ja auch werktags mit Schlips und Kragen und hatte ihm wohl auch ein bestimmtes Wissen und eine sogenannte Bildung voraus. Das wurde in Juchems Augen gewiß um manches höher bewertet, als dazu eigentlich Ursache gewesen wäre. Gleichwohl spürte ich ganz deutlich, wie er sich bereits von Anfang an mit mir verbunden fühlte, *weil ich aus Dänemark kam*. Eine lange Zeit war er dann mit Eifer dabei, mir in lockerem Ton seine Erlebnisse mitzuteilen, ja, förmlich sich und seine Erinnerungen – darunter auch die persönlichsten Dinge – der Nachwelt mit mir als Mittler auszuliefern. Bereits nach wenigen Worten lenkte er das Gespräch auf Ingke, seine Frau, die er so schmerzlich vermißte und nach der er sich so sehr sehnte. Diese mitunter vertraute Art, in der er seine Schilderungen vortrug, führte uns schon am ersten Tag zusammen. Aus den „ein oder zwei Tagen" wurden gleich bei meinem ersten Aufenthalt viele Tage, und als ich ihn im Spätsommer ein weiteres Mal besuchte, begrüßte er mich, als ob wir ein Leben lang Freunde gewesen wären. Juchems Haltung mir gegenüber spiegelte sich auf eine spaßige Weise in der Anredeform wider. Anfänglich bemühte er sich, höflich zu sein und mich mit dänisch *De* (Sie) anzureden, kam damit jedoch nur schwer zurecht, und das *Du* fiel ihm entschieden leichter. Insofern sagte er abwechselnd *du* und *De*, manchmal auch *Sie* oder *you*, aber noch bevor wir am Abend zu Bett gingen, hatte das *Du* den endgültigen Sieg davongetragen.

Juchem erzählte äußerst gewissenhaft. Die meisten Angaben holte er frisch und ungetrübt aus seinem Gedächtnis hervor, mit Namen, Daten und dergleichen, doch gelegentlich stockte er, und dann mußte er lange nachgrübeln, bis ihm die betreffende Angelegenheit wieder eingefallen war oder er den gesuchten Ausdruck gefunden hatte, wie ich vor allem bei meinem zweiten Besuch feststellte, als ich ihn nach bestimmten Einzelheiten fragte. War er seiner Sache allerdings nicht sicher, konnte man ihn nur schwer dazu bewegen, sich diesbezüglich zu äußern, und wenn es einem dann doch einmal gelang, tat er es stets mit dem Vorbehalt „soweit ich mich erinnere" oder so ähnlich. Oft sagte er zu mir, wie ich es bei Gelegenheit auch wörtlich aufzeichnete: „Sollte das eine oder andere nicht so richtig zusammenpassen, geschah das unbeabsichtigt. Ich habe mein Bestes gegeben, aber zuweilen *kann* es ja vorkommen, daß man sich unsicher ist oder sich schlicht irrt. In einem solchen Fall mußt du das entschuldigen. Ich habe nichts Falsches sagen wollen."

Während meiner Aufenthalte auf Föhr waren wir Tag und Nacht zusammen. Abgesehen von einem Besuch am Grab von Ingke, seiner Frau, kamen wir selten vor die Tür, sondern verbrachten die meiste Zeit in seiner Stube, er erzählend, ich schreibend. Wir schliefen in der kleinen, stickigen Kammer, die ihm und Ingke seit 1884 als Schlafzimmer gedient hatte, und wo er mir nun Ingkes Bett überließ. Wir gingen mit den Hühnern schlafen und teilten in der Nacht Freud und Leid miteinander. Bei letzterem denke ich an das nächtliche Erbrechen, das ihn mehrfach während meiner Anwesenheit überkam, aber offenbar nichts Neues für ihn bedeutete; es schien öfter zu geschehen. Ebensowenig war es für ihn ein Anlaß zu irgendwelchen Klagen oder etwas, das er besonders ernst nahm. Bei den guten Dingen fällt mir sein Nachtgebet ein. Als wir uns am ersten Abend hinlegten, fragte er: „Betest du auch, wenn du zu Bett gehst?" Seine Frage wirkte in keiner Weise aufdringlich, wie solche Fragen es gelegentlich tun können, sondern natürlich, unbefangen, geradeheraus, wie eine Einleitung zu seinem Gebet, auf das er nun selbstverständlich, entsprechend einer lebenslangen Gewohnheit, nicht verzichten wollte, nur weil er einen Gast an seiner Seite liegen hatte. Darauf sprach er sein Nachtgebet auf deutsch. „So haben wir es immer gemacht", fügte er ein wenig später hinzu, „und zwar sowohl am Morgen als auch am Abend, an dem einen Tag Ingke, an dem anderen Tag ich." Ich fragte ihn, ob er auch als junger Mann abends gebetet habe. „Ja", antwortete er, „das war bei uns stets so Sitte, ob zu Hause oder in der Fremde, zu Lande oder zu Wasser.

Meine Mutter hat es mich gelehrt, und es gehört dazu wie das tägliche Brot." Sein christlicher Glaube war weit von dem entfernt, was man in Sektenkreisen oder in der Erweckungsbewegung „bewußt" nennt. Er war vielmehr von der Art, wie man ihn unter einfachen Leuten findet – oder früher einmal fand, das heißt, er hatte ihn angenommen wie ein gutes Erbe, vermutlich ohne sich vorstellen zu können, daß es auch anders sein könnte. Sein Glaube begleitete ihn sein ganzes Leben hindurch, wie selbstverständlich und unverrückbar.

Am nächsten Morgen besuchten wir den Friedhof von St. Laurentii. Er konnte nicht in Ruhe weitererzählen, bis er mich dorthin geführt hatte. Unterwegs zeigte und erklärte er mir verschiedene Sachen, und er fuhr auch darin fort, nachdem wir bereits auf dem Kirchhof angekommen waren. Auf den Kirchhöfen der Nordfriesischen Inseln gibt es viele Sehenswürdigkeiten, wie man sie anderenorts selten findet.[3] Plötzlich nahm er den Hut ab. Obwohl ich das kleine, ärmliche Grab, vor dem er nun stehenblieb, noch gar nicht richtig wahrgenommen hatte, erfaßte ich die Situation sofort. „Hier liegt meine Frau begraben", sagte er, einen Augenblick stark bewegt. Über den kleinen, für dänische Verhältnisse sehr bescheidenen Grabstein (vgl. Abb. 136) bemerkte er bereits bei dieser Gelegenheit, daß er „sicherlich aus Dänemark stamme".

Ein paar Tage darauf kramte er Ingkes Nähkasten hervor, um nach einem Metermaß zu suchen. Merkwürdig unbeholfen und zögernd hielt er ihn in der Hand. Schließlich sagte er langsam und ein wenig stockend: „Ja, ich habe ihn nicht mehr in der Hand gehabt, seit Ingke gestorben ist." Als er mir von seiner Ehe und dem Tod seiner Frau erzählte, mußte er mehrfach innehalten, so daß ich alles in Ruhe aufschreiben konnte.

Die Erinnerung an Ingke hatte ihn in diesen Tagen offenbar wieder auf eine schmerzliche Weise eingeholt. Das war unter Umständen der Grund, weshalb er überhaupt so leicht Rührung zeigte. Möglicherweise lag es auch nur daran, daß er sich meist ein wenig einsam fühlte und jetzt jemanden gefunden hatte, mit dem er sich unterhalten konnte. Sein Alter und eine angeborene Veranlagung dürften ebenfalls dazu beigetragen haben. Auf jeden Fall weinte er, als ich nach meinem zweiten Besuch von ihm abreiste, und er verabschiedete sich mit den Worten: „Ja, dann lebewohl! Wir werden uns in dieser Welt vielleicht nicht mehr begegnen, auch wenn wir das Gegenteil hoffen wollen. Sollte dir jemand in Dänemark begegnen, der mich kennt, so sage ihm, es gehe mir gut und ich sei mit allem, was mir in meinem Leben widerfahren ist, zufrieden. – Gott sei mit dir!"

Sollte dir jemand in *Dänemark* begegnen... Wenn Juchem das Wort *Dänemark* in den Mund nahm, geschah das auf eine ganz andere Art und Weise, als wir das tun, für die Dänemark etwas Selbstverständliches ist.

So war Juchem, stets vertrauensselig und leicht bewegt wie ein Kind.

Es sollte das letzte Mal sein, daß wir uns sahen. Von einem erneuten, bereits geplanten Besuch mußte ich zurücktreten.

Es wäre ohnehin wenig erfolgversprechend gewesen, wenn ich versucht hätte, Juchem weitere, bislang unbekannte Erlebnisse zu entlocken, die für die bisherigen Aufzeichnungen von zusätzlichem Wert gewesen sein könnten. Bei meinem letzten Besuch im August 1925 befand er sich zwar noch im Vollbesitz seiner geistigen Kräfte, aber es war doch klar erkennbar, daß er ein alter Mann geworden war. Das wurde unter anderem an seinem nachlassenden Erinnerungsvermögen deutlich. An unlängst Vergangenes konnte er sich kaum noch entsinnen, ganz im Gegensatz zu weiter zurückliegenden Ereignissen, die er frisch im Gedächtnis behalten hatte. Die Grenze lag ziemlich genau in der Abstimmungszeit von 1920. Die vielfältigen Abstimmungsergebnisse, die er mir ohne Mühen aus dem Kopf mitteilte, zeugen davon, mit welchem Eifer und welcher Präzision er sich alles angeeignet und eingeprägt hatte, was sein Herz ernsthaft bewegte und seine Gedanken beschäftigte. Dagegen sind ihm die Wahlresultate nach 1920 merkwürdigerweise entfallen, wie später noch in seiner Erzählung dargestellt werden wird. Über Vorkommnisse vor und während der Abstimmung berichtete er grundsätzlich sehr klar und sicher, spätere Geschehnisse hat er jedoch offenbar nur noch unvollkommen wahrgenommen, und an Dinge, die nicht unmittelbar seine persönlichen Belange berührten, erinnerte er sich lediglich am Rande. Nach der Abstimmung scheint demnach eine beginnende Bewußtseinstrübung eingetreten zu sein, die die Klarheit vermissen ließ, mit der er sonst neue Ereignisse und Zusammenhänge aufzunehmen pflegte. Bald nachdem ich meine Aufzeichnungen abgeschlossen hatte, machte sich dann, nach seinen Briefen zu urteilen, allmählich eine eigentliche Altersschwäche bemerkbar.

Juchem lebte danach noch fünf Jahre. Auch in diesen fünf Jahren geschah das eine oder andere, was zur Vervollständigung seines Lebensbildes beitrug. Am naheliegendsten wäre gewesen, dieses in einer Nachschrift wiederzugeben, um so seine Erzählungen zu beschließen und abzurunden. Meiner Meinung nach sollte Juchem jedoch selbst das Schlußwort haben, und so zog ich es vor, die Vorkommnisse der verbleibenden fünf Jahre in einigen Fußnoten im letzten Teil seiner Erinnerungen darzustellen, auch wenn diese Anmerkungen – sie beruhen allesamt auf Angaben, die ich seinen Briefen an mich entnommen habe – ein wenig zu lang und ausführlich geraten sind. [Aus Gründen einer besseren Übersicht hat der Herausgeber der deutschen Ausgabe diese Fußnoten jedoch in einem Nachwort zusammengefaßt.]

Über seinen Tod kann ich berichten, daß er ohne eine vorausgehende besondere Krankheit eintrat. Gleichwohl war er die letzten Jahre schwach, und zeitweilig quälten ihn neuralgische Schmerzen; dazu kam jenes Magenleiden, das hinter dem nächtlichen Erbrechen stand, und endlich verursachte seine schwindende Sehkraft ihm zunehmend Schwierigkeiten beim Lesen und Schreiben. Dennoch teilte er mir in seinem letzten Brief von 7. Januar 1930 mit: „Was mich betrifft bin ich noch ziemlich gesund." Im darauffolgenden Frühjahr war er eine Zeitlang ernsthaft krank, erholte sich jedoch anschließend wieder. Am 6. Juni fühlte er sich nicht wohl, und am Morgen des nächsten Tages starb er an einem Herzschlag. Die Nachricht von seinem Tode erhielt ich von der Nachbarsfrau [Christine Rolufs (vgl. Abb. 62)], die sich Juchem angenommen hatte, nachdem Ingke gestorben war. „Für Beerdigungskosten hatte er genug", schrieb sie.

In der Zeitschrift *Grænsevagten*, Bd. 12, S. 304f., versuchte ich seinen Nachruf folgendermaßen zusammenzufassen: „Mit dem Alten Juchem dürfte wahrscheinlich der letzte Rest jener dänischen Gesinnung auf Föhr verschwunden sein, die ihre Wurzeln noch in der Zeit zwischen den Kriegen (1850–1864) hat, als Westerlandföhr ohne Frage loyal dänisch gesinnt war, und wenn heute überhaupt noch irgendein Dänentum auf Föhr vorhanden ist und bei der Abstimmung von 1920 im Volk einen solch großen Rückhalt fand, so möchte ich hinzufügen, daß dieser Umstand in einem ganz erheblichen Maße Joachim Hinrichsen zu verdanken ist, der für den Teil der Föhringer, der in Treue an Dänemark festhielt, auch für diejenigen, welche 1920 für Dänemark stimmten, gleichsam die Verankerung von Gegenwart und Zukunft in der Vergangenheit ermöglichte. Juchem Hinrichs errang diese Bedeutung nicht, weil er über besondere politische Fähigkeiten oder irgendwelche Führungseigenschaften verfügte. Dabei entzog er sich ganz gewiß niemals der Pflicht, sich in den Dienst der dänischen Sache zu stellen, wenn man diesbezüglich an ihn herantrat; dennoch war und blieb er ein gemeiner Mann im alten und positiven Sinne des Wortes, einfältig – auch dieses in der alten und guten Wortbedeutung –, genügsam, demütig, mit altmodischen Ansichten und ohne die großartigen

Charakterzüge, die einen Mann zum Vorkämpfer werden lassen, aber auch ohne das geringste Bedürfnis, die Ellenbogen einzusetzen oder sich Ansehen und Nachruhm zu verschaffen, ja, ohne die leiseste Ahnung, daß er etwas Bedeutsames leisten könnte und schließlich wirklich geleistet hat. Sein Einfluß beruhte denn auch zuerst und zuletzt auf seiner unerschütterlichen Treue und seiner reinen, selbstlosen Gesinnung. Wahrheitsliebend, aufrichtig und auf eine kindliche Weise arglos – so erlebten wir ihn, und so war er über ganz Föhr bekannt. Wo man ihm Gelegenheit gab, sich für Dänemark einzusetzen, waren es eben diese Eigenschaften, die ihn auszeichneten. Als das kleine Völkchen der Föhringer – unfertig und unabgeklärt – selbst über seine Zukunft entscheiden sollte, ergriff viele eine große Unsicherheit. Inmitten dieser unübersichtlichen Situation wurde Juchem für viele zum festen Halt. Auf ihn konnte man sich verlassen, das wußte ein jeder. Er hatte ein Leben lang Dänemark die Treue gehalten, dem Land seiner Kindheit, seiner Jugend und seiner Väter."

Grund genug, daß das dänische Volk sich an ihn mit Dank erinnert.

Pastorat Mariager, im März 1934   *Iver Nordentoft*

Abb. 2: Das sogenannte Monument von 1824 an der Chaussee zwischen Nieblum und Wyk, in Erinnerung an den dänischen König Frederik VI. (1768–1839), der Föhr vom 27. bis 29.6.1824 besuchte. Der Stein trägt die Inschrift: *Stenen bevarer hans navn, hierterne hans minde* (Der Stein bewahrt seinen Namen, die Herzen sein Angedenken).

Name und Herkunft

Mein Name lautet nach dem Kirchenbuch Joachim Hinrichsen. Im mehr alltäglichen Sprachgebrauch heiße ich Juchem Hinrichs. Für gewöhnlich jedoch werde ich nur der Alte Juchem (föhr. *de Ual Juchem*) oder schlicht Juchem genannt. Außer mir gibt es hier auf Föhr nämlich nur einen *Juchem*; es handelt sich dabei um einen Jungen aus Boldixum. Als ich dort eines Tages durchkam, trat er vor die Tür und sagte: „Ich heiße *Juchem*!", denn er wollte natürlich gerne einen Groschen verdienen. – Die Deutschen[4] nannten mich schließlich den *Dänenhäuptling*.

Ich bin hier in Toftum am 6. November 1846 in dem Haus geboren, in dem ich jetzt noch wohne. Mein Vater hieß Ocke Hinrichsen[5] und meine Mutter Dorothea geborene Ketels[6]. Wir waren arme Leute, besonders nach Vaters Tod. Er fuhr als Seemann entlang der amerikanischen Küste, bis er 1851 in Savannah am Gelben Fieber starb. Zu diesem Zeitpunkt war ich fünf Jahre alt. – Meine Mutter war zeitweilig gemütskrank; anfangs hielten sich die Beschwerden in Grenzen, aber sie verschlimmerten sich mit der Zeit. Über meine Mutter werde ich später mehr berichten. Meinen Großvater väterlicherseits[7] habe ich nicht gekannt. Er fuhr als Matrose und betrieb nebenher eine kleine Landwirtschaft in Oldsum. Mein Großvater mütterlicherseits, Erk Ketels (vgl. Abb. 3), wohnte in Klintum. Er fuhr als Seemann auf Fangschiffen von Glückstadt in Holstein nach Spitzbergen auf Robbenschlag. Später wurde er Schiffsführer und ein wohlhabender Mann mit guten Einkünften, aber er hatte acht Kinder. Er starb 1868, während ich in Amerika war.

Abb. 3: Unterschrift und Siegel von Erk Ketels (20.9.1797 in Toftum – 13.3.1868 in Klintum); lebte in Klintum Nr. 133 (heute Seebach); Grönlandkommandeur von Glückstadt aus; Kirchenjurat 1851–53; vgl. Oesau, Schleswig-Holsteinische Grönlandfahrt, S. 221; GRL 219, 233 34.

1848–1850

An die Schleswig-Holsteinische Erhebung zwischen 1848 und 1850 erinnere ich mich selbst nicht, aber Lorenz Friedrich Jepsen (vgl. Abb. 4) aus Oldsum, der auf den Fortgang dieses Krieges hier auf Föhr persönlich Einfluß genommen hat, und der Schleswig-Holsteiner[8] Ernst Brix, Besitzer der *Börsenhalle* in Wyk (ein Hotel, das jetzt *Zur Börse* heißt), haben mir ihre Erinnerungen aus dieser Zeit mitgeteilt.

Otto Christian Hammer (vgl. Abb. 20), der später auf der Insel noch überaus bekannt werden sollte, diente während des Krieges auf dänischer Seite, unter anderem hier an der Westküste. Auf Föhr hatten zunächst die schleswig-holsteinischen Kräfte die Oberhand gewonnen, indem sie mit einer Flottille das Fahrwasser im Umkreis der Insel kontrollierten und im weiteren ein kleineres Truppenkontingent nach Wyk legten. Das änderte sich erst, als dänisches Militär auf Westerlandföhr landete. Dieses Unternehmen, das sich meines Erachtens im letzten Kriegsjahr ereignete, verlief folgendermaßen: Lorenz F. Jepsen hatte im Verlauf mehrerer Tage des öfteren einen Verband kleinerer Schiffe zwischen Föhr, Amrum und Sylt gesehen, von denen er annahm, es handelte sich um dänische Einheiten. Bei Ebbe ging er ihnen auf dem Watt so weit entgegen, wie er nur kommen konnte. Auf Liinsand[9] entfaltete er den mitgeführten *Danebrog* und wartete so, bis der Kommandant der Flottille in einem Boot herankam. Es handelte sich tatsächlich um einen Verband dänischer Kanonenboote.[10] Eine der Jollen hieß *Vildanden* (Wildente). „Was wünschen Sie?" fragte der Offizier. Jepsen, der ein wenig Dänisch konnte, antwortete: „Die Bevölkerung auf Westerlandföhr wünscht sich sehnlich, daß die dänischen Streitkräfte landen, um die Insel von der deutschen Besatzung in Wyk zu befreien." – Die Dänen befürchteten, Jepsen könnte deutsch gesinnt sein und wolle sie möglicherweise in eine Falle locken, weshalb sie entgegneten: „Ja, wenn Sie uns nach Wyk begleiten, dann werden wir kommen!" Die dänischen Fußtruppen, die mit an Bord waren, wurden nun sofort auf Liinsand ausgesetzt, worauf sie über das Watt zum Oldsumer Ufer und von dort nach Oldsum marschierten. Dort kamen sämtliche Einwohner auf die Beine, als sich die Dänen vom Deich her auf das Dorf zubewegten. Ein alter dänischgesinnter Mann, Nickels Rickmers[11], der einst ein Schiff von Antwerpen geführt hatte, stand auf der Straße mit seiner langen Pfeife und rief dem Offizier, der die Soldaten anführte, zu: „Hurra für das dänische Volk!" – „Halt's Maul, du alter Graubart!" antwortete der Offizier, denn er glaubte wohl, dieser Mann sei ein Deutscher, der ihn verächtlich machen wollte.

Im Hause meines Nachbarn Wohlers[12] wohnte damals eine Frau mit ihren drei Töchtern. Eine von ihnen, Friedericke[13], war deutsch gesinnt, und sobald ruchbar wurde, daß die Dänen im Vormarsch waren, begab sie sich nach Wyk, um die Deutschen zu warnen, die daraufhin seewärts flüchteten, bevor die dänischen Truppen sie erreichen konnten. Ernst Brix, der auf schleswig-holsteinischer Seite auf einem der Kanonenboote diente, berichtet, sie hätten kaum aus dem Hafen abgelegt, da sei bereits der *Danebrog* über dem Zollgebäude gehißt

Abb. 4: Lorenz Friedrich Jepsen (21.11. 1802 in Oldsum – 7.3.1891 in Oldsum); lebte in Oldsum Nr. 28 (heute F. Vogel); Kapitän von Antwerpen; Gangfersmann, Schul- und Armenvorsteher; 22.10.1850 *Danebrogs*-Mann; GRL 868, 31; vgl. seine autobiographische Schrift „Die vornemsten Lebensumstenden von Lorens Fr. Jepsen", hrsg. von H. Faltings.

worden – „und so feuerte ich eine Kugel in diese Richtung ab!" Sie sitzt heute noch in der Mauer der alten Wyker Zollbude, und Brix hat mir diese oft gezeigt und dabei gesagt: „Die Kanonenkugel habe ich dort hineingeschossen."

Nach Jepsens Aussage waren nur wenige Kanonenboote vor Wyk stationiert. Die dänischen Kanonenboote – die *Vildanden* und die übrigen, es waren wohl vier oder fünf – erhielten sofort Order, nach Westen um Amrum herumzusegeln, um die Deutschen zu treffen, falls sie durch das Schmaltief[14] zu entkommen versuchten, und dort – so erzählt Brix[15] – kam es schließlich auch zu einer kleinen Begegnung, wobei ein deutsches Kanonenboot auf Grund geschossen wurde; die anderen bargen ihre Besatzung und zogen sich nach Eiderstedt zurück.[16]

Ernst Brix war von Kappeln zugezogen, wo man damals anscheinend mehr schleswig-holsteinisch eingestellt war als hierzulande. Lorenz F. Jepsen wurde für seine Dienste, die er dem dänischen Militär geleistet hatte, zum *Danebrogs*-Mann ernannt. Er pflegte sein *Danebrog*-Kreuz stets zu tragen, wenn er zur Kirche ging oder bei anderen Leuten auf Besuch war, auch nach 1864. Er starb 1891. Seine Tochter Caroline heiratete meinen Vetter Friedrich Faltings aus Oldsum. Noch neulich hat sie mir den Hergang der damaligen Ereignisse genauso wiedergegeben wie vorher ihr Vater.[17] Der Orden hätte ja eigentlich beim Tode des Vaters zurückgegeben werden müssen, aber das ist nicht geschehen. Die Tochter bewahrt ihn noch bei sich zu Hause auf.

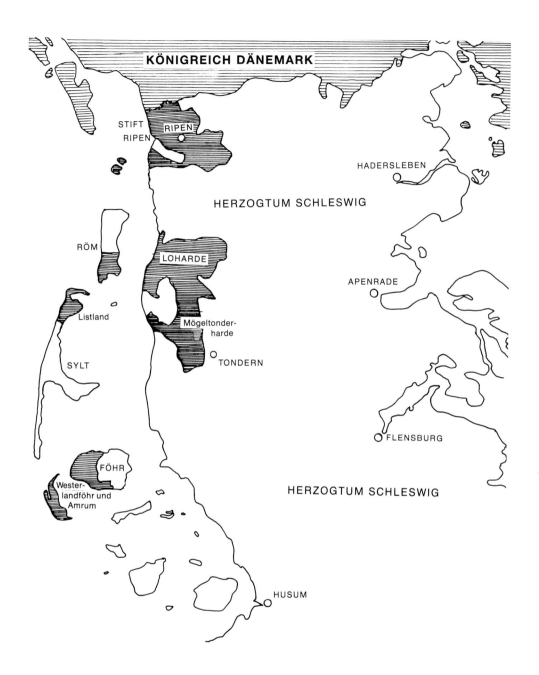

Abb. 5: Die königlich-reichsdänischen Enklaven im Herzogtum Schleswig bis 1864, die verwaltungsmäßig dem Stift Ripen unterstanden.

Zwischen den Kriegen

Während Osterlandföhr vor 1864 unter die schleswigsche Verwaltung des Amtes Tondern fiel, gehörte Westerlandföhr zum Amt Ripen.[18] Zusammen mit Amrum, dem Listland auf Sylt und Ballum usw. auf dem Festland bildete Westerlandföhr die reichsdänischen Enklaven in Schleswig (vgl. Abb. 5).

Wir führten ein merklich angenehmeres Leben unter dem Amt Ripen als Osterlandföhr unter Tondern. Die Steuer, die nach „Schilling-Englisch" berechnet wurde,[19] war niedriger, und insgesamt gesehen waren wir finanziell überhaupt besser gestellt. Die unterschiedliche Zugehörigkeit wirkte sich auch in politischer Hinsicht aus, ja, selbst nach der Abstimmung 1920 machte sich die Vergangenheit noch stark bemerkbar. Hier auf Westerlandföhr gab es in meiner Kindheit keine Schleswig-Holsteiner, sondern lediglich eine Reihe von Personen, die wir „Deutsche" nannten. Es handelte sich dabei zumeist um Kapitäne, die für eine Rendsburger Reederei Schiffe durch den damaligen Eiderkanal in die Ostsee führten, die aber als geborene Föhringer mit ihren Familien hier ansässig waren und die Wintermonate zu Hause verbrachten. Ich erinnere mich jedoch nicht daran, daß sich die Leute auf Westerlandföhr zwischen den Kriegen politisch betätigten. Alles nahm seinen gewohnten, alltäglichen Gang. Auf Osterlandföhr dagegen waren die meisten wohl schleswig-holsteinisch gesinnt, einige davon auf eine besonders eifrige Weise. Einer der größten Bauern in Alkersum hieß Arfst Jürgens (vgl. Abb. 6). Über ihn und andere führende Schleswig-Holsteiner sangen die Jungen hier im Langdorf[20]:

Arfst Jirrins is besaapen,
Peter Lötjen het en Brand,
und Volkert Aadis föhrt dat Waapen
för de düütsche Rasselband.[21]

Im übrigen war keiner von den dreien dem Alkohol besonders zugetan; auf jeden Fall ist mir solches nie zu Ohren gekommen. Es handelte sich wohl nur um ein Spottlied der Jungen. Warum der Vers auf plattdeutsch ist, obwohl hier überwiegend Friesisch gesprochen wird, kann ich nicht beantworten. Wie Arfst Jürgens wohnte auch Volkert Adys Hinrichsen in Alkersum, während Peter Lütgens in Oevenum wohnte. In diesen Dörfern sprachen damals nahezu alle Einwohner Friesisch, mit Ausnahme derjenigen, die zugewandert waren. Noch jetzt dürfte das Friesische bei zwei Dritteln der Alkersumer Bevölkerung die tägliche Umgangssprache sein. Zu den Zugezogenen gehörten ohne Zweifel[22] Volkert Adys und Peter Lütgens. Volkert Adys[23] stammte von Eiderstedt, wo seine Nachkommen noch heute Land besitzen. Er sprach Plattdeutsch und beherrschte möglicherweise gar kein Friesisch, obwohl ich doch vermute, daß er es verstanden haben wird. Peter Lütgens (vgl. Abb. 7) war gebürtiger Flensburger und sprach ebenfalls Plattdeutsch. Er fuhr einst nach Grönland und wohnte auf seine alten Tage in Oevenum. Arfst Jürgens betätigte sich außerdem als Landmesser, und in seinem Hause wird noch heute Friesisch gesprochen. Der obige Vers ist dann vielleicht des-

Abb. 6: Arfst Jürgen Arfsten (11.2.1808 in Alkersum – 28.8.1877 in Alkersum), im Volksmund Arfst Jirrins genannt; Landwirt und Landmesser auf der väterlichen Stelle in Alkersum (heute Dr. F. Paulsen); war lange Zeit die bestimmende Kraft im Osterlandföhrer Rat; 1860 Mitglied der Ständeversammlung in Schleswig; vgl. Nerong, Die Insel Föhr, S. 220.

Abb. 7: Peter Lütgens oder Lütjen (9.1.1801 in Oevenum – 4.1.1886 in Oevenum); Grönlandkommandeur; einflußreiches Mitglied des Osterlandföhrer Rates und Kirchenjurat von St. Johannis; lebte in Oevenum Nr. 144 (heute Christine Jacobs); vgl. J. Braren, Chronik des Dorfes Oevenum, S. 282.

halb auf plattdeutsch abgefaßt worden, weil er zwei Männer mit plattdeutscher Muttersprache behandelt.

Unter den drei genannten Schleswig-Holsteinern war Arfst Jürgens schließlich der einzige, der auf Föhr geboren wurde. Bei den Wortführern der Schleswig-Holsteiner handelte es sich also fast ausschließlich um zugewanderte Personen. Entstammten sie dagegen der einheimischen Bevölkerung, gehörten sie meist zu jenen Kapitänen, die ihre Schiffe von Rendsburg aus führten; das heißt, sie waren deutsch gesinnt, weil ihnen die Reederei anderenfalls kein Schiff anvertraut hätte. Diese Reederei hieß *Paap* und hatte, als ich einige Jahre später (von 1862–63) unter ihrer Flagge segelte, eine Flotte von acht kleineren Schiffen. Von den acht Schiffsführern kamen sieben von Föhr und einer von Ærø.

Die Insel erhielt öfter Besuch vom dänischen König Frederik VII. Diese Besuche nahmen bereits ihren Anfang, als er noch Kronprinz war, also zu einer Zeit, bevor ich geboren wurde. Ungefähr in den Jahren 1841–43 hielt er sich hier mehrfach mit seinem Vater auf, wobei er gerne mit den jungen Föhrer Mädchen zu flanieren pflegte. Eine von ihnen heiratete später und bekam einen Sohn. Wenn dieser seine Mutter fragte: „Wann geschah dieses oder jenes?" antwortete die Mutter stets: „Das war damals, als ich mit dem Kronprinzen ging." Der Kronprinz genoß auf der Insel gewiß wenig Respekt. Ich kann mich erinnern, daß mir erzählt worden ist, Frederik VI.[24] habe ihn einmal für ein halbes Jahr nach Island geschickt, weil er sich zu Hause nicht benehmen konnte.

Christian VIII. (vgl. Abb. 8) wohnte offenbar jeden Sommer in Wyk, aber das war ja, wie

Abb. 8: Christian VIII. (18.9.1796 auf Schloß Christiansborg – 20.1.1848 auf Schloß Amalienborg in Kopenhagen); König von 1839–48; Dänemarks letzter absoluter Herrscher; stand liberalem Gedankengut und dem Wunsch nach einer Verfassung skeptisch gegenüber; zwischen 1842–47 weilte er allsommerlich in Wyk und machte den kleinen Badeort zu einer Art Sommerresidenz. Die Anwesenheit des Königs und seines Hofstaates trugen wesentlich zum Aufblühen Wyks als Nordseebad bei und verliehen ihm förmlich ein majestätisches Gepräge; vgl. K. Nielsen, Danmarks konger & dronninger, S. 113–115.

gesagt, vor meiner Zeit. Ich erinnere mich dagegen gut an die Besuche von Frederik VII. in den Jahren kurz vor 1860, die er in Begleitung der Gräfin Danner (vgl. Abb. 9) absolvierte. Er war ein kleiner, dicker Mann, und die Gräfin war nicht seine richtige Frau. Ich entsinne mich noch deutlich, daß der König einmal an Land kam und ich dieser Begebenheit als zehn- bis zwölfjähriger Junge in Wyk beiwohnte. Er führte die Gräfin am linken Arm und nicht am rechten. Ich wunderte mich darüber und bekam als Begründung zu hören, er sei sowohl von seiner ersten als auch seiner zweiten Frau geschieden.

Frederik VII. besaß in Wyk ein eigenes Haus, das sogenannte Königshaus (vgl. Abb. 10). Am 7. Mai 1857 brach dort ein Feuer aus, und die halbe Stadt brannte schließlich nieder. Ich war seinerzeit zehn Jahre alt und habe dieses Ereignis noch gut im Gedächtnis. Der König bewilligte eine Kirchenkollekte zum Besten der Feuergeschädigten, und noch heute stehen drei kleine Häuser in Wyk, die der König auf eigene Rechnung wiederherstellen ließ. Die Stadt war in kurzer Zeit wieder aufgebaut.[25]

Als ich einige Jahre später von Kopenhagen aus in den Diensten des *Grönländischen Handels* nach Grönland fuhr, hatten wir einen Matrosen mit einer außerordentlich großen Nase an Bord, der Peter Hansen[26] hieß. Er hatte einen Teil seines Militärdienstes auf der königlichen Yacht *Slesvig* abgeleistet und erzählte mir einst folgende Begebenheit aus dieser Zeit: Es muß in den Jahren gewesen sein, als der König mehrfach auf Föhr war. Eines Tages sollten der König und die Gräfin sowie viele andere Personen vom Zollamt in Kopenhagen an Bord der *Slesvig* gebracht werden, die auf Reede lag. Damals trugen die Frauen weite Röcke aus Krinoline. Als man mit dem Fahrzeug längsseits gegangen war, hielt Peter Hansen dieses mit einem Bootshaken am Fallreep fest und sah schließlich der Gräfin, die das Fallreep hinaufstieg, hin-

Abb. 9: Frederik VII. und Gräfin Danner ca. 1860. Frederik VII. (6.10.1808 auf Schloß Amalienborg – 15.11.1863 auf Schloß Glücksburg) war König von 1848–63; gab Dänemark im März 1848 die erste verhältnismäßig liberale Verfassung. In seine Regierungszeit fällt die Schleswig-Holsteinische Erhebung 1848–50. Der volkstümliche und an politischen Dingen wenig interessierte Monarch besuchte Föhr und Amrum als König lediglich im Sommer 1860, hatte Wyk aber bereits als Kronprinz kennengelernt; seit 1850 in dritter, morganatischer Ehe mit der ehemaligen Ballettänzerin Louise Christine Rasmussen (21.4.1815–6.3.1874), der späteren Gräfin Danner, verheiratet; vgl. K. Nielsen, Danmarks konger & dronninger, S. 115–119.

Abb. 10: Das sogenannte Königshaus, die Wyker Sommerresidenz von Christian VIII. zwischen 1842–47 an der Ecke Große Straße/Königsstraße; rechts neben dem Saal die spätere „Börsenhalle" von Ernst Brix; das Haus befand sich seit 1853 nicht mehr in königlichem Besitz; Lithographie von S. Steenbock, 1843; vgl. Föhr I. Zur lithographischen Darstellung der Insel Föhr um die Mitte des 19. Jahrhunderts.

terher. Darauf sagte der König zu ihm: „Na, Matrose, hat meine Frau nicht ein paar hübsche Strumpfbänder?"

Im Jahre 1860 war Frederik VII. zum letzten Male hier. Er beabsichtigte, für jedes Kirchspiel der Insel einen Ball zu geben. Man tanzte in Nieblum in drei Sälen, und der König wechselte von einem Saal in den anderen. Ich war nicht dabei, da ich erst 13 Jahre alt war, aber ein Mann aus Dunsum, Jürgen Jensen (vgl. Abb. 11), mit dem wir später viel in New York zusammenkamen, nahm an den Lustbarkeiten teil und erzählte mir nachher davon. In jedem

Abb. 11: Jürgen Friedrich Jensen (28.6.1837 in Dunsum – 25.7.1890 in Borgsum); Steuermann; nach Amerika-Aufenthalt Landwirt in Borgsum (im heutigen Hause W. Schüler); Meister vom Stuhl der Föhrer Freimaurerloge; GRL 705, 247 55.

der drei Säle tanzte der König mehrere Male, und so erschien er auch in dem Saal, in dem Jürgen Jensen sich befand. Dort tanzte er mit einer Tochter[27] von Christian Diedrich Roeloffs (vgl. Abb. 43) aus Süderende, der damals nahezu jeden Tag zusammen mit dem König verbrachte. Über ihn werde ich noch an anderer Stelle berichten. Im Gedränge eines Tanzes geschah es, daß Jürgen Jensen mit dem König zusammenstieß und dieser stürzte. Wenn wir später in New York einmal zu Jürgen Jensen sagten: „Nun, Jürgen, du hast offenbar vor nichts Angst!", so antwortete er stets: „Nein, denn ich habe auch schon einen König umgetanzt!"

Von Föhr aus besuchte der König eines Tages ebenfalls Amrum. Dort amtierte ein kleiner, alter Pastor, namens Mechlenburg (vgl. Abb. 12), der bei der Ankunft eine Rede auf deutsch hielt. Im Verlaufe des Tages speisten sie zusammen im Dorfkrug.[28] Mechlenburg saß an der Seite des Königs, und dieser erkundigte sich nach seinen Verhältnissen. „Ich bin der vierte Mechlenburg auf Amrum", sagte er, „vier Pastoren hintereinander, aber nun wird der Name hier auf der Insel aussterben." – „Haben Sie denn keine Kinder?" – „Ja, einer ist Landwirt, ein anderer Seemann, und der dritte hat gerade die Schule verlassen und wird wohl auch zur See fahren." – „Statt dessen könnte der dritte Sohn doch Pastor werden." – „Ja, aber mir fehlen für ein Studium die Mittel." – „Dann werde ich ihn studieren lassen", sagte der König, und so kam der junge Mechlenburg[29] auf die Universität in Kopenhagen. Er war dort viele Jahre. Ich sah ihn 1867 in Kopenhagen zum letztenmal. Er kam gerne herunter an den Hafen zu uns Föhringern, bevor wir unsere Reise nach Grönland antraten. Er sprach vor allem mit meinem Onkel Johann Erich Ketels (vgl. Abb. 17), dem Bruder meiner Mutter, der damals Steuermann war. Einmal sagte er zu uns: „Ihr habt es gut. Ihr könnt kommen und gehen, wie es euch paßt, ich

Abb. 12: Lorenz Friedrich Mechlenburg (5.12. 1799 in Nebel – 13.10.1875 in Nebel); Theologiestudium in Kopenhagen; 1827–75 Pastor an St. Clemens auf Amrum als Nachfolger seines Vaters; neben seiner Tätigkeit als Seelsorger auch Landwirt auf den ausgedehnten Kirchenländereien; hat sich als einer der ersten große Verdienste um die Erforschung und den Erhalt der nordfriesischen Mundarten (hauptsächlich des Amring) erworben; darüber hinaus umfangreiche chronikalische Aufzeichnungen; genoß als uneingeschränkte Autorität hohes Ansehen in der Bevölkerung; 1853 Kandidat in den reichsdänischen Enklaven für die Wahl zum Folketing; am 28.7.1860 Ernennung zum Ritter des *Danebrog*-Ordens; das abgebildete Porträt hängt als Ölgemälde in der St. Clemens-Kirche in Nebel; vgl. Jensen, Nordfriesland in den geistigen und politischen Strömungen des 19. Jahrhunderts, S. 29f.; Stenz, Sønderjyder under junigrundloven, in: Sønderjyske Årbøger 1980, S. 201; Quedens, Tagebücher aus dem alten Amrum, S. 40f. und 80.

aber muß immerzu studieren und habe doch so gar keine Lust dazu." Während er in Kopenhagen war, begann er zu trinken. Das ging über mehrere Jahre so, bis Frederik VII. starb. Zwar unterhielt ihn die Gräfin noch einige Jahre, doch stellte sie die Unterstützung schließlich ein, da er sich nicht gebührend aufführte. Ich meine, daß man ihn am Ende von der Universität jagte, aber Pastor Brar Volkert Riewerts (vgl. Abb. 13) in Neumünster, der später Propst wurde und nun als Pensionist in Husum lebt, bot ihm in seinem Hause eine Unterkunft an. Er wollte ihn in den Dingen unterrichten, die er für ein erfolgreiches Studium brauchte, jedoch mit der Bedingung, daß er das Trinken einstellen würde. B. V. Riewerts ist ein Schwager meines Vetters, Pastor Hinrich Cornelius Ketels[30] in Kiel, und seines jüngeren Bruders[30] in Altona, und mein Vetter in Kiel hat Mechlenburg oft bei Riewerts gesehen. – Nun ging es, Mechlenburg hörte auf zu trinken, und er machte tatsächlich sein Examen irgendwo im Süden Deutschlands, soweit ich mich erinnere, in Sachsen-Anhalt, wo er nach meiner Meinung auch Pastor war. Er wohnte als Pensionist auf Amrum und starb 1913. Sein Sohn[31] fiel im August 1914 als einer der ersten. Mechlenburgs Witwe zog darauf nach Kopenhagen.

Doch zurück zu meinen Kindheitserinnerungen aus der Zeit zwischen den Kriegen! Wir sprachen seinerzeit wie heute Friesisch, aber die Kirchen- und Schulsprache war Hochdeutsch. In meinem letzten Schuljahr erhielten wir aufgrund eines neuen Schulerlasses zwei Wochenstunden Dänisch, aber nur im Kirchspiel St. Laurentii[32], nicht dagegen in dem Teil Westerlandföhrs, der zum Kirchspiel St. Johannis[33] gehört. Dieser Unterricht währte ja nicht länger als bis 1864. Unser Lehrer[34] reiste zunächst nach Kopenhagen, um an einem Dänischkursus teilzunehmen, und im Oktober 1861 begannen wir mit dem Unterricht. Da ich am ersten Sonntag im Februar 1862 konfirmiert wurde, lernte ich demnach Dänisch in nur vier

Abb. 13: Brar Volkert Riewerts (4.9.1842 in Süderende – 3.3.1930 in Heide) im Jahre 1880; nach Amerika-Aufenthalt Theologiestudium in Erlangen, Berlin und Kiel; 1874–79 Pastor in Stellau/Dithmarschen, danach Kompastor und später Propst in Neumünster bis zu seiner Emeritierung 1915; vielfältiges Wirken im Bereich der Arbeiter- und Frauenfürsorge; GRL 727, 235 381; vgl. E. Schlee, Lebensbeschreibung des Brar Volkert Riewerts, und Zacchi, Menschen von Föhr, S. 40 ff.

Monaten. Der dänische Sprachunterricht fand bei allen großen Anklang; auf jeden Fall ist mir nichts Gegenteiliges bekannt.[35] Die zwei Wochenstunden Dänisch wurden auf den Donnerstagnachmittag gelegt, und in der ersten Unterrichtsstunde begann der Lehrer mit den Worten: *„Nu skal vi tale dansk!"* (Nun werden wir dänisch sprechen!) Das verstanden wir ja so ungefähr. Darauf fragte er: *„Den lille tyv* (der kleine Dieb) – wer kann sagen, was das heißt?" Im selben Augenblick zeigte er auf einen Jungen namens Nickels Matthiesen[36] und meinte, daß dieser es nicht seinem Vater sagen dürfe, da dieser Dänisch sprechen könne.

Ingke Riewerts (vgl. Abb. 56), meine spätere Frau, ging damals nach Utersum in die Schule. Dort konnte der alte Lehrer[37] kein Dänisch sprechen, und so verstrich das erste Jahr ohne Dänischunterricht, während der Lehrer selbst die Sprache lernte.

Ich wurde, wie gesagt, am ersten Sonntag im Februar 1862 konfirmiert. So war es von jeher üblich, denn viele gingen unmittelbar nach ihrer Konfirmation zur See, und sie verließen spätestens im März die Insel. Gleichzeitig wurde ich aus der Schule entlassen, und ich verbrachte den ersten Sommer zu Hause mit gelegentlichen Tagelöhnerarbeiten, aber im Herbst suchte auch ich mir eine Heuer. In jener Zeit bedeutete es für einen Föhringer nahezu eine Schande, wenn er nach der Konfirmation seine erste Reise nicht so schnell wie möglich antrat. Insofern waren im Sommer die meisten Männer draußen auf See. Hier im Kirchspiel St. Laurentii – oder wie wir gewöhnlich sagen: in *„Sankt Lorenze"* – verlas der Pastor traditionell am ersten Sonntag nach Trinitatis im Anschluß an seine Predigt mit lauter Stimme die Namen derjenigen Gemeindemitglieder, die sich außer Landes befanden, zumeist auf See, aber auch als Goldgräber oder in irgendeiner anderen Angelegenheit. Auf meiner ersten Reise schrieb meine Mutter mir, daß 147 abwesende Personen auf der Liste gestanden hätten. Einige mochten bereits tot sein; ein Teil von ihnen blieb ja über Jahr und Tag hinweg fort, ohne daß man jemals etwas von ihnen hörte. – Zu Hause waren es meist die Frauen, die sich um die Landwirtschaft kümmerten, auch wenn ihnen alljährlich zahlreiche jütische Saisonarbeiter zur Seite standen. Durch diese mischte sich bald ein Quentchen dänisches Blut unter die eingeborene friesische Bevölkerung. Bereits im Zuge der Landaufteilungen[38] zwischen 1769 und 1804

Abb. 14: Jacob Cornelius Rickmers (25.8.1826 in Süderende – 6.10.1906 in Flensburg) im Jahre 1905; Ausbildung auf dem Lehrerseminar in Tondern; 1856–71 Hauptlehrer in Oldsum und Küster an St. Laurentii (vgl. Anm. 32), danach bis zu seiner Pensionierung 1892 Lehrer in Hörup und Groß Solt, Kr. Flensburg; GRL 181, 531 533; über ihn vgl. E. Ketels, Lebenserinnerungen (Auszug bei Roeloffs, Von der Seefahrt zur Landwirtschaft, S. 315 f.).

Abb. 15: Brar Cornelius Braren (18.7.1836 in Oldsum – 18.7.1915 in Breklum); bis 1857 Ausbildung auf dem Lehrerseminar in Skårup, danach bis 1861 unter J. Rickmers (vgl. Abb. 14) Elementarlehrer in Oldsum, von 1861–80 Lehrer in Utersum (vgl. Anm. 32 u. 37); ab 1880 Lehrer am Predigerseminar in Breklum, wo er der engste Mitarbeiter von Pastor Christian Jensen wurde; Verfasser mehrerer theologischer Schriften; GRL 142, 151 67; vgl. auch seine autobiographische Schrift „Gnadenspuren des lebendigen Gottes in dem Leben des B. C. Braren".

hatte es viele Dänen auf die Insel gezogen (ob mehr nach Osterlandföhr oder mehr nach Westerlandföhr, vermag ich nicht zu sagen).[39] Es lebt noch heute eine Reihe von Jüten auf Föhr, die einst als Erntearbeiter gekommen waren, dann aber ansässig wurden und in hiesige Familien einheirateten. Jedes Jahr verteilte sich wenigstens ein halbes Hundert von ihnen über die ganze Insel. Sie reisten zu Beginn der Heuernte an und arbeiteten hier von „Johanne", d. h. vom Johannistag (24.6.), bis in den November hinein. Folglich blieben sie auch während der Kornernte und droschen bereits einen Teil des Getreides mit dem Dreschflegel. Die Mehrzahl dieser Arbeiter stammte aus der Gegend von Ripen; sie hatten vielfach Frau und Kinder zu Hause, aber etliche waren ledig und verheirateten sich, wie gesagt, hier auf der Insel. Diese Jüten waren die einzigen Dänen, die man, abgesehen von Kapitän Hammer und seinen Soldaten, auf Föhr sah. Es handelte sich bei ihnen zumeist um rauhe Gesellen, auf die die Bevölkerung herabsah, aber es waren gewiß nicht immer die Besten von dort oben, die auf diese Weise einer Gelegenheitsarbeit nachgingen. Die meisten von ihnen betranken sich jeden Samstagabend, und die jungen Mädchen wollten im Dorfkrug nicht mit ihnen tanzen. Am Michaelistag[40] veranstalteten sie immer ein ungestümes Trinkgelage. Am Abend waren sie dann regelmäßig so betrunken, daß wir als Kinder nicht auf die Straße durften.

Abb. 16: Roluf Meinert Olufs (28.9.1818 in Toftum – 27.5.1884 in Toftum); lebte in Toftum Nr. 163 (heute Knudt Pörksen); zunächst Kapitän bei der Reederei *Paap* in Rendsburg, später Schiffer auf einem Englandfahrer für Konsul Heymann in Wyk (vgl. Abb. 57); GRL 132, 223 66.

Abb. 17: Johann Erich Ketels (17.7.1826 in Klintum – 11.10.1904 in Süderende); lebte in Süderende Nr. 243 (heute Riewert Roeloffs); Kapitän auf verschiedenen Schiffen des *Königl. Grönländischen Handels* von Kopenhagen aus; Kirchenältester; GRL 219, 233 343.

Es war im Herbst 1862, als ich das erste Mal zur See fuhr. Ich segelte auf dieser Reise unter einem Kapitän (vgl. Abb. 16), der ein Schiff von Rendsburg aus führte. Es handelte sich um eine Schonerbrigg mit nur acht Mann Besatzung. Wir segelten von Rendsburg nach Rostock und von dort nach London. Dann ging die Fahrt nach Rio de Janeiro, wo wir eine Ladung Kaffee nach Hamburg an Bord nahmen. Im Herbst 1863 kehrte ich nach Hause zurück und wollte meine nächste Reise von Bremen oder Hamburg aus machen. Aber als bald darauf der Krieg ausbrach, konnten wir uns ja denken, daß Elbe und Weser blockiert werden würden und ich deshalb nicht fortkäme. Mein Bruder (vgl. Anm. 177) wurde am ersten Sonntag im Februar 1864 konfirmiert und sollte gleich darauf bei einem Bauern in Stellung gehen. Da dachte ich: „Nun sind schon zwei Jahre seit meiner Konfirmation vergangen. Ich kann nicht länger müßig zu Hause herumhocken; ich muß zusehen, daß ich noch vor ihm einen Dienst antrete!" Das sagte ich am Konfirmationstag meiner Mutter, und sie antwortete mir: „Das ist recht, Juchem!" Am selben Tage fragte mich mein Onkel Johann Erich Ketels (vgl. Abb. 17), was ich vorhätte, und ich antwortete: „Ich will nur zusehen, daß ich vor meinem Bruder aus dem Hause komme." Darauf sagte er zu mir, er wolle mich nach Wyk begleiten, damit ich mich dort zum Dienst bei Kapitänleutnant Hammer melden könne, wozu ich schließlich

Abb. 18: Ocke und Friederike Nerong. Ocke Christian Nerong (25. 8. 1852 in Wrixum – 28. 11. 1909 in Flensburg) war von 1875–80 Lehrer in Alkersum, danach in Dollerup in Angeln; hat sich sehr um die Föhrer Heimatgeschichte verdient gemacht, u. a. durch die Herausgabe der Bücher „Das Dorf Wrixum" (1888), „Die Kirchhöfe Föhrs" (1902) und „Die Insel Föhr" (1903); GRL 731, 313 64; seit 1877 verheiratet mit Friederike Petrea Lorenzen (6. 10. 1854 in Wyk – 1942 in Wyk), einer Tochter des Reeders und Werftbesitzers Fritz Lorenzen (vgl. Abb. 30); vgl. Zacchi, Menschen von Föhr, S. 99–103.

Abb. 19: Ingke Nerong geb. Flor Hinrichsen (31. 12. 1815 in Oldsum – 28. 8. 1887 in Glücksburg); O. Nerongs Mutter; war seit 1848 mit dem in Oevenum, später in Wrixum ansässigen Färber Johannes Volquard Nerong (12. 9. 1809 in Flensburg – 21. 1. 1867 in Wrixum) verheiratet; GRL 731, 313 64.

selbst Lust bekam. Auch wenn ich mich zuvörderst lediglich meldete, um meinen Lebensunterhalt zu verdienen, so geschah das doch nicht ohne die Freude, nun in königlichen Diensten zu stehen, besonders unter dem Kommando Hammers. Nur Koch wollte ich nicht so gerne sein, aber ich wurde es dann trotzdem.

Kapitänleutnant Otto Christian Hammer (vgl. Abb. 20) wohnte, als der Krieg ausbrach, bereits seit etlichen Jahren in Wyk, wo ihm ein Haus mit etwas Landwirtschaft gehörte; er hielt wohl an die sechs bis acht Kühe.[41] Ihm oblag die Aufsicht über das Auslegen und Einsammeln der Seezeichen sowie über die Leuchtfeuer und das Zollwesen. Seit den Vorfällen während der Schleswig-Holsteinischen Erhebung war er auf der ganzen Insel bekannt, und er hatte eine einflußreiche Stellung.[42] Hier auf Westerlandföhr war er sehr beliebt. Das galt übrigens auch für Osterlandföhr und Wyk, aber dort gab es ja ein paar eifernde Deutsche, die ihn nicht leiden konnten, und als es 1864 in Wyk zu Unruhen kam, sah er sich gezwungen, streng einzugreifen. Seit dieser Zeit war er bei den Schleswig-Holsteinern nicht mehr so wohlgelitten. Er war als tüchtiger und tatkräftiger Mann bekannt, der viel für Föhr getan hat. Sowohl der Zollkreuzer *Neptun* als auch viele andere Schiffe wurden auf seine Veranlassung auf der Wyker Werft (vgl. Abb. 32) gebaut, und ebenso ließ er dort sämtliche Reparaturen ausführen. Auf der Werft arbeiteten im Winter oft 15 Mann, und seinerzeit sah man beständig vier bis fünf Schiffe auf der Helling liegen. Jetzt sind nur noch zwei Arbeiter – im Winter vielleicht noch ein bis zwei Mann zusätzlich – dort beschäftigt. Hammer genoß unter der gesamten Bevölkerung großen Respekt, worüber auch in einem Buch von Ocke C. Nerong (vgl. Abb. 18) berichtet wird,[43] der im übrigen mein Vetter war: Mein Vater und seine Mutter (vgl. Abb. 19) waren Geschwister. Er wurde hier auf Föhr geboren, und er erhielt später die Leitung der Schule in Dollerup in Angeln.

Abb. 20: Otto Christian Hammer (23. 8. 1822 in Hulerød – 18. 3. 1892 in Kopenhagen); 1837 Eintritt in die dänische Marine; während der Schleswig-Holsteinischen Erhebung ab 1850 Nächstkommandierender der Seestreitkräfte an der schleswigschen Westküste; 1850 kommissarischer, 1854 bestallter Inspektor des Kreuzzoll-, Leuchtfeuer- und Betonnungswesens an der schleswigschen Westküste mit Sitz in Wyk; 1858 Kapitänleutnant; im Krieg 1864 seit dem 7. 2. 1864 militärischer Oberbefehlshaber in seinem Dienstbereich; organisierte in diesem Krieg mit viel Geschick und wenigen, unzulänglichen Mitteln lange sehr erfolgreich die Verteidigung der Nordfriesischen Inseln gegen die alliierte Übermacht der Preußen und Österreicher; nach der Kapitulation einige Zeit Kriegsgefangener auf der Festung Schweidnitz/Schlesien; 1865–71 Leiter einer Fischereigesellschaft für Walfang und Robbenschlag im nördlichen Eismeer; ab 1882 Sägewerksbesitzer in Schweden; vgl. O. C. Hammer, Vesterhavsøernes Forsvar i Aaret 1864, und R. Hammer, Kaptajnløjtnant O. C. Hammer.

Der Krieg von 1864[44]

Es war am Montag, dem 8. Februar, als ich mich zusammen mit meinem Onkel J. E. Ketels in Wyk freiwillig zum Dienst bei Kapitänleutnant Hammer meldete. Hammer war gerade für einige Tage fortgereist, denn er hatte ja entlang der Küste zahlreiche Dienstgeschäfte zu erledigen, aber sein Schreiber Viborg[45] nahm sich meiner an und sagte sofort: „Du bist zu klein!" – „Aber ich bin doch schon ein Jahr zur See gefahren!" – „Wirklich? Wie alt bist du denn?" – „Siebzehn Jahre und drei Monate." – „Dann kannst du mitkommen nach Amrum auf der *Frederik VII.*" – *Frederik VII.* war der Name eines Zollkreuzers[46], den Hammer zusammen mit den anderen Kreuzern unter anderem als Wachboot oder als Versorgungsboot für die Kanonenjollen einsetzte. Diese Zollkreuzer nannten wir in unserem täglichen Sprachgebrauch nur *Kreuzer*. Onkel Ketels und Viborg unterhielten sich im übrigen auf dänisch, aber das konnte ich seinerzeit noch nicht verstehen.

Es war, wie gesagt, am 8. Februar, als ich mich bei Viborg meldete. Den Tag davor, am Sonntagabend, hatte es in Wyk Unruhen gegeben.[47] Etwas Ernsthaftes war indes nicht vorgefallen – Waffengewalt wurde wenigstens nicht ausgeübt –, aber es war zu einer Zusammenrottung gekommen, man hatte das Schleswig-Holstein-Lied gesungen und Drohungen gegen die dänischen Beamten ausgestoßen. Als ich am Montag nach Wyk kam, war es ziemlich ruhig. Schon am Sonntag hatte Viborg die Kreuzer klargemacht und sie nach Amrum gesandt, damit die Unruhestifter sich derer nicht bemächtigten. Nur die *Frederik VII.* war zurückgeblieben, da sie auf der östlichen Seite des Hafens auf Grund lag. Als ich mich zum Dienst meldete, wartete man gerade darauf, daß der Kreuzer wieder flott werden würde, und Viborg sagte zu Onkel Ketels: „Wenn der Junge so schnell zur Stelle sein kann, daß er es schafft, an Bord der *Frederik VII.* zu sein, wenn diese bei Hochwasser wieder flott wird, dann nehmen wir ihn mit." Darauf lief ich den ganzen Weg zurück nach Hause, packte eilig ein paar Kleider zusammen, ein Wagen fuhr mich wieder nach Wyk, und so gelang es mir schließlich, rechtzeitig an Bord zu kommen. Noch am selben Tag segelten wir in Richtung des Amrumer Hafens[48] ab.

Die dänischen Beamten und ihre Familien flüchteten alle nach Amrum. Nur der Postmeister (vgl. Abb. 21) blieb zurück. Er sah sich jedoch angesichts der bedrohlichen Lage veranlaßt, seinen Dienst einzustellen und das Postschild einzuziehen (vgl. Abb. 22). Ursprünglich wohnte er in Nieblum, wo er auch geboren war und wo er eine Landwirtschaft betrieb. Er lebte aber in ärmlichen Verhältnissen, und erst, nachdem König Frederik VII. ihn kennengelernt hatte, wurde er durch ihn zum Postmeister in Wyk ernannt. Der Zollverwalter Leve P. C. Greve war mit einem der Kreuzer am Sonntag geflüchtet. Der Landvogt[49] war mit auf der *Frederik VII.*, als wir am anderen Tag in See stachen.[50] Ich kann mich erinnern, daß ich Kisten und Bücher aus seinem Hause an Bord schleppte. Viborg blieb dagegen mit seiner Frau in Wyk. Die Geldkasse, die er verwaltete, wurde anscheinend mit nach Amrum geschickt.

Zur Besatzung auf unserem Fahrzeug gehörten – außer dem Schiffer Ketel Brodersen[51] und

Abb. 21: Daniel Goos Hansen (20.4.1804 in Wyk – 23.3.1874 in Nieblum); lebte im heutigen Hause Schlachtschütz, Nieblum, Kertelheinallee 1; zunächst unter Hammer Zollassistent, ab 15.6.1860 Postmeister in Wyk; am 19.7.1864 durch den österreichischen Zivilkommissar von Revertera abgesetzt; Gangfersmann 1830–60; Bauernvogt in Nieblum 1839–41; *Danebrogs*-Mann. Er gehörte zu jenen Männern, die am 6.2.1834 von Amrum nach Föhr zurückritten und dabei von einer Springflut überrascht wurden; Daniel und seine Begleiter erreichten das Ufer, der aus Süderende stammende Tierarzt Volkert Arfsten (GRL 504, 262 21) ertrank mit seinem Pferd.

Abb. 22: Das königl. dänische Postschild von Wyk auf Föhr, das der Postmeister D. G. Hansen (vgl. Abb. 21) auf Druck der Schleswig-Holsteiner Anfang Februar 1864 einziehen mußte, obwohl er im Gegensatz zu den Zollbeamten die neu proklamierte Obrigkeit nicht anerkannte; die königl. dänische Post befand sich im ehemaligen Haus Christiansen gegenüber dem Glockenturm in der Großen Straße.

mir – zwei Matrosen, die beide, wie der Schiffer, von Amrum stammten, und alle drei waren betrunken, als wir an Bord gingen. Die *Frederik VII.* hatte in der Nacht vom Sonntag auf den Montag noch einen Strich zusätzlich an ihrem Namen erhalten, so daß sie jetzt *Frederik VIII.* hieß. Das hatte in aller Heimlichkeit sicher ein Schleswig-Holsteiner bewerkstelligt. Mit diesem Namen meinte er den Herzog von Augustenburg (vgl. Abb. 23), dem man in jenen Tagen als Herzog von Schleswig-Holstein huldigte.[52] Der besagte Strich wurde übermalt, sobald wir Amrum erreichten.

Während die Zollkreuzer vor Amrum lagen, wo wir wegen des Eises eine Zeitlang festsaßen, reiste Hammer von Fanø nach Föhr, und von dort kam er mit einem Wagen am Sonntag, dem 14. Februar, auf Amrum an.[53] Es wurde nun auf dem Kutter *Neptun*, Hammers Inspektionsschiff, ein Signal gesetzt, daß sich dort alle Mann an Bord begeben sollten. Hier mußten

Abb. 23: Friedrich VIII. (6.7.1829 in Augustenburg – 14.1.1880 in Wiesbaden); Herzog von Schleswig-Holstein-Sonderburg-Augustenburg; während sein Vater, Herzog Christian August, 1852 auf die Erbfolge verzichtete, wahrte Friedrich seine Ansprüche und machte sie auch nach dem Tode von König Frederik VII. (vgl. Abb. 9) geltend; große Teile der Bevölkerung in den Herzogtümern erkannten ihn an; er wurde aber von Preußen 1864 und 1866 übergangen, da er Preußens Annexionsplänen im Wege stand; vgl. Biographisches Lexikon für Schleswig-Holstein, Bd. 8, S. 114–118.

wir zur Musterung antreten. Der Musterungskontrakt wurde laut verlesen, und wir unterschrieben allesamt seine Bedingungen im Hinblick auf Dienst und Sold und gelobten schließlich, unser Bestes zu geben. Ich wurde von der *Frederik VII.* auf einen der anderen Kreuzer, die *Nr. 12*, versetzt. Unter den Kreuzern war es nur die *Frederik VII.*, die einen Namen trug, da es Hammers Inspektionsschiff gewesen war. Die anderen bezeichnete man lediglich mit einer Nummer.

Bevor ich an der Reihe war, wurde ein kleiner, dicker Mann nach seinem Namen und anderen Personalien gefragt. Auf die Frage, wie er hieß, antwortete er mit einer kräftigen, tiefen Stimme – ich habe weder vorher noch nachher eine ähnliche Stimme gehört –: „Meinert Lorenz Hinrich Oldis[54]!" Über ihn werde ich später noch ein wenig erzählen. „Wo tust du deinen Dienst?" wurde er gefragt. „Auf dem Kreuzer *Nr. 12*!" antwortete er mit derselben tiefen Stimme.

Am Tag darauf (22. Februar) kehrte Hammer nach Föhr zurück, und alles war nun ruhig und blieb es fortan im ganzen gesehen auch, obwohl er bei seiner Rückkehr kein Militär dabeihatte. Er holte im weiteren den Landvogten zurück und schickte ebenfalls die Kreuzer wieder nach Wyk. In der Zwischenzeit übernahmen wir verschiedene Aufgaben im Fahrwasser rundum Föhr und Amrum, bis wir schließlich nach Fanø beordert wurden. Dort setzten wir vor Strandby Baken[55] aus und holten Speck, Roggen und Bier von Hjerting nach Fanø, wo die Kanonenjollen lagen, bis die Eisverhältnisse es erlaubten, diese südwärts zu verlegen. Das geschah wohl im März 1864[56]. Wir segelten von Fanø los im Verband mit drei weiteren Kreuzern[57] und dem Kutter *Neptun*, auf dem Hammer sich befand und der zwei Kanonenjollen im Schlepp hinter sich herzog. Wir hatten Proviant für die Besatzung der einen Kanonenjolle, ansonsten aber Seezeichen geladen, die wir an einen Schiffer in Wyk abliefern sollten, der beauftragt war, diese auszusetzen. Auf Fanø bekamen wir einen der insgesamt etwa sieben bis acht Zollkontrolleure an Bord. Sein Name lautete Gylsen[58]. Er stammte von Ærø und war in der Regel betrunken. In dieser Verfassung pflegte er dann meist eigene Wege zu gehen. Insofern war er auch betrunken, als wir von Fanø südwärts segelten. Am Abend setzte die *Neptun* ein Signal, daß wir warten sollten. Doch Gylsen befand, es sei wichtiger, die Seezeichen nach Wyk zu bringen, und so setzten wir unsere Fahrt nach Süden fort, bis wir am nächsten Tag in Wyk einliefen. Am Tag darauf kam wiederum ein Fahrzeug mit dem Bescheid, daß wir sofort nach der *Nösse*[59] auf Sylt absegeln sollten; dort befände sich die Besatzung der besagten Kanonenjolle ohne Proviant. Bei Sylt lag ebenfalls die *Neptun*, und als wir an dem Kutter längsseits gingen, erhielt Gylsen, mittlerweile ausgenüchtert, von Hammer gehörig die Leviten gelesen; Gylsen nahm sich dieses sehr zu Herzen, und er weinte bitterlich. Darauf wandte sich Hammer an den Schiffer – er hieß Gerret Christian Gerrets (vgl. Abb. 24) – und sagte zu ihm auf deutsch, indem er auf ein kleineres Fahrzeug zeigte, welches in einiger Entfernung Kurs auf das Festland nahm: „Ich habe immerzu Ärger mit Gylsen. Er macht das genaue Gegenteil von dem, was ich von ihm verlange. Deshalb sage ich nun zu Ihnen auf deutsch: Sie erhalten jetzt zwei Mann mit Gewehren von der Kanonenjolle. Bringen Sie das Fahrzeug auf und führen Sie es nach Wyk! Setzen Sie aber die Leute, die an Bord sind, auf Sylt an Land!" Hammer hatte nämlich, während wir in Wyk waren, einen Aufruhr in Keitum[60] gedämpft, und nun wurde die Verbindung der Insel mit dem Festland vollständig abgebrochen.

Wir setzten ihnen nach und überholten sie. An Bord befanden sich neun Syltringer, die davor Angst hatten, Hammer könnte sie in seinen Dienst pressen. Gegen Hammers ausdrücklichen Befehl setzte Gylsen es durch, daß wir sowohl die Gefangenen als auch das Fahrzeug nach Wyk brachten. Der Schiffer schob die Schuld auf Gylsen, und beide erhielten eine tüchtige Abreibung.

Abb. 24: Gerret Christian Gerrets (10.4.1823 in Nebel – 31.3.1916 in Süddorf); lebte in Süddorf; 1860 Zollrevisor unter Hammer.

Danach lagen wir vor Keitum, um die Insel von der übrigen Welt abzusperren. Als wir dort eine Zeitlang unseren Wachdienst versehen hatten, ging uns der Proviant aus. Für gewöhnlich proviantierten wir nur für zwei Wochen, und am 1. und 15. jeden Monats wurde eine neue Ration zugeteilt. Doch dieses Mal blieb der Proviant ebenso aus wie die Order, uns selbst mit Vorräten zu versorgen. Einer der Matrosen, Arfst Boh Jürgens[61], wollte es durchsetzen, daß wir ohne Befehl nach Wyk segeln sollten, aber Gylsen hatte inzwischen vor Kapitänleutnant Hammer einen solchen Respekt bekommen, daß er sich weigerte, diesem Vorschlag zu folgen: „Ihr wißt doch, wie es zwischen Hammer und mir steht. Ich will unsere Position auf keinen Fall ohne Erlaubnis verlassen." Meinert Oldis sagte darauf: „Wir wollen aber ebensowenig hier liegen bleiben und vor Hunger sterben. Man hält uns sicher fest, wenn wir nach Sylt hineingehen, doch wollen wir es trotzdem tun. Denn wenn sie uns gefangennehmen, so sind sie im weiteren ja auch verpflichtet, uns etwas zu essen zu geben, und hier hungern wir uns zu Tode." Von irgendeiner Lebensgefahr konnte indes noch keineswegs die Rede sein. Es war am frühen Morgen, als diese Beratschlagung stattfand, und jeder von uns hatte den Tag doch mit einem Stück Brot begonnen. Es handelte sich ganz gewiß um das letzte Stück, aber ich meinte dennoch, man hätte noch etwas abwarten können, bevor man auf eigene Faust Vorkehrungen traf. Gylsen wollte ebenfalls nicht mit nach Sylt gehen; er hatte sicherlich Angst vor den Syltringern, die ja wesentlich deutsch gesinnter waren als die Föhrer Bevölkerung. Schließlich schloß sich der Schiffer Meinerts Vorschlag an, und sie fragten mich: „Kannst du rudern?" – „Ja", antwortete ich. – Hätte ich doch bloß nein gesagt! „Dann kommst du mit!" kommandierten sie. Es wurde nicht gefragt, ob ich wollte. Also gingen wir nach Sylt hinein. Zuerst gerieten wir an einen Müller, der uns aber abwies: „Hammer hat meinen Sohn daran gehindert, nach Tondern zu reisen, um Bäcker zu lernen; darum verkaufe ich euch auch kein Mehl." Sein Sohn gehörte zu den Neunen, die wir auf ihrem Weg zum Festland aufgegriffen hatten. Danach kamen wir zu einem Bäcker, dessen Sohn ebenfalls an Bord dieses Fahrzeugs gewesen war, um nach Hamburg zu gelangen, wo er das Steuermannsexamen ablegen wollte. Hier wurden wir infolgedessen auch nicht handelseinig. So ging es weiter zu einem Klempner, der uns endlich Kartoffeln, Mehl und Speck verkaufte, wenn auch mindestens zum doppelten Preis. – Am nächsten Tag erschien ein Zollkreuzer mit dem Befehl, wir sollten nach Wyk segeln, um zu proviantieren. Das taten wir umgehend, obwohl wir ja bereits auf Sylt proviantiert hatten. Übrigens war Hammer darüber nicht weiter erbost, als er das hörte.[62]

Im März kam es in Wyk erneut zu Unruhen.[63] Die Demonstranten zogen mit dem Schleswig-Holstein-Lied durch die Straßen. Besonders in den Wirtshäusern wurde das Volk aufgehetzt. Hammer beorderte deshalb vier Kanonenjollen nach Wyk,[64] aber als er mit der Besatzung an Land ging, wollte die Menge mit Forken und Knüppeln auf sie losstürmen. Hammer ließ daraufhin die Wirtshäuser für 24 Stunden schließen, und fortan blieb es ruhig. Wenn er selbst anwesend war, gab es für gewöhnlich keine Schwierigkeiten, aber wenn er für einige Tage wegreiste, konnte es hier und da zu Spektakel kommen.

Es war eine große Hilfe für Hammer, daß am 1. April 160 Mann Infanterie von Jütland nach Föhr verlegt wurden.[65] Das wirkte sich vor allem auf Wyk beruhigend aus, wo die öffentliche Erregung besonders hohe Wellen schlug. Die dänischen Soldaten waren auf der Insel wohlgelitten.[66] Einer von ihnen, Friedrich Wilhelm Cordsen[67], verlobte sich in Wyk und kam nach dem Krieg zurück, um zu heiraten. Ein kleiner Hornbläser von etwa 13 oder 14 Jahren hatte es der Bevölkerung am meisten angetan. Aber natürlich konnten sich die richtigen Schleswig-Holsteiner nicht mit den dänischen Truppen vertragen. Eines Tages stand ich in Wyk in einem Schlachterladen und kaufte Fleisch für den Kreuzer *Nr. 12*. Nach mir kam die Schwester der

Abb. 25: Volkert Friedrich Faltings (30.10.1815 in Oldsum – 9.12.1897 in Oldsum); lebte in Oldsum Nr. 65 (heute Ferdinand Faltings); Grönlandkommandeur auf verschiedenen Schiffen des *Königl. Grönländischen Handels*, nach 1863 Landwirt, Gangfersmann und längere Zeit Gemeindevorsteher in Oldsum-Klintum; Volkert war entschieden dänisch gesinnt und hat sich auch nach 1864 offen für das Dänentum auf Westerlandföhr eingesetzt (vgl. Anm. 216); GRL 727, 536 52.

Schlachtersfrau in den Laden. Sie diente bei Hammer und wollte nun zwei Pfund Gehacktes, d. h. eine Farce für Bratwürste, haben. Doch der Schlachter antwortete, daß Hammer zuerst seine Jüten zu Hack verarbeiten möchte, bevor er solches bei ihm bekäme. Auf Westerlandföhr dagegen waren die Soldaten gerngesehene Gäste.

Eines Tages erhielten die dänischen Infanteristen von den Einwohnern Oldsums und Toftums eine Einladung. Sie wurden gut bewirtet, und am Nachmittag gab es ab drei Uhr ein Tanzvergnügen. Ingke, meine spätere Frau, erzählte mir nachmals, daß sie mit den dänischen Soldaten getanzt habe. Ich selbst war ja nicht zu Hause. Mein Onkel, Volkert Friedrich Faltings (vgl. Abb. 25), der sonst nach Grönland segelte, hielt sich im Kriegsjahr zu Hause auf. Als die Soldaten ankamen, wollte er hingehen und einige in Quartier nehmen. Seine Frau (vgl. Abb. 26) sagte: „Du solltest dich nach einigen Offizieren umsehen, da du ja Dänisch mit ihnen sprechen kannst." Es bemühten sich jedoch viele um eine Einquartierung, und da mein Onkel ein ausgesprochen zurückhaltender Mann war, stand er im Hintergrund und wartete geduldig, bis er an die Reihe kam. Es mögen noch etwa acht übriggeblieben sein, als Boy Ketels[68] aus Oldsum sagte: „Ich nehme den Rest!" – Und so ging mein Onkel leer aus. Die Leute rissen sich um die dänischen Soldaten, und wir hätten leicht noch einmal so viele unterbringen können.

Einige Wehrpflichtige vom Festland, die bei Kriegsausbruch hier auf der Insel lebten und eigentlich nach Ripen zur Musterung gemußt hätten, aber nicht loskommen konnten, steckte Hammer in die Kompanie Infanterie,[69] als diese in Wyk einrückte. Unter ihnen war auch Simon Simonsen[70], der Vater unseres Gastwirts Max Simonsen (vgl. Abb. 76), sowie mein Nachbar Franz Christian Sörensen[71], der später als Unteroffizier mit 16 Mann auf Röm lag. Simon Simonsen war von Dagebüll. – Überdies konnte es geschehen, daß Hammer den einen oder anderen Unruhestifter, der sich besonders hervorgetan hatte, dadurch bestrafte, daß er

Abb. 26: Christina Ketels (23.6.1824 in Klintum – 5.1.1893 in Oldsum) war eine Schwester von Juchems Mutter Dorothea; heiratete am 25.11.1842 Volkert F. Faltings (vgl. Abb. 25); GRL 219, 233 342.

ihn für ein paar Tage zum Dienst auf einem der Fahrzeuge einzog, aber, soweit mir bekannt ist, nicht länger als einige Tage (vgl. Anm. 117). Ein Schlachtergeselle aus Holstein, Christoph Kinzer, mußte aber über eine längere Zeit auf dem Dampfschiff *Limfjord* dienen, das Hammer nach einer gewissen Zeit vom Marineministerium zugeteilt worden war und das am 24. März in Wyk eintraf. Von diesem Schiff aus führte Hammer das Kommando, und er benutzte es zugleich als Schlepper für die Kanonenjollen. Ich werde bei anderer Gelegenheit noch weitere Beispiele dafür nennen, auf welche Weise Hammer die Unruhestifter aus Wyk für ein paar Tage zur Räson brachte.

Ansonsten preßte Hammer keinerlei Mannschaft in seinen Dienst. Ich selbst habe mich aus völlig freien Stücken dazu gemeldet, und wir zählten insgesamt auf der Insel nicht wenige Freiwillige: fünf von Toftum, einer von Klintum, vier von Oldsum, vier von Dunsum, drei von Utersum, einer von Hedehusum, zwei von Goting und fünf oder sechs von Nieblum. Doch auch auf Osterlandföhr meldeten sich einige: von Wyk drei, von Alkersum zwei und von Boldixum und Wrixum zwei oder drei. Mehrere der Freiwilligen aus Nieblum mochten wohl auch auf Osterlandföhr entfallen, da ein Drittel des Dorfes verwaltungsmäßig dorthin gehörte, während zwei Drittel auf Westerlandföhrer Seite lagen. Die Freiwilligen von Osterlandföhr ließen die Schleswig-Holsteiner durchaus ihren Unmut darüber spüren, daß sie sich Hammer angeschlossen hatten. Von Amrum kamen noch an die zwanzig Freiwillige hinzu.

Während ich und die anderen, die ich soeben genannt habe, Hammer freiwillig gefolgt waren, verlangten die dänischen Behörden in der Zwischenzeit von den Nordfriesischen Inseln, ihnen ein festes Mannschaftskontingent zur Verfügung zu stellen.[72] Der Birkvogt[73] Trojel auf Westerlandföhr, zu dem auch Amrum gehörte, machte mit Zustimmung der Gangfersleute[73] bekannt, daß jedem aus der vom Birkvogten verwalteten Birkkasse acht *Rigsdaler* im Monat zusätzlich zum regulären Sold gezahlt würden, der bei Hammer in den Dienst ging.

Abb. 27: Seesand Bake wurde im Juli 1801 auf Seesand errichtet und hatte eine Höhe von 60 Fuß; während des deutsch-französischen Krieges 1870/71 wurde sie am 22.7.1870 aus Furcht vor feindlichen Schiffen niedergebrannt, danach jedoch bald wieder größer aufgebaut; ursprünglich befand sich – wie von Juchem beschrieben und auf dem Foto dargestellt – kein Rettungsraum für Schiffbrüchige in der Bake; im Januar 1890 stürzte sie in einer Sturmflut um und ist nicht wieder aufgestellt worden; vgl. Quedens, Tagebücher aus dem alten Amrum, S. 45, 85 u. 91.

Es meldeten sich drei von Westerlandföhr, nämlich meine Nachbarn, die Brüder Erich und Tönis Andresen[74], zusammen mit Gerret Ludwigsen[75] aus Nieblum. Diese bekamen also acht *Rigsdaler* mehr im Monat als ich und die anderen, die sich bereits vorher gemeldet hatten. Das alles geschah um den 20. März. Ich kann mich erinnern, daß die beiden Brüder Andresen ihren Dienst auf den Kanonenjollen am 23. März antraten.

Auf Westerlandföhr kamen die örtlichen Behörden insofern ihrer Pflicht nach, aber Hammer verlangte ebenfalls von den zuständigen Stellen auf Osterlandföhr, Mannschaften auszuheben. Diese Forderung blieb jedoch weitgehend unbeachtet, und nach einer recht langen Zeit fanden sich nur sehr wenige ein, die als Soldaten in Betracht kamen. Vor allem in Wyk entzog man sich der drohenden Einberufung. Es mag im März gewesen sein, als Hammer mit einigen Kanonenjollen nach Föhr zurückkehrte, die nicht ihre volle Mannschaftsstärke hatten. Daraufhin flohen viele bei Nacht mit einem kleinen Boot nach Husum, aus Angst, zwangsrekrutiert zu werden.

Nachdem wir, wie ich bereits erzählte, auf dem Zollkreuzer *Nr. 12* bei Sylt unseren Wachdienst versehen hatten, lagen wir anschließend für drei Wochen bei Seesand Bake. Seesand ist eine Sandbank weit westlich vor Amrum. Auf der Bank hatte man auf drei bis fünf hohen, schweren Pfählen eine Bake errichtet, in der sich im oberen Teil ein kleiner Raum für Schiffbrüchige befand, zu dem eine Treppe hinaufführte. Mittlerweile ist die Bake durch ein Feuerschiff ersetzt worden. Als wir von dort zurückkehrten, waren vier weitere Kanonenjollen vor Wyk eingetroffen, so daß sich ihre Zahl auf insgesamt acht erhöhte. Woher sie gekommen waren, weiß ich nicht.[76] Bei Seesand Bake lagen wir etwa vom 18. März bis zum 8. April. Es währte nicht lange, bis Gylsen auch hier die gesamte Besatzung in befehlswidrige Abenteuer hineinlockte. Der Schiffer stammte von Amrum (vgl. Abb. 24), und eine seiner Töchter hatte sich verlobt. Dieses Ereignis sollte nun am Sonntag gefeiert werden. Es begann damit, daß Gylsen zum Schiffer sagte: „Du kannst ruhig auf die Feier gehen. Die zwei Matrosen setzen dich an Land, während Juchem und ich hierbleiben. Ich werde dich morgen früh mit dem Boot wieder abholen lassen." Darauf stieg der Schiffer mit Meinert und Arfst ins Boot. Es war am zeitigen Sonntagmorgen. – In diesen Tagen zeigten sich öfter feindliche Kriegsschiffe außerhalb des Schmaltiefs,[77] aber da alle Seezeichen eingezogen worden waren, fanden sie nicht in das flache Fahrwasser. Sobald wir feindliche Schiffe oder auch nur den Rauch ihrer Schornsteine ausmachten, sollten wir einen Alarmschuß abfeuern, mit dem wir den uns am nächsten liegenden Zollkreuzer vor Wittdün, der Südspitze Amrums, alarmierten. Hier wiederum signalisierte man dem dritten Kreuzer zwischen Goting und Langeneß und von dort nach Hammers Haus (vgl. Abb. 28) an der Südostecke von Wyk, wo eine ständige Wache postiert war. Dann pflegte Hammer mit dem Dampfschiff *Limfjord* zu erscheinen, um nach der Ursache des Alarms zu sehen. – Während der Schiffer sich auf dem Weg nach Amrum befand, sahen wir weit draußen drei Schiffe. Es herrschte absolute Stille. Der Kontrolleur lud als erstes die kleine Signalkanone und sagte darauf zu mir: „Nun, mein Junge, jetzt bist du an der Reihe, sie abzufeuern", – das geschah durch einen Schlag mit einem Holzhammer auf eine Metallplatte –, „aber schieße nicht, bevor ich unten in der Kajüte bin." Natürlich hatte er Angst. – „Das kann wohl nicht so schlimm sein", dachte ich mir, und das war auch keineswegs der Fall. Übrigens meine ich, daß wir hier zum erstenmal feindliche Schiffe zu Gesicht bekamen. Der Schiffer hatte unterwegs den Schuß gehört und kehrte augenblicklich an Bord zurück, lange bevor Hammer uns erreichte. Als dieser schließlich erschien und fragte, was geschehen sei, hatten sich die Schiffe bereits wieder seewärts gewandt, und darauf dampfte auch Hammer zurück nach Wyk.

Gylsens Branntwein war zwischenzeitlich zur Neige gegangen. Als wir am Nachmittag zum Kaffeetrinken beisammensaßen, sagte er zum Schiffer: „Es ärgert dich sicher, daß du vorhin nicht auf die Verlobungsfeier konntest, aber wir könnten doch jetzt einen kleinen Abstecher nach Amrum machen." – „Ja, wenn du die Folgen trägst!" – „Nun, wir könnten ja leicht mit der jetzigen Flut nach Amrum einlaufen und über Nacht mit dem Ebbstrom zu unserem Standort zurückkehren." Das taten wir auch. Die Familie des Schiffers in Süddorf auf

Abb. 28: Hammers Haus auf dem Sandwall in Wyk (das spätere Haus *Meinort*); gut zu erkennen ist der Ausguck auf dem Dach, von wo aus während des Krieges die Lage vor Ort kontrolliert und die Signale der Wachschiffe empfangen werden konnten.

Abb. 29: Edouard Suenson (13.5.1805 in Kopenhagen – 16.5.1887 in Kopenhagen); 1864 Ernennung zum Oberbefehlshaber des dänischen Nordseegeschwaders; am 9.5.1864 Sieger in der Helgoland-Schlacht; vgl. Topsøe-Jensen, Personalhistoriske Oplysninger om Officerer af det Danske Søofficerskorps, S. 372.

Amrum war zum Tanz nach Nebel gegangen, so daß wir keinen von seinen Leuten antrafen, aber dafür wurden wir in seinem Hause ganz vorzüglich bewirtet. Gylsen hatte einen großen Branntweinkrug mit an Land genommen, aber es gelang ihm nirgendwo in Süddorf, Branntwein zu kaufen. Deshalb begaben wir uns nach Nebel. Dort tanzten wir mit dem verlobten Paar und der ganzen Gesellschaft bis zwei Uhr in der Nacht und kehrten dann an Bord zurück. Da war Gylsen so betrunken, daß er nicht mehr alleine gehen konnte. Meinert und Arfst mußten ihm unter die Arme greifen und ihn hinter sich herschleifen. Ich liebte solche Geschichten nicht gerade, aber es gab niemanden, der mich nach meiner Meinung fragte. Für mich hieß es nur: „Du mußt!"

Wir blieben nicht die ganze Zeit bei Seesand Bake stationiert. Für eine Woche lagen wir als drittes Wachschiff zwischen Goting und Langeneß sowie eine weitere Woche als zweites bei Wittdün. In den ersten Maitagen wurde der Zollkreuzer *Nr. 12* nach Dagebüll auf dem Festland beordert. Dort sollten wir versuchen, in den Besitz der Postsendungen nach Föhr zu gelangen. Doch während wir uns im Postkontor befanden, verschloß man von draußen die Tür. Sicher hätte man uns im folgenden als Gefangene nach Niebüll geführt und von dort weiter als Kriegsgefangene, aber Gylsen rettete uns kurzerhand. „Falls wir bis zum Mittag nicht zurückgekehrt sind", sagte er, „wird Hammer kommen und den Ort bombardieren." Da beeilte man sich, uns freizulassen.

Im April trat Hammer mit dem dänischen Nordseegeschwader unter Suenson[78] (vgl. Abb. 29) in Verbindung, aber danach hatte er keine Fühlung mehr mit ihm bis zu der Schlacht bei Helgoland am 9. Mai. Dieses weiß ich allerdings nur aus Hammers Buch, welches ich viele Male gelesen habe. Selbst erinnere ich mich lediglich daran, daß die Schlacht an diesem Tage stattfand und die Dänen siegten. Ebensowenig kann ich mich darauf besinnen, welchen Eindruck die Siegesnachricht auf uns oder den Feind machte. Aber in seinem Buch erzählt Ham-

Abb. 30: Zeitgenössische Darstellung des Gefechts vor Helgoland am 9.5.1864, aus dem die Dänen als Sieger hervorgingen; links drei preußische Kanonenboote, die in Brand geschossene österreichische Fregatte *Schwarzenberg*, davor die österreichische Fregatte *Radetzky*; rechts die dänischen Fregatten *Niels Juul* und *Jylland* sowie die Korvette *Hejmdal*.

mer ja davon,[79] wie er in diesen Tagen einen Angriff von Land her erwartete, und obwohl alles bereit stand, ließ der Feind den Plan angesichts der Meldungen von der Helgoland-Schlacht wieder fallen. Darüber war mir jedoch damals nichts bekannt. Man bedenke, ich war so gut wie nie zu Hause und nahezu immer im Dienst. So ging das auf der *Nr. 12*, und so ging das auf den übrigen Zollkreuzern. Bald lagen wir auf Wache, bald waren wir unterwegs, um Proviant zu beschaffen oder Seezeichen einzuholen oder auszusetzen usw. Post erhielten wir niemals, und an Land kamen wir selten. Während meiner Dienstzeit bekam ich insgesamt dreimal die Erlaubnis, nach Hause, d. h. nach Toftum, zu fahren. Beim zweiten oder dritten Urlaub – es war im Mai, als wir in Wyk proviantierten, so wie wir es alle 14 Tage zu tun pflegten – versperrten mir zwei gleichaltrige Jungen den Weg durch Alkersum. Sie störten sich an meiner Mütze, auf der „*Kongeligt dansk Krydsfartøj*" (Königlich dänischer Kreuzer) stand. Schließlich rissen sie das Band mit der Inschrift ab und gaben mir obendrein noch eine Tracht Prügel. Meine Mutter zeigte sich darüber sehr erbost und sagte, ich möchte doch einen anderen Weg zurück nach Wyk nehmen, und so ging ich durch die Marsch.

Einige Tage nach der Schlacht bei Helgoland schlossen beide Seiten einen Waffenstillstand, der einen Monat dauern sollte, aber später verlängert wurde. Während dieser Zeit lagen wir zwischen Pellworm und Amrum, um uns um die Dinge zu kümmern, die ein Zollkreuzer in Friedenszeiten gewöhnlich wahrnimmt, nämlich ein Auge auf die einlaufenden Schiffe mit zollpflichtigen Waren zu werfen und die Baken und Tonnen an der Einfahrt zum Schmaltief und zum Heverstrom zu überwachen. Als wir mit der *Nr. 12* als Wachschiff dort draußen postiert waren, kam ein kleines Husumer Fahrzeug mit Stückgut von der Elbe nach Husum. Das Schiff zeigte die schleswig-holsteinische Flagge, und dieser Vorfall wurde Hammer gemeldet. Hammer fuhr darauf mit der *Limfjord* nach Husum und setzte durch, daß sämtliche Schiffe aus den Häfen, die er beherrschte, den *Danebrog* am Mast führen sollten. So geschah es

Abb. 31: Friedrich („Fritz") Lorenzen (20.1.1828 in Wyk – 20.1.1895 vor Sylt); Kapitän, Reeder und Werftbesitzer in Wyk; das größte und stolzeste seiner Schiffe war der Englandfahrer *Henriette*, benannt nach seiner Frau Henriette geb. Nommensen; er ertrank am 20.1.1895 zusammen mit seinen beiden Söhnen vor Sylt; er war der Schwiegervater von O. Nerong (vgl. Abb. 18).

Abb. 32: Die Wyker Werft, die sogenannte *Helling*, um 1890; im Vordergrund die Slippbahnen.

seitdem auch.[80] Hammer selbst schickte einen Schiffer nach England, um Kohlen zu holen, und dieser Schiffer erhielt die Order, zwei Flaggen mitzunehmen. In englischen und heimischen Gewässern sollte er die dänische Flagge hissen, begegneten ihm aber außerhalb derselben deutsche Kriegsschiffe auf der Nordsee, so sollte er statt dessen die schleswig-holsteinischen Farben zeigen.[81] O. C. Nerong hat mir das erzählt. Sein Schwiegervater Fritz Lorenzen (vgl. Abb. 31) war der Eigner des Schiffes, einer Kuff, die *Die gute Erwartung* hieß, und der Name des Schiffers lautete Nommensen.[82] Dem Reeder gehörte ebenfalls die Helling (vgl. Abb. 32) in Wyk. Während des Waffenstillstandes wurde Hammers Flottille übrigens um das kleine Dampfschiff *Augusta* verstärkt.[83] Es war ursprünglich auf Sylt beheimatet, hatte aber seit Kriegsausbruch in Husum gelegen.[84] Hammer dürfte es von dem Reeder Clausen[85] in Wyk gechartert haben, der, nebenbei bemerkt, schleswig-holsteinisch gesinnt war. Das Schiff versah sonst den Liniendienst zwischen Hoyer Schleuse und Munkmarsch auf Sylt. Leutnant Holbøll (vgl. Abb. 33), Hammers Nächstkommandierender, führte auf ihm das Kommando und leitete von hier aus den Einsatz der Kanonenjollen.[86]

Während des Waffenstillstandes[87] verstärkten die Schleswig-Holsteiner ihre Aktivitäten. Von Sylt wurde sogar eine Abordnung nach Berlin gesandt, aber Hammer dämpfte diese Betriebsamkeit.[88] Er ließ die Wyker Bevölkerung wissen, sie möchte sich ruhig verhalten, da schon bald 1600 Mann Infanterie eintreffen würde.[89] Gleichzeitig verhandelte er persönlich mit dem Ministerium in Kopenhagen.[90] Ich kann mich noch gut daran erinnern, wie er abreiste. Ich erinnere mich ferner, daß ein Mann aus Wyk, Christian Lind (vgl. Abb. 34), ebenfalls dorthin entsandt wurde.[91] Ich habe ihn selbst gekannt; er führte zwischen den Kriegen ein

Abb. 33: Pingel Johan Carlheger Holbøll (28.10. 1828 in Godthåb/Grönland – 22.2.1911 in Kopenhagen); während des Krieges 1864 unter Hammer Nächstkommandierender und Befehlshaber der Kanonenbootflottille; seit 1862 auch Hammers Stellvertreter im Zollwesen; vgl. Topsøe-Jensen, Personalhistoriske Oplysninger om Officerer af det Danske Søofficerskorps, S. 116.

Abb. 34: (Cornelius) Christian Lind (20.5. 1827 in Kopenhagen – 11.6.1881 in Wyk); Kapitän auf dem Bäderschiff *Hammer* im Liniendienst Wyk–Husum; enger Vertrauter Hammers und von ihm im Krieg 1864 in geheimer Mission zu Verhandlungen mit dem Marineministerium nach Kopenhagen entsandt.

Dampfschiff im Bäderverkehr von Husum nach Wyk. Dieses Dampfschiff hieß *Hammer*. Lind stammte eigentlich aus Kopenhagen. Zur Zeit der Schleswig-Holsteinischen Erhebung lernte er ein Föhrer Mädchen kennen, das er später heiratete. Sein Schwiegervater, Paul Meinert Paulsen (vgl. Abb. 44), diente in der Schlußphase des Krieges von 1864 als Lotse auf dem preußischen Dampfkanonenboot *Blitz*.

In seinem Buch berichtet Hammer, soweit ich mich entsinne, über den Inhalt seiner Verhandlungen mit dem Ministerium:[92] Er wollte mehr Soldaten und eine bessere Ausrüstung. Die *Limfjord* war beispielsweise ein alter, morscher Kasten und unbewaffnet wie die *Augusta*. Deshalb wünschte sich Hammer als Kommandofahrzeug und Schlepper für die Kanonenjollen ein zweckmäßigeres Dampfschiff, möglicherweise sogar mehrere. Er forderte darüber hinaus den Einsatz von Dampfkanonenbooten sowie schließlich die Bestückung der Amrumer Südspitze und wohl auch der Sylter Nordspitze mit Kanonen.[93] Hammer sah nämlich voraus, daß die Nordfriesischen Inseln mit den wenigen Truppen und der unzulänglichen Ausrüstung, über die er verfügte, nicht gehalten werden konnten, wenn nicht das dänische Nordseegeschwader hier öfter Flagge zeigen würde. Hammer schreibt in seinem Buch[94], er sei sich bereits während des Waffenstillstandes klar darüber geworden, daß die Flotte kaum noch einmal im nordfriesischen Wattenmeer zum Einsatz kommen würde. In der ersten Zeit nach der Helgoland-Schlacht hatten wir ja alle mit ihrem baldigen Erscheinen gerechnet, doch sahen wir sie hier niemals wieder.

Die Beratungen zogen sich in die Länge und endeten schließlich ohne greifbares Ergebnis. Hammer mußte sich mit dem begnügen, was er hatte. Lediglich auf Fanø erhielt er eine kleine Verstärkung.[95] Aber das nützte ihm ja wenig im Hinblick auf die südlicheren Gewässer, und mit dem untauglichen Schiffsmaterial, über das er verfügte, glaubte Hammer, sich unmöglich nach Norden zurückziehen zu können.[96] Auch eignete sich Fanø absolut nicht für eine letzte,

Abb. 35: Hammers Flottille im Juli 1864 auf der Wyker Reede; im Vordergrund Hammers Kommandoschiff *Limfjord*, rechts daneben der kleine Dampfer *Augusta*, das Kommandoschiff von Leutnant Holbøll.

hartnäckige Verteidigung, denn auf Fanø hätte er vom Festland her bis hinüber nach Nordby Havn[97] beschossen werden können. Aber bevor Hammer den Ausgang der Verhandlungen kannte, bereitete er hier alles für eine größere Einquartierung vor, und er traf sowohl auf Föhr als auch auf Amrum und Sylt die nötigen Vorkehrungen zur Aufstellung der Kanonen, die er zu bekommen hoffte. Wenn ich mich recht entsinne, war von Kanonen auf Nishörn, der Ostspitze Föhrs, die Rede, die unterwegs seien und dort installiert werden sollten. All dieses kam – nach Hammers eigenen Worten[98] – auch dem Feind zu Ohren, und als Hammer kurz nach Ablauf des Waffenstillstandes am 26. Juni die Inseln hermetisch von ihrer Umwelt absperrte, blieb es dem Feind völlig verborgen, daß überhaupt keine Verstärkung eintraf. Insofern vermuteten die Deutschen Hammer in einer viel stärkeren Position, als es in Wirklichkeit der Fall war. Um den Gegner in dieser Meinung zu bestärken, stellte er auf Wittdün, der Südspitze Amrums, und auf Nishörn Batterien mit Signalkanonen auf, die lediglich Alarmschüsse abfeuern konnten.[99] Tönis Andresen war an einer solchen Kanone auf Wittdün stationiert. Hammer dürfte es zweifellos nötig gehabt haben, von den Deutschen hinsichtlich seiner tatsächlichen Stärke überschätzt zu werden, vor allem, nachdem er seine Infanterie nach Fanø[100] verlegen mußte. Diese Fehlbeurteilung seiner Lage kam ihm wirklich eine Zeitlang zugute.

Unmittelbar nach Ablauf des Waffenstillstandes nahm der Feind seine Kriegshandlungen verstärkt wieder auf, und zwar sowohl von der Land- als auch von der Seeseite.[101] Hammer sammelte seine verbliebenen Truppen, um Sylt und Föhr vor einer Landung vom Festland her zu bewahren, und er war ständig auf der Hut vor einem seewärtigen Angriff. Die meiste Zeit verbrachten wir auf der *Nr. 12* mit Wachdienst bei Seesand, vor Wittdün oder zwischen Nieblum und der Hallig Langeneß. Oft, ja nahezu täglich, mußten wir das Auftauchen feindlicher

Schiffe im Schmaltief signalisieren. Besonders häufig handelte es sich dabei um die *Schwarzenberg*, ein großes österreichisches Kriegsschiff, das an der Helgoland-Schlacht teilgenommen hatte und dabei in Brand geschossen worden war. Auf der *Schwarzenberg* lagen die Bramstengen auf Deck; der Brandschaden war also offensichtlich immer noch nicht behoben. Wir glaubten, sie hätte Truppen an Bord, aber sie konnte wohl wegen ihres großen Tiefganges nicht ins Schmaltief hineinsegeln.

Ich erinnere mich ferner, daß wir im Verlauf mehrerer Tage nördlich und südlich von Amrum, vor der Küste Sylts und mehrfach sogar entlang derselben Rauchsäulen bemerkten; dann setzten die feindlichen Schiffe auf Sylt Boote an Land – worüber Hammer Näheres berichtet[102] –, und sie nahmen zwei Syltringer mit, die den Feind in das Lister Tief hineinlotsten, aber erst, nachdem man ihm versichert hatte, daß auf dem Ellenbogen bei List keine Batterien ständen. Zwei Kanonenjollen an der Einfahrt zum Hoyer Kanal mußten sich daraufhin zurückziehen.[103] Auf einer der Jollen, der *Fænø*, befand sich mein Nachbar Erich Andresen. Während des Rückzugs kam es zu einem Gefecht, als der Feind versuchte, vom Festland nach Sylt überzusetzen.[104] „Wir warfen von unserem Logisschiff[105] die Leinen los", so erzählt er, „und schossen auf die Boote, worauf die Soldaten über Bord sprangen und ans Ufer zurückwateten." Das Wasser wird also nicht besonders hochgestanden haben. Die Besetzung Sylts konnte auf Dauer jedoch nicht verhindert werden. Der Feind setzte seine Truppen im Königshafen bei List an Land.[106]

Auch Röm mußte aufgegeben werden.[107] Dort lag mein Nachbar Franz Sörensen, im Range eines dänischen Unteroffiziers der Infanterie, mit 16 Mann. Nach seinen Worten konnte er den Versuch des Feindes, vom Festland her auf Röm zu landen, zunächst abwehren, aber als dieser von Sylt anrückte, sah er sich mit seinen Leuten genötigt, nach Mandø auszuweichen.

Abb. 36: Am zeitigen Morgen des 12.7.1864 legen die Österreicher am Strand von Dagebüll ab zur Überfahrt nach Föhr; das Unternehmen, an dem neben dem abgebildeten Ewer noch fünf kleinere Boote beteiligt sind, wird durch Leutnant Holbøll mit dem Dampfer *Augusta* sowie den Kanonenbooten *Ærø* und *Egernsund* vereitelt; vgl. Schleswig-Holsteinischer Kunstkalender 1914, S. 60, und Hammer, S. 82.

Abb. 37: Leutnant Holbøll zerstört am frühen Abend des 12.7.1864, zwischen 7 und 8 Uhr, mit dem Dampfer *Augusta* und den Kanonenbooten *Aarøsund, Ærø, Egernsund* und *Snoghøi* die Binnendeichsboote bei Dagebüll; zeitgenössischer Holzschnitt in „To Hundrede Træsnit", S. 78; vgl. auch Hammer, S. 82.

Eines Nachmittags[108] lagen wir mit der *Nr. 12* auf Wache zwischen Föhr und Langeneß. Dort wurden wir durch das Fernrohr gewahr, wie fünf bis sieben Schiffe mit Soldaten von Dagebüll in Richtung Föhr segelten. Die Dänen begegneten diesem Angriff von Wyk aus mit der *Augusta* und vier Kanonenjollen. Wir hörten die Schüsse – eine dänische Kanonenkugel durchschlug an diesem Tage das Dach eines Hauses auf Dagebüll –, aber wir konnten nichts weiter erkennen. Es war Holbøll, der diesen Angriff abschlug (vgl. Abb. 37).

Einen Tag oder zwei später – es war sicherlich der 13. Juli – zeigten sich feindliche Kriegsschiffe im Schmaltief, und der größte Teil der Kanonenjollen wurde daraufhin südwestlich von Wyk postiert,[109] jedoch verlief sich der Angriff dieses Mal.

Nun waren wir von allen Seiten eingeschlossen. Wir mußten darauf vorbereitet sein, jeden Augenblick zu einer Übergabe Föhrs gezwungen zu werden, doch die Rückzugslinie nördlich von Nishörn ins hinterwärtige Watt stand uns immer noch offen.

In jenen Tagen sahen wir uns gut nach allen Seiten um. Der Feind hatte eine Reihe von Binnendeichsbooten, d. h. flachgehende Kähne, vom Festland nach Sylt bugsiert. Im ganzen gesehen, mochten es wohl an die 30 Boote sein,[110] die vor Hörnum auf Sylt lagen.[111] Hammer lief in der Nacht mit der *Limfjord* aus, ohne Soldaten und ohne Kanonenjollen, obwohl er sicherlich die beiden Kanonenjollen zwischen Föhr und Hörnum mitgenommen haben wird. Als Hammer vor Hörnum aufkreuzte, nahm die dort postierte Wache Reißaus (vgl. Abb. 38).[112] Nun band er die Boote zusammen und nahm sie in Schlepp. Allerdings mußte er 13 von ihnen auf Höhe des Oldsumer Sandwalls[113] im Nordwesten Föhrs zurücklassen, da die gesamte Anzahl die Zugkraft der *Limfjord* überstieg; mit dem Rest lief er in Wyk ein.[114] Das geschah nach meiner Erinnerung am Morgen des 15. Juli. An diesem Tag proviantierten wir

Abb. 38: Hammer entführt 21 Binnendeichsboote auf Hörnum; zeitgenössischer Holzschnitt in „Folkets Kamp for Slesvig i Aaret 1864", S. 214; die Abbildung zeigt nicht die historische Wirklichkeit, denn an der Prise waren neben der *Limfjord* lediglich die beiden Kanonenboote *Barsø* und *Middelfart* beteiligt; außerdem standen auf Hörnum seinerzeit keine Häuser; vgl. Hammer, S. 85.

gerade in Wyk. Anschließend schickte er einige Leute mit Wagen zum Oldsumer Sandwall, und sowohl dort als auch in Wyk ließ er die Boote abwracken. Die Oldsumer und Wyker Bevölkerung konnte sich das Wrackmaterial abholen und als Brennholz verwenden. Am gleichen Tag segelte Holbøll nach Südwesthörn, um dort die Küste zu beschießen,[115] wo anscheinend einige Binnendeichsboote lagen, die zur Landung auf Föhr benutzt werden sollten. Wie das Unternehmen verlief, weiß ich nicht; es kamen wenigstens keine Boote herüber. Als Hammer und Holbøll nun beide gleichzeitig von Föhr abwesend waren, glaubten die Schleswig-Holsteiner in Wyk, die Dänen hätten die Insel aufgegeben, und so beeilten sie sich, die schleswig-holsteinische Flagge zu zeigen, die insgesamt wohl an vier oder fünf verschiedenen Stellen gehißt wurde. Doch ging Frau Hammer (vgl. Abb. 39) nach draußen und zog vor dem Haus den *Danebrog* auf, worauf die Unruhestifter gedacht haben werden: „Die Dänen sind noch nicht weg, es ist besser, sich ein wenig zurückzuhalten." Holbøll kehrte kurz darauf zurück und holte die schleswig-holsteinischen Flaggen ein. Mit denen wurde Feuer unter dem Kessel der *Augusta* gemacht. Ein Barbier namens Becker[116] mußte für drei Tage Dienst auf dem Kreuzer *Nr. 12* tun, weil er mit der Fahne der Aufrührerischen geflaggt hatte. Auch der Reeder Clausen – dem übrigens die *Augusta* gehörte – und sein Sohn – oder handelte es sich hier um zwei Söhne von ihm? – wurden zum Dienst auf dem Feuerschiff oder auf einem der Kanonenboote herangezogen, da sie diese Flagge an Holbølls eigenem Fahnenmast aufgezogen hatten.[117]

Am Sonntag, dem 17. Juli,[118] lagen wir mit der *Nr. 12* zwischen Föhr und der Hallig Langeneß, als am frühen Morgen eine Helgoländer Schaluppe nach Wyk einlief. Natürlich wußten wir nicht, was sie hier wollte, aber wie ich Hammers Buch entnehme, war sie im Auftrage des

Abb. 39: Henriette Jakobine Hammer geb. Hastrup (3.9.1830 in Hjortholm/Langeland – 17.11.1912 in Kopenhagen); seit dem 28.2.1851 mit O. C. Hammer verheiratet; vgl. R. Hammer, Kaptajnløjtnant O. C. Hammer, S. 68f.

englischen Gouverneurs auf Helgoland unterwegs mit einem Telegramm des dänischen Generalkonsuls Hendrik Pontoppidan in Hamburg, worin mitgeteilt wurde, daß Waffenstillstand herrsche; auf jeden Fall berichtet Hammer, er habe gerade an diesem Morgen solch ein Telegramm mit großer Freude entgegengenommen. Die Schaluppe war wieder in See gestochen, aber noch keineswegs unseren Blicken entschwunden, da zeigte sich ein feindliches Geschwader aus fünf großen, schwer bestückten Dampfkanonenbooten im Schmaltief.[119] Es handelte sich meines Erachtens um drei österreichische und zwei preußische Schiffe. Eines der Boote hatte wohl zehn Kanonen an Bord, die preußische *Blitz* mindestens vier. Hammer segelte ihnen sofort mit weißer Flagge am Topmast entgegen, um dagegen zu protestieren, daß der Feind trotz Waffenstillstands weiter vorrückte. Doch bei dem feindlichen Geschwader hatte noch niemand von diesem Waffenstillstand gehört, und beide Seiten kamen überein, einen Boten unter Parlamentärflagge auf das Festland zu schicken, um eine Bestätigung des Hamburger Telegramms einzuholen. In der Zwischenzeit bewirtete Hammer die österreichischen Offiziere in Wyk, bis sie sich am Abend wieder an Bord ihrer Schiffe begaben. Gegen elf Uhr am selben Abend erschien Hammer bei uns auf der *Nr. 12* – wir lagen auf Position zwischen Goting und Langeneß – und erteilte uns den Befehl, so schnell wie möglich in das Fahrwasser draußen vor Wyk zu verholen.

Am nächsten Morgen vor Sonnenaufgang kam der Parlamentär zurück von Dagebüll mit Nachricht für den Kommandanten des österreichischen Geschwaders, das draußen vor Nieblum geankert hatte. Im Laufe der Nacht war der Feind mit Truppen auf Föhr an Land gegangen, trotz der Absprache zwischen Hammer und den Österreichern, nichts zu unternehmen, bevor die Frage des Waffenstillstands geklärt sei.[120] Wie Hammer in seinem Buch bemerkt,

Abb. 40: Die zeitgenössische Abbildung mit dem Titel „Hammer's Gefangennahme" zeigt die Schluß-phase der Kampfhandlungen kurz vor der Kapitulation; vorne am Wyker Strand die bereits in der Nacht gelandeten Steirischen Jäger, im Mittelgrund links ein feuerndes preußisches Kriegsschiff, rechts davon, vom Pulverrauch fast völlig verdeckt, zwei weitere Schiffe; im linken Hintergrund die dänische Flottille auf dem Rückzug in die Föhrer Ley nordöstlich von Wyk.

brachte er selbst den Parlamentär an Bord der Österreicher, erhielt aber keinerlei Auskunft darüber, welchen Bescheid der Parlamentär von Dagebüll mitgenommen hatte. Der Offizier,[121] mit dem er verhandelte, teilte ihm lediglich mit, die Feindseligkeiten würden morgens um sechs Uhr wiederaufgenommen, das hieß also, im Verlauf weniger Stunden. Hammer protestierte und forderte die Aussetzung der Frist bis elf Uhr vormittags, damit das Niedrigwasser ihn nicht daran hindere, von Wyk aus seine gesicherten Stellungen im Wattenmeer zu erreichen. Der österreichische Offizier sagte zu, diesen Vorschlag dem Kommandanten vorzulegen. Hammer kehrte darauf schleunigst nach Wyk zurück und versuchte sofort, seine Schiffe ins Wattenmeer zu überführen, aber wegen des Niedrigwassers gingen die *Limfjord* und eine Kanonenjolle – wohl die *Egernsund* – auf Grund bei Nishörn. Kurz danach[122] begann das feindliche Fußvolk von Nishörn aus mit Gewehren auf uns zu schießen, und nahezu gleichzeitig näherten sich uns die deutschen Schiffe und eröffneten das Feuer. Auch wenn wir jetzt von zwei Seiten unter Beschuß standen, so glaube ich doch nicht, daß das feindliche Feuer uns erreichte,[123] und es gelang uns, auf unserem Rückzug sowohl die *Limfjord* flottzumachen als auch die Kanonenjolle zu versenken.[124] Von Wyk aus schossen sie ebenfalls auf einen unserer Kreuzer, der vor der Stadt auf Grund lief und mit der Mannschaft in die Hände des Feindes fiel. Bei jedem Schuß der feindlichen Schiffe steckte ich mir vor lauter Angst die Finger in die Ohren. Die kämpfenden Parteien trieben unterdessen mit auflaufender Flut nordwärts. Als wir Nishörn passiert hatten, hörten die Deutschen auf zu schießen, und wir warfen Anker. Da kam einer der Matrosen – es war Meinert Oldis – auf mich zu und sagte: „Nun, Juchem, jetzt brauchst du dich nicht mehr zu fürchten, denn die Preußen und Österreicher zielen schlecht, und um die Ecke können sie nun doch nicht feuern." Dieses geschah am Montag, dem 18. Juli.

Abb. 41: Cornelius Simon Braren (19.4.1832 in Goting – 8.1.1929 in Borgsum); Kapitän bei der Reederei *Sloman* in Hamburg; lebte später in Alkersum und zog auf seine alten Tage zu seinem Neffen Jens B. Knudtsen in Borgsum; über ihn vgl. *Föhrer Lokal-Anzeiger* vom 13.4.1928 und Quedens, Inseln der Seefahrer, S. 49f.

Wie sich die Verhältnisse zwischenzeitlich auf Föhr entwickelten, kann ich aus eigener Anschauung nicht erzählen, da ich nicht im Lande war, aber Kapitän Cornelius Braren (vgl. Abb. 41), der jetzt 94jährig in Borgsum lebt, hat mir noch vor wenigen Tagen von den damaligen Ereignissen berichtet:[125] „Ich war seinerzeit wie heute deutsch gesinnt", so begann Braren seine Erzählung, bevor er dann darauf einging, wie er die Bekanntschaft der Österreicher gemacht habe. Vor Goting, wo Braren zu diesem Zeitpunkt wohnte, lagen fünf Schiffe der vereinigten österreichischen und preußischen Streitkräfte, und zwar wohl drei österreichische und zwei preußische. Eines der österreichischen hieß *Seehund*, ein anderes *Kronswetter*,[126] und eines der preußischen hieß *Blitz*, die anderen Namen sind mittlerweile in Vergessenheit geraten. Am Sonntag, dem 17. Juli, traf das Geschwader ein. In der Nacht zum Montag, um Mitternacht, gingen österreichische Fußtruppen am Nieblumer Ufer an Land.[127] In Nieblum begegneten sie Cornelius Braren, der die Bewohner des Dorfes aus den Federn holte, damit diese sich mit Pferd und Wagen einstellen sollten, um die Österreicher nach Wyk zu befördern.[128] Braren kam auf der Fahrt dorthin neben dem befehlshabenden österreichischen Offizier zu sitzen. Unterwegs sagte der Offizier: „Es kann gut sein, daß es vor Wyk zu einem kleinen Scharmützel kommt. Hammer sagte gestern, er verfüge über 200 Infanteristen. Wollen Sie nicht eine österreichische Uniformjacke überziehen, damit sowohl die dänischen Soldaten als auch die dänische Obrigkeit und die Bewohner in Wyk glauben, Sie seien ein Österreicher? Möglicherweise weckt es doch zuviel Aufmerksamkeit, falls man Sie erkennt." Ob Braren die Uniformjacke anzog, ist mir nicht bekannt, aber ich weiß, daß er zu dem Österreicher sagte: „Hier befinden sich keine dänischen Soldaten. Diese sind bei Ablauf des Waffenstillstandes nach Fanø verlegt worden." Doch diesen Worten wollten die Österreicher nicht so recht trauen.

Mittlerweile hatten sie Wyk erreicht. Es war drei Uhr nachts. Braren weckte als erstes Ernst Brix in der *Börsenhalle*, den Mann, der im Zuge der Auseinandersetzungen zwischen 1848 und 1850 an Bord der schleswig-holsteinischen Flottille gewesen war und die Kanonenkugel in die Mauer des alten Wyker Zollgebäudes geschossen hatte. Anschließend brachten die beiden ganz Wyk auf die Beine. Während Brix' Frau Kaffee kochte, trank der befehlshabende österreichische Offizier mit Braren, Brix und Arfst Jürgens aus Alkersum, über den die Knaben des Langdorfes ihr Spottlied sangen[129] und der zu diesem Zeitpunkt bereits anwesend war, erst einmal eine Flasche Wein. Der Österreicher sagte darauf zu Braren: „Ich merke wohl, daß Sie deutsch gesinnt sind. Sie könnten uns im Verlauf des heutigen Tages gut ein wenig behilflich sein. Wo wohnt der Landvogt?"[130] – „Er flüchtete mit einem der dänischen Schiffe, als die Österreicher in die Stadt einzogen. Er ging bereits gestern abend an Bord." – „Befindet sich also kein dänischer Vogt hier auf der Insel?" – „Doch, der Birkvogt von Westerlandföhr und Amrum. Er heißt Trojel (vgl. Abb. 42) und wohnt in Nieblum." – „Dann werden wir dorthin fahren und ihn gefangennehmen, und Sie werden uns begleiten, um uns den Weg zu zeigen, damit wir den richtigen Mann finden können."

Darauf wurde ein Wagen mit Soldaten nach Nieblum beordert. In Nieblum nahm man Trojel gefangen und forderte ihn auf, mit nach Wyk zu kommen. – „Ja, aber ich gehöre doch nicht zu Osterlandföhr", sagte er, „sondern zu Westerlandföhr, welches eine reichsdänische Enklave ist." Es half nichts; Trojel mußte mit nach Wyk.

Vor dieser Zeit war es nicht weiter bekannt gewesen, daß Braren deutsch gesinnt war. Durch Nieblum verlief die Grenze zwischen Osterlandföhr, das zum Amt Tondern im Herzogtum Schleswig gehörte, und Westerlandföhr als Teil des Amtes Ripen im Königreich Dänemark. Die südliche Seite der Hauptstraße war Westerlandföhrer, die nördliche Seite, etwa ein Drittel des Dorfes, Osterlandföhrer Gebiet. Ziemlich genau nach dieser Grenze ließ sich auch die nationale Einstellung der Bewohner bestimmen. Insofern gab es sicher mehr Dänisch- als Deutschgesinnte in Nieblum. – „Die dänisch eingestellten Einwohner strömten vor der Tür des Bauernvogten zusammen, als wir herauskamen", erzählte Braren, „und ich konnte merken, wie wütend sie waren. Hätten sie mit ihren Augen schießen können, so wäre ich augenblicklich erschossen worden."

Abb. 42: Hans Jørgen Trojel (6.1.1813 in Selde – 6.1.1877 in Mariager); nach Jurastudium und verschiedenen Schreib- und Verwaltungstätigkeiten seit dem 21.11.1852 königl. dänischer Birkvogt, Birkschreiber und Birkrichter sowie Deichgraf und Auktionator von Westerlandföhr und Amrum; blieb auch nach dem Ende der dänischen Verwaltung am 19.7.1864 zunächst im Amt und wurde erst am 1.12.1866 mit Pension aus dem mittlerweile preußischen Staatsdienst entlassen; am 30.1.1867 Ritter des *Danebrog*-Ordens; 1854 Kandidat der Enklaven für die Wahl zum Folketing; vgl. Falk-Jensen/Hjorth-Nielsen, Candidati et examinati juris, Bd. 2, S. 256, und Roeloffs, Von der Seefahrt zur Landwirtschaft, S. 340.

Auf der Fahrt nach Wyk saß Braren neben Trojel, der unterwegs zu ihm sagte: „Können Sie nicht ein gutes Wort für mich einlegen?" – Braren, ein ehrenfester und sehr bestimmter Mann, antwortete ihm: „Wenn ich etwas für Sie tun kann, dann werde ich es in Wyk für Sie tun, aber hier auf dem Wagen können wir die Sache nicht beraten."

Beim Verhör in Wyk – ich weiß nicht, wo es stattfand – sagte Trojel zu den Österreichern: „Ich stehe nicht in schleswigschen Diensten. Ich bin Birkvogt auf Westerlandföhr, das zum Amt Ripen gehört." Die Österreicher wandten sich darauf an Braren: „Wenn Sie das unterschreiben können, daß der Birkvogt unter die Administration in Ripen fällt, dann kann er nach Hause gehen und seine Dienstgeschäfte weiterführen, bis über ihn anderwärtig entschieden wird." Braren unterschrieb das. Trojel wohnte zwar nördlich der Nieblumer Hauptstraße, und deshalb auf Osterlandföhr, aber seine amtliche Tätigkeit fiel natürlich in den Zuständigkeitsbereich des Amts Ripen.

Trojel erhielt also die Erlaubnis zu bleiben, und er wurde erst im Januar 1866[131] als Birkvogt abgelöst. Als die Österreicher ihn aus dem Verhör entließen, mußte er bereits die ersten Requisitionsforderungen entgegennehmen: Westerlandföhr[132] sollte bis acht Uhr abends, wenn ich mich recht besinne, um die 25 Stück Fettvieh liefern, 800 Roggenbrote, 200 Pfund Butter, 200 Pfund Zucker und 100 Pfund Tabak, und zwar teils nach Wyk, teils nach Nieblum, wo man unmittelbar nach der Landung Einquartierung erhalten hatte. Auf Osterlandföhr blieb man von diesen Lieferungen verschont. Trojel versprach, alles zu tun, was in seiner Macht stände, aber die Österreicher fügten dem ultimativ hinzu: „Wenn unsere Forderungen nicht bis acht Uhr erfüllt werden, werden wir selbst noch heute abend das Vieh von den Weiden holen und das übrige in den Häusern und Krämereien beschlagnahmen. Wir verlangen bis fünf Uhr Bescheid, ob Sie liefern können oder nicht." Dieses hat mir nicht nur Braren erzählt, sondern auch viele andere, unter anderem meine Mutter.

Trojel rief daher alle Gangfersmänner von Westerlandföhr und Amrum um vier Uhr nachmittags in Nieblum zusammen. Mein Nachbar Nickels Jung-Rörd Nickelsen (vgl. Abb. 54), der seinerzeit Gangfersmann in Toftum war, nahm daran teil und hat mir später davon erzählt. Nachdem man sie über den Inhalt des österreichischen Ultimatums in Kenntnis gesetzt hatte, meldete sich sogleich einer zu Wort und sagte: „Fettvieh haben wir ohne Zweifel genug, Butter und Brot ebenfalls, aber Tabak und Zucker können wir nicht liefern, da die Insel so lange blockiert war." Und das entsprach ja durchaus den Tatsachen. Wenigstens seit Ende des vorletzten Waffenstillstandes war die Insel von ihrer Umwelt abgesperrt gewesen. Nun wußten die Gangfersmänner nicht, wie sie sich verhalten sollten, und so schlug die Uhr halb fünf, schließlich fünf, und es bestand immer noch keine Einigkeit. Da erschienen plötzlich die Österreicher, 20 Mann an der Zahl, mit aufgepflanzten Bajonetten. Die Gangfersmänner, die dieses durch das Fenster beobachtet hatten, bekamen es mit der Angst zu tun und suchten durch die Hintertür das Weite. Nur der Kaufmann Christian Diedrich Roeloffs (vgl. Abb. 43) aus Süderende blieb. Er war einer der angesehensten und bekanntesten Männer der Insel, und er führte das ausschlaggebende Wort in allen öffentlichen Angelegenheiten hier auf Westerlandföhr. Aus diesem Grunde kam er regelmäßig mit Trojel zusammen, und er saß ebenfalls als Beisitzer im Birkgericht, während Trojel und später sein Nachfolger als Richter den Vorsitz führten. Er war darüber hinaus *Danebrogs*-Mann und entschieden dänisch gesinnt. Als Jürgen Jensen auf dem großen Ball in Nieblum im Gedränge Frederik VII. zu Fall brachte, war es übrigens Roeloffs' Tochter, mit der der König gerade tanzte. Bei seinem Tode 1886 lag sein *Danebrog*-Kreuz auf einem schwarzen Kissen auf dem Sarg. Bevor man ihn in die Erde hinabließ, wurde es – sicherlich vom Landvogten – heruntergenommen und wahrscheinlich

Abb. 43: Christian Diedrich Roeloffs (30.1.1801 in Süderende – 5.4.1885 in Süderende); Kaufmann und Landwirt in Süderende Nr. 239 (heute Christian Roeloffs); als außerordentlich erfolgreicher Kaufmann war er der Geldgeber der Westerharde Föhr und tonangebend in allen öffentlichen Belangen; wenn er gelegentlich als „ungekrönter König von Westerlandföhr" beschrieben wird, ist das keineswegs übertrieben; er war entschieden dänisch gesinnt, und zur neuen preußischen Obrigkeit hatte er ein eher unterkühltes Verhältnis; GRL 125, 125 1; vgl. Roeloffs, Von der Seefahrt zur Landwirtschaft, S. 220ff.

nach Kopenhagen eingesandt. Dieser Mann blieb also zurück – was Trojel in diesem Augenblick machte, weiß ich nicht – und ging den Soldaten in der Tür mit den Worten entgegen: „Hier auf Föhr muß niemand hungern. Was wir haben, geben wir Ihnen, und was wir nicht haben, können wir Ihnen auch nicht geben." – „Was haben Sie denn nicht?" – „Tabak und Zucker", antwortete Roeloffs, und damit gaben sich die Österreicher zufrieden.

Die Gangfersmänner kehrten schließlich zurück und erhielten nun den Bescheid, daß ein jeder sich umgehend in seinen dörflichen Gangfersbezirk begeben sollte, um das Geforderte einzusammeln. Die Waren wurden rechtzeitig bis acht Uhr in Wyk und Nieblum abgeliefert. Als ich nach Hammers Kapitulation nach Hause kam, fragte ich meine Mutter: „Mußtest du auch etwas geben?" – „Ja", antwortete sie, „vier Pfund Butter."

Braren, der einige Tage in Wyk blieb, hat mir ebenfalls den weiteren Ablauf der Ereignisse mitgeteilt, soweit er davon gehört hat oder sich daran erinnern kann. Am Dienstag, dem 19. Juli, frühmorgens[133] erhielt die *Blitz* den Befehl, von Süden um Amrum herum und von dort durch das Vortrapptief in das Fahrwasser zwischen Sylt, Amrum und Föhr vorzustoßen.[134] Paul Meinert Paulsen (vgl. Abb. 44) aus Wyk, Christian Linds Schwiegervater, der sich in diesen Gewässern auskannte, war als Lotse mit an Bord. Als sie Liinsand erreicht hatten, warnte er den Kapitän Mac Lean: „Wenn wir weiterfahren, geraten wir auf Grund." – „Wir *müssen* weiter", sagte Mac Lean, und kurz darauf saßen sie bereits fest. Bei der Rückkehr in Wyk bemerkte Mac Lean gegenüber Braren, Hammer hätte die *Blitz* leicht versenken können, wenn er sie nur mit zwei Kanonenjollen angegriffen hätte. An diesem Tage wehte, wie ich mich noch gut entsinne, eine ziemlich steife Brise aus Nordwest. Die See ging so hoch, daß unsere Jolle Wasser übernahm, als wir unseren Kontrolleur Gylsen von der *Limfjord* zurück-

Abb. 44: Paul Meinert Paulsen (18.8.1801 auf Hallig Nordmarsch – 7.8.1866 in Wyk); nach der großen Flut von 1825 nach Wyk gezogen; lebte in der Hafenstraße als Schiffer.

holten, wo man gerade Kriegsrat gehalten hatte.[135] Das schlechte Wetter war also der Grund, weshalb Hammer die *Blitz* seinerzeit nicht angriff, und er schreibt selbst in seinem Buch, die Kanonenjollen hätten nicht zur *Blitz* auslaufen können.

An dem Tag, als die *Blitz* auf Grund ging, d. h. am Dienstag, dem 19. Juli, kam am zeitigen Morgen ein Parlamentär und übergab Hammer die Aufforderung zur Kapitulation. Hammer erwähnt in seinem Buch, daß der Offizier weiterhin darauf bestand, es gäbe überhaupt keinen Waffenstillstand, ja, die Österreicher hätten sogar den Befehl erhalten, den Kampf mit allen Mitteln fortzuführen. Doch Hammer lehnte es ab, sich mit seiner gesamten Mannschaft und dem Kriegsmaterial, über das er noch verfügte, zu ergeben. Trotzdem wurde am Nachmittag im Kriegsrat beschlossen zu kapitulieren, nachdem man vorher die armierten Fahrzeuge versenkt hätte. In Hammers Buch ist nachzulesen, warum man sich für die Übergabe entschieden hatte. Von mehreren Seiten war ihm versichert worden, daß ein Waffenstillstand noch nicht zustande gekommen sei, andererseits schien das Telegramm des dänischen Generalkonsuls keineswegs aus der Luft gegriffen zu sein. Dieses erweckte den Eindruck, als ob man um den Waffenstillstand zwar verhandelte, aber der Feind diesen nicht eher in Kraft treten lassen wollte, bis die Verteidigung der Nordfriesischen Inseln zusammengebrochen sei. Falls sich die Sache so verhielt, mochte fortgesetzter Widerstand den Waffenstillstand nur hinauszögern, wonach das Königreich Dänemark sich so sehnte. Hinzu kam, daß Hammers militärische Lage wirklich hoffnungslos war. Sowohl die Kanonenboote als auch die *Limfjord* befanden sich in einem unzulänglichen Zustand, und die Flottille besaß darüber hinaus keinen Arzt.[136] Bis vor kurzem hatte Hammer noch darauf vertraut, unsere Stellungen im Wattenmeer halten zu können, solange der Hunger uns nicht zur Aufgabe zwingen würde, aber entgegen Hammers ursprünglichem Kalkül entpuppte sich die Streitmacht des Feindes nach dem Rückzug des dänischen Nordseegeschwaders als ungeahnt stark. Er mußte zusätzlich mit dem Einsatz von Barkassen oder kleinen Dampfschiffen rechnen, wobei das Feuer aus den gezogenen Läufen ihrer Geschütze zwar uns erreichen konnte, nicht jedoch das unsrige sie. Zweifellos verfügte der Feind hier zu diesem Zeitpunkt über keine kleinen Schiffe, aber diese hätte er ohne übermäßigen Zeitaufwand von der Jade oder Elbe heranziehen können, und möglicherweise waren sie bereits unterwegs. Eine Flucht versprach keine Aussicht auf Erfolg. Es wäre unter Umständen geglückt, nachts mit der *Limfjord* an den feindlichen Schiffen vorbei das Weite zu suchen, aber das Schiff war an mehreren Stellen undicht. Die Lecks hatte man zwischenzeitlich lediglich mit Werg und Talg notdürftig kalfatert, so daß das Schiff in offener See auf keinen Fall seetüchtig gewesen wäre, ganz abgesehen von der Unmöglichkeit, mit Hammers gesamter Mannschaft an Bord, immerhin etwa 200–300 Mann, in See zu stechen.[137]

So versenkten wir schließlich unsere Kanonenjollen, die *Limfjord* signalisierte die Bereitschaft zur Übergabe, und Hammer ging an Bord der *Blitz*. Die *Limfjord* kehrte darauf zu den Mannschaften zurück, die mit den verbliebenen Schiffen in der Föhrer Ley[138] vor Anker lagen. Am folgenden Morgen, es war Montag, der 20. Juli,[139] segelte die *Limfjord* mit den Besatzungen der Kanonenjollen nach Wyk hinein, und die Kreuzer folgten ihr, nachdem vorher ein kleines Fahrzeug aus Wyk uns die Order dazu überbracht hatte.

Braren erzählt – selbst erinnere ich mich nicht genau daran –, daß etwa gleichzeitig die *Blitz* mit Hammer an Bord einlief. Man brachte ihn auf die *Seehund*, die auf der Wyker Reede lag, und dort wurde er dem österreichischen Oberkommandierenden übergeben. Hier erhielt Hammer die Nachricht vom Waffenstillstand, der in wenigen Stunden, um 12 Uhr mittags, beginnen sollte. Es hieß allgemein, Hammer habe nach dieser Mitteilung geweint. Als wir zusammen mit den anderen Schiffen um 10 Uhr[140] vormittags im Hafen festmachten, sagte man zu uns: „Hammer weinte, als er es zu wissen bekam."

Abb. 45: Der Wyker Hafen um 1865; auf der linken Seite der Hafeneinfahrt das alte Zollgebäude, in das E. Brix 1850 die Kanonenkugel hineinschoß (vgl. S. 20f.).

Abb. 46: Hammer als Kriegsgefangener auf der preußischen Festung Schweidnitz in Schlesien

Es mag durchaus so gewesen sein, daß Hammer deswegen weinte. Er hätte sich zweifellos noch einige Tage im Wattenmeer halten können, denn der Feind konnte mit den Schiffen, die ihm damals zur Verfügung standen, von Nordwesten nicht weiter als bis Liinsand vordringen und von Süden lediglich bis zur Wyker Reede. Kleinere Schiffe hatte er, wie gesagt, zu diesem Zeitpunkt noch nicht im Einsatz. Von der Landseite her gesehen, lagen wir außerhalb der Reichweite ihrer Gewehre, und Kanonen gab es nicht auf der Insel. Aber Hammer hatte ja dem Telegramm mit der Nachricht vom Waffenstillstand keinen Glauben geschenkt und statt dessen angenommen, der Feind wolle nicht eher auf den Waffenstillstand eingehen, bis der Widerstand auf den Nordfriesischen Inseln gebrochen sei.

In Wyk standen die Leute am Hafen (vgl. Abb. 45) und machten sich über uns lustig, als wir einliefen. „Nun werdet ihr nach Sibirien geschickt", lästerten sie. Wir nahmen Aufstellung am Hafen, es wurde nun laut das Kapitulationspapier verlesen, wonach Kapitänleutnant Hammer mit seinem Stab an Bord der *Blitz* gekommen sei und sich mit seiner Mannschaft den verbündeten Mächten ergeben habe. Gleichzeitig erhielten wir die Nachricht vom Waffenstillstand, der um 12 Uhr mittags eintreten sollte.

Wir wurden nun zu *Redlefsens Hotel* geführt, wo wir durch den österreichischen Oberkommandierenden verhört wurden und zugleich von Holbøll den Sold ausgezahlt bekamen, der uns noch zustand. Zuerst nahm man sich die Mannschaft der Kanonenjollen vor, die allesamt nach Thorgau in Schlesien[141] geschickt wurden. Dort befand sich ja auch Hammer in Kriegsgefangenschaft. Danach kamen die Mannschaften der Kreuzer und die des Feuerschiffes an die Reihe, wo die Besatzungen der Kanonenjollen die Nacht zuvor geschlafen hatten. Es waren nur noch neun der ursprünglich wohl 15 Kreuzer übriggeblieben,[142] aber einer, dem es wegen des Niedrigwassers nicht gelang zu flüchten, war ja den heranrückenden österreichischen Verbänden bereits am Montagmorgen eben außerhalb des Wyker Hafens in die Hände gefallen, und vier bis fünf andere[143] hatten sich nachts zusammen mit dem Kutter *Neptun* aus dem Staube gemacht. Im Schutze der Dunkelheit segelten sie weit östlich und so nahe am Festland wie möglich an der *Blitz* vorbei und von dort an der Ostseite Sylts und Röms entlang nach Fanø. Ich meine, dieses ereignete sich in der Nacht nach Hammers Kapitulation, aber das kann wohl nicht sein. Hammer erwähnt in seinem Buch nichts davon, daß die Schiffe in dieser Nacht flüchteten. Möglicherweise geschah das ohne sein Wissen und gegen seinen Willen. – Oder schreibt er, daß die Schiffe zur Verteidigung Fanøs eingesetzt wurden?[144]

Alle Kontrolleure von den Kreuzern und viele ihrer Besatzungsmitglieder gerieten nach Thorgau in Kriegsgefangenschaft, aber darüber hinaus gab es einige, zwei von Wyk, einen oder zwei von Amrum sowie einen von Oldsum, die sich vor dem Kriegsgericht in Rendsburg verantworten mußten. Nur wenige, etwa drei, erhielten die Erlaubnis zu gehen. Bei Meinert mehrten sich angesichts dieser Entwicklung doch allmählich die Bedenken, aber er hatte wie immer noch einen Trumpf in der Hinterhand, und als er sah, wie schlimm es vielen seiner Kameraden erging, sagte er zur Wache an der Tür: „Ihr müßt mir aufschließen, denn ich muß 'mal austreten!" – „Dann gehe hinunter an den Strand, aber komme sofort wieder!" – Doch derjenige, der nicht wieder auftauchte, war Meinert.

Die Mannschaft der *Nr. 12* war die vorletzte Besatzung, die aufgerufen wurde. Zuerst war Gylsen an der Reihe; man schickte ihn nach Thorgau. Als nächstes erschien der Schiffer Gerret Christian Gerrets, der nach Rendsburg mußte – „vorläufig", wie hinzugefügt wurde. Dann wurde gerufen: „Matrose Arfst Boh Jürgens!" – „Er ist nicht hier", sagte der Schiffer. – „Warum nicht?" – „Ja, am Sonntagmorgen, als die *Nr. 12* auf Wachposition zwischen Föhr und Langeneß lag, erhielt er die Erlaubnis, bei Ebbe nach Utersum zu gehen, wo er zu Hause ist." Er sollte am Abend zurückgekommen sein, aber mittlerweile waren dort die feindlichen Kriegsschiffe aufgekreuzt und vor Anker gegangen, so daß die *Nr. 12* in das Fahrwasser vor Wyk verholen mußte. Später ergriffen sie Arfst auf der Straße in Wyk, und er wurde ebenfalls nach Thorgau gesandt, zusammen mit der Mannschaft jenes Kreuzers, den die Österreicher bereits am Montagmorgen genommen hatten.

Schließlich rief man Meinert auf. – „Er ist nicht hier!" – „Aber selbstverständlich", sagte Holbøll, „ich habe ihn doch noch eben gesehen!" – „Er ist nicht *mehr* hier." – Der Oberkommandierende wandte sich nun an den Schiffer: „Sie müssen doch wissen, wo sich Ihre Leute aufhalten!" – Doch der Schiffer antwortete auf plattdeutsch: *„He schull schieten. He is utgahn in de Sand und noch nich wedderkamen."* Damit gaben sich die Österreicher zufrieden, und man schickte auch niemanden hinterher, da man sich ja ausrechnen konnte, daß er das Weite gesucht hatte. Er war nördlich um Wyk herum heimwärts nach Alkersum gegangen, und sie haben auch später keine Anstalten gemacht, ihn zu ergreifen.

Endlich kam ich an die Reihe. Zuerst rechnete Holbøll mit mir den Sold ab. Der Mannschaft war bereits 12½ Taler monatliches Kostgeld ausgezahlt worden. Wir hatten uns zu einem gemeinsamen Mittagstisch zusammengeschlossen, und darüber hinaus versorgte sich ein jeder selbst mit Trockenkost. Das übriggebliebene Zehrgeld durften wir behalten. Dieses lieferte ich in der Regel zu Hause ab, und dafür hat meine Mutter mich mit Brot, Butter usw. versorgt. Jetzt erhielt ich nahezu 42 Reichsbanktaler quittiert. Der österreichische Offizier fragte mich, was ich „kleiner Knirps" mit soviel Geld anfangen wolle. „Das Geld soll meine Mutter haben", antwortete ich. – „Du kannst nach Hause gehen. Werde ein guter Junge", sagte der Österreicher, „aber du darfst dich nie wieder bei Hammer melden."

Sobald ich mich auf freiem Fuß befand, machte ich mich schleunigst aus dem Staube, und ich weiß nicht, was dem Rest widerfahren ist. Auf den Straßen Wyks wandte ich mich jeden

Abb. 47: Die Wrixumer Mühle mit dem Müllerhaus nach 1890

Augenblick um, aus Angst, es könnte mir jemand folgen. Auf dem Heimweg schaute ich bei Meinert in Alkersum vorbei. – „Was, du hier? Haben sie dich frei gelassen? Hast du denn auch deinen Sold gekriegt?" – „Ja!" – „Dann will ich zurückgehen und mein Geld auch abholen!" – Aber er ging doch nicht.

Diejenigen, die in Kriegsgefangenschaft gerieten, wurden unmittelbar darauf außer Landes gebracht. Unter ihnen war ein junger Mann[145] aus Oldsum, dessen Vater Bauer war und Peter Riewert Peters[146] hieß. Peter Riewert war dänisch gesinnt, aber seine Schwester war mit einem richtigen Schleswig-Holsteiner verheiratet, dem Müller von Wrixum[147] auf Osterlandföhr. Der Vater ging nun nach Wyk, um seinem gefangenen Sohn vor seiner Abreise eine Jacke zu bringen, aber das Schiff war bereits ausgelaufen, bevor er den Hafen erreichte. Auf dem Nachhauseweg sah er zu seiner Schwester herein und sagte unter anderem zu ihr: „Hammer hätte es wohl verdient, daß wir ihn auf Händen um die Insel trügen." Im selben Augenblick kam der Müller nach Hause, und seine Frau erzählte ihm, was ihr Bruder gesagt hatte. Da überkam den Müller solch eine Wut, daß er zur Peitsche griff und Peter Riewert zum Dorf hinausjagte.[148]

Solche Dinge ereigneten sich allerdings nur im Kriegsjahr. Bis dahin hatte man Seite an Seite friedlich zusammengelebt, aber als der Krieg ausbrach, ging ein Riß durch die Föhrer Bevölkerung, die sich doch sonst immer wieder zu vertragen pflegte, und die nationalen Gegensätze zwischen Wester- und Osterlandföhr wurden überall spürbar.

Der Teil von Hammers Mannschaft, der vor dem Kriegsgericht in Rendsburg erscheinen sollte, wurde wohl schon nach drei bis vier Tagen freigelassen und nach Hause geschickt. Arfst Boh Jürgens wurde ebenfalls nach etwa vier Wochen zusammen mit den anderen Thorgauer

Gefangenen auf einem Dampfer von Lübeck nach Kopenhagen gebracht, wo er von Holbøll seinen Sold ausgezahlt bekam. Ebenso erging es Adolph Peters[147], der übrigens später mein Schwager wurde, indem er die Schwester meiner Frau heiratete. Er wohnt noch heute in Oldsum, ist aber mittlerweile deutsch gesinnt. Er war an Bord jenes Kreuzers, der vor Wyk auf Grund lief, als die Österreicher kamen. Die Mannschaft hatte man zunächst in einen Stall eingesperrt, bevor sie in Gefangenschaft ging.

Im Spätherbst, nach dem Friedensschluß am 30. Oktober 1864, lief ein Dampfer aus Kopenhagen ein, um Hammers, Viborgs und Holbølls Hausrat und Mobiliar zu holen. Holbøll war selbst mitgekommen und zahlte bei dieser Gelegenheit Meinert den noch ausstehenden Sold aus.

Kurz nachdem Hammer kapituliert hatte und in Kriegsgefangenschaft geraten war, standen eines Tages einige Leute auf der Straße beisammen und unterhielten sich über den Fortgang des Krieges, denn man konnte sich ja seinerzeit gut vorstellen, daß er nach dem Waffenstillstand wieder aufflackern könnte. Da brach es aus einer Frau, die dem Gespräch zugehört hatte, heraus: „Krieg! Was redet ihr noch vom Krieg! Hammer ist gefangen, also ist der Krieg aus!"

Auf diese Weise schloß das Volk damals mit Hammer ab.

Abb. 48: Die Brigg *Lucinde* (Länge: 25,80 m, Breite: 6,85 m, 80 Kommerzlasten), mit der Juchem im Sommer 1865 zum erstenmal nach Grönland segelte, wurde 1842 in Holbæk gebaut und machte für den *Königl. Grönl. Handel* zwischen 1846 und 1902 sechzig Fahrten nach Grönland. Juchems beide Onkel Volkert F. Faltings (vgl. Abb. 25) und Johann E. Ketels (vgl. Abb. 17) waren lange Jahre Kapitän auf diesem Schiff (alle Daten aus dem Archiv des *Königl. Grönländischen Handels*, Ålborg).

1865–1867

Nach dem Krieg segelte ich drei Jahre lang auf Schiffen des *Königlich Grönländischen Handels*[149], zunächst im Sommer 1865 mit der Brigg *Lucinde* (vgl. Abb. 48), im Sommer darauf zwei Reisen mit der Bark *Nordlyset* und schließlich 1867 auf der Brigg *Constance*.[150]

Viel Dänisch hatte ich in der Schule nicht mitbekommen, aber jetzt lernte ich die Sprache doch recht flüssig zu sprechen. Plattdeutsch und Friesisch beherrschte ich ja ohnehin, mit Hochdeutsch wurde ich in der Schule vertraut, und später kam noch Englisch dazu. Jetzt fällt mir das Dänische nicht mehr so leicht, denn es sind mittlerweile viele Jahre vergangen, und ich war darüber hinaus eine längere Zeit in Amerika, so daß ich heute leicht ein paar englische Brocken unter mein Dänisch mische.

Auf den Schiffen des *Grönländischen Handels* wurde ich überhaupt nicht gefragt, ob ich Dänisch verstehen könne, man sprach es einfach mit mir. Der Zweite Steuermann auf der *Lucinde* beherrschte weder Friesisch noch Deutsch. An dem Tag, als ich zum erstenmal an Bord kam, war er dabei, das Fleisch für die Reise einzupökeln. „Gehe ins Packhaus und hole ein wenig Salzlake", befahl er und gab mir einen Eimer. Ich begriff nicht ein einziges Wort, doch hatte ich bemerkt, daß das Boot längsseits unseres Schiffes voll Wasser geschlagen war. Ich nahm daher den Eimer, kletterte ins Boot hinab und begann zu schöpfen. In diesem Augenblick erschien mein Onkel Ketels[151], der Erster Steuermann war, und rief mir auf friesisch zu: „Das ist verkehrt, Juchem! Komm mit mir!", und so half er mir, mich zurechtzufinden. Am Abend sagte er zu mir auf dänisch: „Nimm den Besen und fege das Deck!" – „Ich verstehe nicht", antwortete ich auf friesisch, und er entgegnete ebenfalls auf friesisch: „Das *mußt* du verstehen! Was hat der Decksjunge am Abend als letztes zu tun?" Da begriff ich, was er meinte.

Seit diesem Tag sprach mein Onkel auf der weiteren Reise kein einziges Wort Friesisch mehr mit mir. Wir hatten jedoch einen Kajütsjungen aus Kiel an Bord, Ludwig hieß dieser, und mit ihm unterhielt ich mich auf deutsch. Er half mir zurechtzukommen, wenn ich etwas nicht verstand. Bevor wir in See stachen, hörten einige Jungen, die unten am Hafen spielten, uns deutsch reden. Darüber gerieten sie in Harnisch und drohten: „Laßt euch heute abend bloß nicht in unserer Straße blicken, sonst setzt es eine Tracht Prügel!" Es war ja unmittelbar nach dem Krieg.

Am interessantesten entwickelte sich die zweite Reise. Die *Nordlyset* kollidierte im Øresund mit einem deutschen Schiff, und unser Kapitän Hans Peter Bonde[152] war außer sich vor Zorn und schimpfte lauthals drauflos, namentlich, weil der Havarist ein Deutscher war. Wir sahen uns gezwungen, in Helsingør einzulaufen. Auf unserer Weiterreise fanden wir schließlich die Davis-Straße[153] voller Eis, so daß wir dort ungefähr zwei Wochen lang nicht von der Stelle kamen. Andere Schiffe erblickte man in diesen Gewässern für gewöhnlich sehr selten, aber in diesem Sommer hatten sich hier gleich fünf weitere Fahrzeuge eingefunden, die wie wir

Abb. 49: Ein kleiner Hafen im sommerlichen Grönland, wie auch Juchem es kennengelernt hat; die Brigg links im Bild ist die *Constance*, mit der er 1867 auf Grönland war; das Foto ist ca. 1891 von Kapitän Boy Rickmers (vgl. Abb. 86) gemacht worden.

wegen des Eises nicht voransegeln konnten, darunter zwei amerikanische Schoner, die auf Walfang waren, und die Bark *Thetis* von Bornholm. Eines Nachts scheuerte ein Eisberg längsseits an unserem Schiff vorbei. Dieser schien mir mindestens so groß wie ganz Toftum zu sein und doppelt so hoch wie ein Haus, aber es geschah dennoch kein Unglück. Bei Tagesanbruch kletterte der Steuermann mit einem Fernrohr in den Ausguck und meldete kurz darauf: „Die zwei Schoner müssen Schiffbruch erlitten haben, denn ich kann sie nirgends entdecken, aber es gehen viele Männer auf dem Eis herum." Wir wollten ihnen im Eis zu Hilfe kommen, mußten jedoch umkehren, da wir zu schwer geladen hatten, doch gelang es der *Thetis*, die hier oben Kryolith[154] holen sollte und daher nur Ballast an Bord hatte, zu den Leuten vorzudringen und sie zu bergen.

Kurz darauf segelte uns eine Brigg entgegen. Sie hieß *Die Jungfrau Lucia* und stammte aus Glückstadt an der Unterelbe,[155] wie wir später feststellten. Bevor sie bei uns längsseits ging, verhinderten die Segel einen Blick auf die Flagge. Was sie von uns wollte, konnten wir uns wohl denken, da sie näher unter Land lag als wir: Sie wußte nicht, auf welcher Position sie sich befand. Die Breite hätte sie ohne Schwierigkeiten nach der Sonne selbst bestimmen können, aber zu dieser Zeit gab es noch viele, die ohne Chronometer navigierten, so daß sie die Länge lediglich ungenau feststellen konnten.

Wir hatten bereits Flagge gezeigt[156] und das Brett[157] hervorgeholt, aber als das Schiff in Rufweite an uns herangekommen war, rief der Kapitän: „Weiß irgend jemand unter euch, was das für eine Flagge ist, die das Schiff am Mast führt?" – „Ja", antwortete ein Matrose aus Hadersleben, „das ist die schleswig-holsteinische Flagge." In den Jahren 1864 bis 1867 segelten nämlich die meisten Schiffe aus den Herzogtümern Schleswig und Holstein unter Blau-

Weiß-Rot, was aber damals den wenigsten fremden Seeleuten bekannt war. Doch als Kapitän Bonde diesen Bescheid erhielt, wurde er zornig: „Weg mit dem Brett", schimpfte er, „setzt Segel und holt die Flagge ein!" Dann stampfte er dreimal mit dem Fuß auf das Deck und rief: „Du verdammter Deutscher, was hast du hier im Eis zu suchen, wenn du nicht weißt, wo du bist?"

Auf See ist es sonst allgemeiner Brauch, einander zu helfen, und daher fand ich die Haltung des Kapitäns ausgesprochen unverständlich. Dieses sagte ich zu dem Matrosen, der dem Kapitän vorhin die Auskunft erteilt hatte. Im selben Augenblick aber erhielt ich vom Bootsmann, der uns zuhörte, eine schallende Ohrfeige, so daß ich noch heute, während ich hier sitze und erzähle, sie zu spüren glaube. „Du verdammter Deutscher", zürnte er, „springe doch über Bord und schwimme hinterher, damit du ihm die Position nennen kannst!"

Als wir in Holsteinborg[158] anlangten und dort eine Zeitlang gelegen hatten, erschien ein Kajakmann mit Post. Er überbrachte unserem Kapitän einen Brief des Skippers von der *Jungfrau Lucia*, abgesandt aus dem Kryolithhafen Ivigtut[159]. Es sei doch überall üblich, schrieb er, einem anderen auf See beizustehen, und wir könnten ja selbst einmal in Bedrängnis geraten und Hilfe nötig haben, aber er wolle uns nun doch wissen lassen, daß er auch ohne unser Zutun den Hafen gefunden habe.

Wir hatten fünf Matrosen aus Hadersleben an Bord. Sowohl diese als auch die anderen nannten mich den Deutschen, wohl weil ich Deutsch sprach. Dabei waren die Hadersleber natürlich genausogut „Deutsche" wie ich, denn sie gehörten nach 1864 ja ebenfalls zu Deutschland. Ansonsten aber ging es mir auf den Grönlandfahrern gut, besser jedenfalls als auf den übrigen Schiffen, auf denen ich anheuerte. Auf den dänischen Schiffen sang man beim Wachwechsel, wenn die Freiwache geweckt wurde: *„Rejse ud kvarter i Guds navn!"* („Reise aus Quartier in Gottes Namen!"[160]) Das war wesentlich feierlicher als auf den deutschen und amerikanischen Schiffen. Auf den deutschen Schiffen sang man nur auf plattdeutsch: *„Reise ut Quarteer!"*[161] und auf den amerikanischen: „Die Uhr ist zwölf (oder vier)! Die Mannschaft an

Abb. 50: Das grönländische Wachtlied in einer plattdeutschen Fassung von Föhr, aufgezeichnet in den dreißiger Jahren aus dem Munde eines alten Gotinger Seefahrers von W. Oesau; vgl. Oesau, Schleswig-Holsteinische Grönlandfahrt, S. 164.

Deck muß abgelöst werden!" – Ja, es war schon angenehmer auf den dänischen Schiffen als auf den anderen, mit denen ich gefahren bin. Das Seevolk hatte nicht diese rauhen Umgangsformen wie anderswo, auch wenn es oft zu fluchen pflegte.

Von der dritten und vierten Reise weiß ich nichts Außergewöhnliches zu berichten, doch will ich ein wenig von den Dingen erzählen, mit denen ich mich während der Wintermonate zwischen den Grönlandfahrten beschäftigte. Ich erinnere mich, daß ich im Winter 1865/66 zu Hause auf Föhr in allerlei Schabernack verwickelt war. Dieses Treiben führte schließlich dazu, daß ich vor den Landvogt in Nieblum zitiert wurde. Alles nahm seinen Anfang, als ich an

Abb. 51: Die ehemals königl. dänische und ab 1866 königl. preußische Birkvogtei in Nieblum (heute Hückstädt); bis 1867 Sitz der Birkverwaltung und des Birkgerichts sowie Versammlungsstätte der Gangfersmänner; 1868–70 königl. preußisches Amtsgericht für Westerlandföhr und Amrum, danach tagten hier bis 1891 noch die Gangfersmänner; das Foto zeigt das Gebäude um 1910; vgl. Roeloffs, Von der Seefahrt zur Landwirtschaft, S. 340 ff.

einem Sonntagabend nach Oldsum zum Tanz ging. Dort befand sich auch ein Schneidergeselle, der sich im Laufe der Lustbarkeiten einen ziemlichen Rausch antrank. Aufgrund seiner verkrüppelten Beine konnte er sich nur an Krücken fortbewegen, und da er nun viel zu tief ins Glas geschaut hatte, mußten ihn zwei Mann nach Hause in seine Unterkunft bei Schneidermeister Heinrich Lorenz Friedrichs[162] bringen. Allerdings ernteten die beiden nur Undank für ihre Bemühungen, denn sie gerieten darüber in eine Meinungsverschiedenheit mit dem Schneidermeister und einem seiner Nachbarn, dem Bauern Boy Faltings[163]. Es kam schließlich zu einem heftigen Wortgefecht, in dessen Verlauf bald die gesamte Tanzgesellschaft zusammenströmte, die sich um diese Zeit gerade auf dem Heimweg befand und nun dazu überging, die beiden Herren mit Schneebällen einzudecken. Auf diese Weise mochte dort wohl mittlerweile ein halbes Hundert Menschen herumstehen, und weil ich damals vor nichts Angst hatte, stellte ich mich in die vorderste Reihe und schleuderte Friedrichs einen Schneeball direkt ins Gesicht. Hinterher gaben Friedrichs und Faltings bei der Obrigkeit zu Protokoll, wir hätten sie mit Schnee beworfen und angepöbelt, ja, ein Schmiedegeselle hätte Faltings am Rock gepackt und dabei ein Loch hineingerissen.

Natürlich bekamen nicht alle Teilnehmer an diesem Vorfall eine Anzeige, sondern man griff acht heraus, die man als Rädelsführer ansah, und zu denen zählte man auch mich. Daraufhin erhielten wir für den 28. Januar 1866[164] eine Vorladung vor das Birkgericht (vgl. Abb. 51) in Nieblum. Trojel war gerade als Birkvogt entlassen und durch den Landvogt auf Osterlandföhr abgelöst worden, der fortan auch Westerlandföhr und Amrum unter sich hatte. Die Rechtsfälle von Westerlandföhr und Amrum sollten weiterhin in Nieblum verhandelt werden, und

Abb. 52: Wilhelm Christian Forchhammer (14.12. 1831 in Schleswig – 6.4.1891 in Baden-Baden); 1864 neuer Landvogt auf Osterlandföhr und Gerichtsvogt in Wyk, ab 1.12.1866 auch Birkvogt, Birkrichter und Birkschreiber von Westerlandföhr und Amrum; ab 1.1.1868–1.5.1870 Amtsrichter für Föhr und Amrum in Nieblum, danach in Wyk (die Funktion des Land- und Birkvogten behielt er bei); 1882 Amtsgerichtsrat in Heide; er war ein Parteigänger des Augustenburger Herzogs Friedrich VIII. (vgl. Abb. 23) und daher auf Westerlandföhr und Amrum ziemlich unbeliebt; vgl. Biographisches Lexikon für Schleswig-Holstein, Bd. 3, S. 117, und Roeloffs, Von der Seefahrt zur Landwirtschaft, S. 340ff.

unsere Sache war bereits für den ersten Gerichtstag anberaumt worden, auf dem der Landvogt Forchhammer (vgl. Abb. 52) als Birkrichter in Nieblum fungierte. Man rief uns schließlich einen nach dem anderen herein und stellte dabei jedem von uns dieselben Fragen. Zunächst hieß es: „Hast du mit Schneebällen geworfen?" und danach: „Wie viele?" Der erste, der aufgerufen wurde, antwortete: „Einen!", der zweite: „Zwei!", der dritte: „Fünf!" Schließlich kam ich an die Reihe. Als der Landvogt meine Personalien festgestellt hatte, fragte er: „Woher bist du?" – „Aus Toftum", entgegnete ich. Die vorigen stammten alle aus Oldsum, und da der Landvogt nicht ortskundig war, wandte er sich an die beiden Beisitzer – der eine war übrigens C. D. Roeloffs, der Mann, der allein den Mut hatte, den Österreichern entgegenzutreten, als diese auf Westerlandföhr Proviant für ihre Truppen requirierten –: „Wenn er aus dem Oldsumer Krug nach Hause geht, muß er dann an dem Hause des Schneiders vorbei?" – „Nein", erwiderten die Beisitzer, „er muß nach Osten gehen anstatt nach Westen." – „Warum also begabst du dich nicht ohne Umwege nach Hause?" fragte der Landvogt und ging dabei, während der Schreiber schrieb, in der Amtsstube auf und ab. Ich mochte ihm anfänglich nicht antworten, aber da fuhr er auf mich los und drohte: „Hinrichsen, du mußt dir darüber im klaren sein, daß du hier vor dem Richter stehst, und wenn man dir eine Frage stellt, so *mußt* du antworten. Daher frage ich dich noch einmal: Warum gingst du nicht geradewegs nach Hause!" – „Weil ich mein Mädchen heimwärts nach Dunsum begleiten wollte." – „Aha", entfuhr es dem Richter lächelnd, „jetzt verstehe ich, was du im Schilde führtest. Du kannst gehen!"

Das Mädchen, das ich nach Hause bringen wollte, war natürlich Ingke[165], meine spätere Frau. Ich habe im folgenden noch oft die Worte des Landvogts zu hören bekommen. Immer wenn sie von mir nicht gleich eine Antwort erhielt, ermahnte sie mich: „Du weißt doch, was der Landvogt damals zu dir sagte. Jetzt bin ich der Richter: Antworte, Juchem!"

Der nächste, den man hereinrief, kam ebenfalls aus Toftum. „Hast du auch mit Schneebällen geworfen?" fragte der Landvogt. – „Nein, ich war so betrunken, daß ich mich nicht mehr zum Schnee hinabbücken konnte." – „Aber warum gingst du dann nicht nach Hause? Wolltest du auch ein Mädchen nach Hause bringen?" – „Nein, ich war so sturztrunken, daß ich nicht mehr wußte, ob ich nach Westen oder nach Osten ging." – Wir anderen hatten indessen nicht so viel getrunken, wenigstens ich nicht. Überhaupt wurde damals dem Alkohol auf den Tanzveranstaltungen bei weitem nicht in dem Maße zugesprochen, wie das heute der Fall ist.

Schließlich holte man alle Prozeßbeteiligten auf einmal herein, auch Friedrichs und Faltings. Nachdem wir versammelt waren, rief der Landvogt: „Kriegsgemäß an die Wand!" Wir mußten darauf Haltung annehmen, während das Protokoll verlesen und das Urteil verkündet wurde. Der Schmiedegeselle, welcher es am schlimmsten getrieben hatte, lachte über diese Prozedur. In diesem Moment sprang der Landvogt auf ihn zu, packte ihn am Handgelenk und versetzte ihm einen Faustschlag. „Ich werde euch Dänen wackeln!" rief er, denn er wußte ja, daß wir hier auf Westerlandföhr alle dänisch waren. Nun wurde das Strafmaß laut vorgelesen. Der Schmied sollte den zerrissenen Rock mit anderthalb Reichsbanktalern büßen (die dänische Währung war damals immer noch reguläres Zahlungsmittel), ein anderer, der dem betrunkenen Schneidergesellen am ärgsten mitgespielt hatte, mit einem Reichsbanktaler; wir übrigen Fünf, die mit Schneebällen geworfen hatten, kamen mit vier dänischen Mark davon, und derjenige, welcher vor Trunkenheit keine Schneebälle hatte werfen können, wurde ganz freigesprochen.

Ich hatte in jener Zeit aber doch auch anderes als Unfug im Kopf. In den beiden Wintern 1865/66 und 1866/67 ging ich hier auf Föhr in die Navigationsschule,[166] die jedoch nur in den Wintermonaten stattfand, da ja im Sommer die meisten Männer zur See fuhren, und zwar die jungen ebenso wie die verheirateten. Einige der Älteren blieben auch den Winter über fort, wenn sie auf einer längeren Reise nach Ostindien, Australien usw. unterwegs waren. Dagegen kehrten die jungen Leute für gewöhnlich in den Wintermonaten nach Hause zurück, um hier die Navigationsschule zu besuchen. Bei dieser handelte es sich um eine Privatschule, d. h. eine Vorschule bei einem alten Kapitän[167], der besondere Kenntnisse in der Steuermannskunde besaß. Man nahm an diesem Unterricht in der Regel drei, vier oder gar fünf Winter teil, je nachdem, wie viele Monate man sich zu Hause aufhielt. Im Anschluß daran reiste man nach Kopenhagen, Flensburg, Hamburg, Kiel, Elsfleth oder anderen Orten, um das Steuermannsexamen abzulegen, nachdem man auch dort noch einige Zeit mit vorbereitendem Unterricht zugebracht hatte. Selbst nach 1864 ging ein Teil der Föhringer nach Kopenhagen, obwohl die Prüfung hier in dänischer Sprache abgenommen wurde. 1870 verboten die Deutschen die privaten Navigationsschulen. Von dieser Zeit an verminderte sich die Zahl der Föhrer Examenskandidaten zunehmend.[168] Eine staatliche Steuermannsschule, die 1886 in Wyk eingerichtet wurde, fand keinen Zulauf und mußte letztendlich schließen.[169]

Sieben Monate lang, verteilt auf zwei Winter, nahm ich am Navigationsunterricht teil, und nach meiner dritten Grönlandfahrt im Sommer 1867 war es eigentlich meine Absicht, die erworbenen Kenntnisse in der Steuermannskunst zu vertiefen, aber da brach ich unversehens alle heimatlichen Brücken hinter mir ab und segelte nach Amerika, um auf diese Weise einer Einberufung zum preußischen Militär zu entgehen.

In der dänischen Zeit waren Föhr, Amrum, Sylt, Pellworm, die Halligen sowie möglicherweise auch Röm und Mandø vom Militärdienst befreit. Wir unterlagen ja der Deichpflicht, und das war – so meinte man – genug.[170] Jeder Eigentümer von Marschland war zu bestimmten Arbeitsleistungen am Deich verpflichtet, zu denen er entweder persönlich antreten oder

Abb. 53: Jan Jürgen Hinrichsen (26.9.1811 in Utersum – 14.8.1885 in Süderende); lebte in Süderende 254 (zuletzt Anne Hinrichsen); Kapitän von Antwerpen; Gangfersmann 1867–77; in seinem Hause waren 1864 österreichische Offiziere einquartiert; GRL 341, 661 I.

ersatzweise einen anderen stellen mußte. Das ist noch heute so.[171] Nach der Abtretung 1864 stellte sich die Frage, ob die neuen Machthaber den Föhringern die Militärfreiheit lassen würden oder nicht. Es verging noch einige Zeit, bevor die Antwort gegeben wurde, da Preußen und Österreich sich noch nicht über die Beute verständigt hatten. In der Zwischenzeit entsandten die Föhrer im Herbst 1866 eine kleine Delegation zum Fürsten Bismarck – das Treffen fand anscheinend in Wiesbaden statt –, mit der Absicht, von ihm eine weitere Bestätigung der Föhrer Militärfreiheit zu erreichen. Zu dieser Delegation gehörten Konsul Heymann aus Wyk, der im übrigen Jude[172] war, sowie Arfst Jürgens als Alkersum[173] und Jan Jürgen Hinrichsen aus Süderende (vgl. Abb. 53). Sie nahmen das Versprechen mit, die Insel sei „bis auf weiteres" vom Militärdienst befreit. Aber schon am 1. Mai 1867 wurde auf Föhr die allgemeine Wehrpflicht eingeführt. Sie galt für alle männlichen Personen, die nach 1842 geboren waren.[174]

Ich segelte im April 1867 nach Grönland, mit einem Paß, der meine Befreiung vom Militärdienst „bis auf weiteres" bestätigte. Doch bereits bei meiner Rückkehr im Oktober erhielt ich in Kopenhagen von meinem Großvater Erk Ketels einen Brief, in dem er mir mitteilte, daß ich mich unmittelbar nach meiner Ankunft in Apenrade einfinden müsse, um mich dort einer Musterung zu unterziehen.

Mir war bei dieser Nachricht genauso übel zumute wie allen anderen jungen Föhringern. Der preußische Militärzwang weckte auf den Nordfriesischen Inseln großen Widerwillen. Vorher hatte es zweifellos einige gegeben, die sich freiwillig zum dänischen Militärdienst gemeldet hatten, aber es gab nun niemanden, der Lust verspürte, preußischer Soldat zu werden, auch nicht auf Osterlandföhr. Aus diesem Grunde wanderten viele Föhringer nach Amerika aus, so daß dort mittlerweile mehr Föhringer leben dürften als auf der Insel selbst.[175] Ich erinnere mich auch an einen, der sich erhängte, als er eingezogen werden sollte. Er hieß – nein, ich nenne seinen Namen nicht, da noch heute Verwandte von ihm auf der Insel wohnen.[176]

Auf mich hinterließ der Einberufungsbefehl einen starken Eindruck, so stark, daß ich meiner Mutter einen Abschiedsbrief schrieb und mir eine Fahrkarte nach New York kaufte, um mich kurz darauf einzuschiffen.

Auslandsaufenthalt und häusliches Glück

Es geschah aber doch nicht völlig ins Blaue hinein, daß ich nach Amerika fuhr, denn mein Bruder [177] befand sich bereits drüben. Im Sommer 1865 hatte er eine Reise nach Grönland gemacht, da ihm jedoch beim Gang in die Takelage schwindelig wurde, blieb es ihm verwehrt, Seemann zu werden. Aus diesem Grunde wanderte er nach Amerika aus, wo er zunächst als Holzfäller arbeitete. Später, nach seiner Heirat, führte er einen kleinen Laden in New York. Während unserer gemeinsamen Jahre in New York waren wir ständig beisammen, bis ich mich 1884 entschloß, nach Föhr zurückzukehren. Er starb 1916 [178] in New York. Seine Witwe [179] wohnt nun in Oldsum.

Ich kam im November 1867 in New York an, konnte jedoch vor dem 6. Februar 1868 dort keine Arbeit finden. Erst dann gelang es mir, als Matrose auf einem Dampfschiff anzuheuern, das in der Küstenschiffahrt eingesetzt war.

Bevor ich nach Amerika reiste, hatte ich eigentlich beabsichtigt, weiter zur See zu fahren, mit dem Ziel, im Laufe der Zeit Kapitän zu werden, weshalb ich ja auch die Navigationsschule besuchte. Doch infolge meiner Auswanderung mußte ich meinen Plan fallenlassen und die weitere Ausbildung abbrechen, denn in Amerika wäre ich ja in englischer Sprache unterrichtet und geprüft worden. Aber in Wirklichkeit fehlte es mir an der richtigen Lust zum Seemann, ja, meine einstigen Vorsätze waren mittlerweile so weit in den Hintergrund geraten, daß ich alles andere als Seemann werden wollte, denn das Leben auf See ist oft ein schlechtes Los. Natürlich gibt es auch anständige Menschen unter den Seeleuten, aber viele sind doch von roher Natur und führen in den Häfen ein wildes Leben. Sie denken an nichts anderes als ihre Heuer so schnell und so übel wie möglich loszuwerden. Mit diesen Dingen konnte ich mich nie so recht abfinden.

Ich war insgesamt 17 Jahre in Amerika. Die ersten zwei bis drei Jahre segelte ich entlang der amerikanischen Küste; darauf wurde ich für die gleiche Zeit Arbeiter in einem Packhaus und in den folgenden acht Jahren Hafenarbeiter, zuletzt als Vormann. Im Sommer hatte ich 15 bis 18 Mann unter mir, im Winter nur drei, so daß ich selbst als vierter Arbeiter mit anpackte. Schließlich eröffnete ich in den letzten Jahren meines Aufenthaltes ein kleines Geschäft.

Auch in New York übte ich mich ein wenig in der dänischen Sprache. Am Sonntagvormittag besuchte ich die deutsche evangelisch-lutherische St. Johannis-Kirche, denn für mich war Deutsch ja stets die Sprache der Bibel gewesen, aber am Nachmittag ging ich gewöhnlich, solange ich in New York lebte, in ein Café, wo Zeitungen in vielen verschiedenen Sprachen auslagen. Dort gab es auch ein dänisches Blatt, den *Dagstelegrafen*, und diesen las ich jeden Sonntag. Nach und nach lernte ich ebenfalls recht gut Englisch zu sprechen. Öfter fragten mich welche: „Bist du nicht ein Deutscher? Dein englischer Akzent ist ja ohne Zweifel annähernd so, als ob du hier geboren wärest, aber versuche doch einmal, *thirtythree* (dreiunddreißig) zu sagen!" „*Dirtydree*", sagte ich. Deutschen, Holländern und Skandinaviern ist es nahezu unmöglich, diese Zahl richtig auszusprechen. – „Also bist du doch ein Deutscher", triumphierten die anderen.

„Nein", antwortete ich, „ich bin ein Skandinavier, ein Däne!" – „Aha!", und damit stieg man sofort um hundert Prozent in deren Achtung.

Als Hafenarbeiter wohnte ich in der ersten Zeit zunächst in einem *boarding-house* (Pension). Meine Mitbewohner betranken sich jeden Sonnabend. Wenn ich am Sonntag aus der Kirche kam, lagen sie noch im Bett, und wenn sie aufstanden, begannen sie von neuem zu trinken. Auf diese Weise hatten sie den größten Teil ihres Wochenlohnes bereits am Sonntagabend vertrunken. „Du brauchst heute nichts zu essen", sagten sie zu mir, „es ist ja Sonntag." – „Und ihr braucht heute nichts zu trinken", antwortete ich, „denn ihr seid ja schon betrunken." Ansonsten kam ich ganz gut mit ihnen aus, aber ich bezweifelte doch, dieses unstete Leben auf Dauer aushalten zu können. „Es ist wohl besser, daß du nach Hause fährst und zusiehst, ob du nicht ein richtiges föhringer Mädchen kriegen kannst", dachte ich, „sonst wirst du am Ende noch ein Trinker wie die anderen." Es gab auch schon ein ganz bestimmtes Mädchen, das ich auserwählt hatte: Sie hieß Ingke Gardina Riewerts[180].

Ingke war in Dunsum geboren.[181] Ich kannte sie bereits, seitdem sie unmittelbar nach ihrer Konfirmation hier in Toftum in Stellung gewesen war, und wir hatten uns stets ausgesprochen gut verstanden. Der Grund meiner Heimreise lag also ausschließlich darin, herauszufinden, wie es um sie stand.

Ich kam zu Weihnachten 1872 nach Hause. Wir sahen uns danach das erste Mal auf einer kleinen Tanzveranstaltung wieder.

„Guten Tag, Ingke", sprach ich sie an, „wie ist es dir in der ganzen Zeit ergangen?" – „Danke, gut! Und dir, Juchem?" – „Danke, auch gut! Aber was hast du getrieben? Du bist wohl noch nicht verheiratet?" fragte ich, obwohl ich ja sehr gut Bescheid wußte, daß dieses nicht der Fall war. – „Nein, Juchem!" – „Da wird es ja allmählich Zeit! Wie alt bist du denn, Ingke?" – „Ja, ich bin schon 23!"

Einige Tage später machten wir zusammen einen kleinen Abendspaziergang. Ich hatte ein kleines Foto dabei, welches in New York aufgenommen worden war. Dieses ließ ich unbemerkt in ihre Tasche fallen. Als wir uns das nächste Mal trafen, fragte sie mich: „Juchem, hast du etwas verloren?" – „Nein!" – „Hast du mir dann etwas gegeben?" – „Ja, Ingke!" – „Ich habe es selbst gar nicht entdeckt, denn es war ja dunkel. Mutter[181] fand es in meiner Tasche und fragte: ‚Was ist das doch für ein großer Junge, den du dir dort geangelt hast, Ingke?'"

Damit waren wir verlobt.

Dieses geschah im Januar 1873. Ursprünglich beabsichtigte ich, am 5. Februar nach Amerika zurückzukehren, aber diesen Termin verschob ich zunächst. Bald nach unserer Verlobung erschien eines Tages der Gemeindevorsteher (vgl. Abb. 54) und teilte mir mit, daß ich dem Militärdienst wohl auf Dauer nicht länger entgehen könne, denn er müsse schon in der allernächsten Zeit die Stammrolle nach Tondern schicken. – „Wann?", fragte ich. – „Am 20. Februar." – „Dann reise ich am 19."

Ingke versuchte mich noch ein wenig länger zu halten, aber das ging in Anbetracht dieser Lage natürlich nicht.

Nahezu alle, die von Föhr auswanderten, blieben fünf Jahre in Amerika, um amerikanische Staatsbürger zu werden. Deutschland und Amerika hatten nämlich einen Vertrag miteinander abgeschlossen, worin Deutschland die amerikanische Staatsbürgerschaft deutscher Auswanderer anerkannte, wenn sie diese in den Staaten erworben hatten. Das war der sogenannte Bancroft-Vertrag, nach dem amerikanischen Gesandten Bancroft[182] in Berlin. Mit dem Er-

Abb. 54: Nickels Jung-Rörd Nickelsen (29.9. 1835 in Toftum – 18.3.1899 in Toftum) und seine Frau Dorothea geb. Riewerts; Landwirt in Toftum Nr. 204 (zuletzt D. Jensen = „Dora Duutje"); Gangfersmann, Gemeindevorsteher in Toftum; GRL 161, 757 42.

werb des amerikanischen Bürgerrechts unterlag man in Deutschland nicht länger der Militärpflicht, selbst wenn man eine längere Zeit im Lande zubrachte. In der Regel konnten amerikanische Bürger, die nach Föhr zurückkehrten und ihre Papiere nach Schleswig einsandten, sich zwei Jahre hier aufhalten. Damals galt diese Regelung noch uneingeschränkt, ja, es gab sogar manche, die über diese Frist hinaus hier wohnen blieben, ohne daß dagegen eingeschritten wurde. Ich weiß nicht, ob die Behörden diese Personen schlicht vergessen hatten. Eine davon war der Vater von Christian Lorenzen[183] hier in Toftum, unserem jetzigen Vertrauensmann des *Schleswigschen Vereins*[184]. 1914 kam Christian Lorenzen[185] mit an die Front, wo er an zahlreichen Schlachten teilnahm und wenigstens dreimal verwundet wurde. Als sein Oberst einmal seine Papiere durchsah [und dabei feststellte, daß Christian amerikanischer Bürger war], hatte er dieses als einzigartigen Fall dargestellt. Nach seiner dritten Verwundung erhielt er Heimaturlaub, in dessen Verlauf er den Behörden mitteilte, daß er nicht an die Front zurückkehren werde, da er nicht zum deutschen Kriegsdienst verpflichtet sei. Man strich ihn daraufhin von der Liste. Es gab mehrere derartige Fälle. Allein hier in Toftum lebten sechs Söhne dänischer Untertanen, die allesamt in den Krieg zogen, in dem Glauben, deutsche Staatsbürger zu sein, weil sie hier geboren und aufgewachsen waren. Sie unterlagen natürlich auch nicht der deutschen Wehrpflicht, und als sie dieses bemerkten, schickte man sie noch mitten im Krieg nach Hause. Insgesamt gab es auf Föhr wohl etwa 15 solcher Fälle.

Ich besaß 1873 die amerikanische Staatsbürgerschaft noch nicht, denn ich war zu diesem Zeitpunkt erst vier Jahre drüben gewesen, so daß das geforderte fünfte Jahr fehlte. Allerdings hatte ich meine sogenannten Intentionspapiere in Ordnung, d.h., die amerikanischen Behörden hatten meine Absichtserklärung, amerikanischer Bürger werden zu wollen, schriftlich beglaubigt. Ich hatte die deutschen Behörden von dieser Erklärung in Kenntnis gesetzt, doch bewahrte sie mich während meines Heimataufenthaltes keineswegs vor einer möglichen Einberufung. Da sich nun, wie ich dem Wink des Gemeindevorstehers entnahm, eine solche ankündigte, zog ich es vor, mich aus dem Staube zu machen. Am 20. Februar, abends um 22 Uhr, erreichte ich Hamburg und begab mich bei Pensionswirt Petersen[186] in Altona, Königsstraße 128, zur Ruhe. Er war einst als Steuermann unter einem Föhrer Kapitän zur See gefahren. Am nächsten Morgen wollte ich an Bord des Auswandererschiffes gehen, mußte jedoch zuvor einem deutschen Beamten meine Papiere vorlegen. Ich zeigte ihm meine Intentionspapiere, und er las sie sich verschiedene Male durch. – „Na", fragte er, „ist da etwas faul?" Dann sah er mich böse an: „Das ist nicht genug! Sie sind ja kein amerikanischer Staatsbürger. Haben Sie schon dem Könige gedient?" – „Nein!" – „Großer Kerl wie Sie haben noch nicht dem Könige gedient, sollten sich was schämen! Machen Sie, daß sie fortkommen!" Darauf sah ich mich zunächst gezwungen, zurück zu Petersen in die Pension zu gehen. „Hier sind fünf Dollar", sagte ich, „die sollst du haben, wenn du mir hilfst, an Bord zu gelangen." Dieser machte sich auf den Weg und kam bereits kurz danach zurück: „Wenn eine große Gruppe Passagiere erscheint, so mische dich darunter und gehe mit ihnen zusammen an Bord. Dann wird es schon klappen."

Ich tat, wie er es gesagt hatte. Der deutsche Beamte hielt mich an: „Kennt man Sie in New York?" – „Ja." – „Wo liegen die Hamburger Schiffe dort?" – „In Hoboken[187]." – „Können Sie Englisch sprechen?" – „Ja." – Schließlich begann er, englisch mit mir zu sprechen, und ich antwortete auf englisch. – „Sie können passieren!" Damit ließ er mich an Bord gehen. Ich vermute, er erhielt die eine Hälfte der fünf Dollar.

Wenig später schrieb Ingke mir von zu Hause, die Behörden hätten mittlerweile Wind davon bekommen, daß ich auf Föhr gewesen sei, ohne mich um meinen Wehrdienst zu kümmern. Meine Mutter solle deswegen vor dem Amtsgericht erscheinen und eine Erklärung darüber abgeben.

Meine Mutter war zeitweilig etwas wirr im Kopf, und so verhielt es sich auch, als sie die gerichtliche Vorladung erhielt. Aber ihr Nachbar, der Gangfersmann und spätere Gemeindevorsteher Nickels Jung-Rörd Nickelsen[188], war so freundlich, sie dorthin zu begleiten. Noch ehe die Verhandlung begann, sprach er beim Amtsrichter[189] vor: „Ich bin hier in Begleitung von Dorothea Ketels. Sie ist nicht ganz richtig im Kopf. Ich bitte daher um die Erlaubnis, dem Verhör beiwohnen zu dürfen." Diesem stand nichts im Wege, und als meine Mutter hereingerufen wurde, fragte der Richter: „Ist Ihr Sohn zu Hause gewesen?" – „Welcher Sohn? Ich habe zwei Söhne. Welchen von den beiden meinen Sie?" – „Ich meine den älteren. Wie heißt er?" – „Joachim Hinrichsen." – „Weshalb hat er sich nicht gemeldet?" – „Das weiß ich nicht. Soll ich denn meines Bruders Hüter sein?" – „Ja, aber ich muß doch wissen, ob er zu Hause war." – „Ja, das war er." – „Wann ist er geboren?" – „1846." (Der Schreiber notierte es.) – „In welchem Monat?" – „Im November." – „An welchem Tag?" – „Am sechsten. Und wenn Sie gar so neugierig sind und noch mehr wissen wollen, es war morgens um sieben Uhr." – „Das genügt", sagte der Richter, „Sie können gehen."

Als ich das nächste Mal nach Föhr kam, war meine Mutter wohlauf, und ich fragte sie, ob sie vor Gericht gewesen sei.

„Ja", antwortete sie, „es ging außerordentlich gut!"

Sobald ich soviel Geld verdient hatte, daß ich nach meiner Meinung eine Frau ernähren konnte, schrieb ich Ingke einen Brief, worauf sie umgehend nach New York reiste. Das war im September 1873. Am 12. Oktober wurden wir von dem ehemaligen Kieler Pastor Heinrich

August Marcus Heldt in der St. Johannis-Kirche [190] getraut. Während der Schleswig-Holsteinischen Erhebung hatte er sich auf die Seite der Aufständischen geschlagen und deshalb zwischen den Kriegen in den Herzogtümern keine Anstellung gefunden, so daß er schließlich auswanderte. Ich war bereits vorher Mitglied dieser deutschen Gemeinde geworden, und Ingke meldete sich jetzt ebenfalls an. Bei der Trauung erinnerte er uns an das Bibelwort: „Gedenket oft und gerne der Stätte, wo einst eure Wiege stand." [191] In seiner Predigt gebrauchte er auch ein anderes Bibelzitat: „Seid fleißig zu halten die Einigkeit durch das Band des Friedens." [192]

In unserer Ehe wurden uns in Amerika vier Kinder tot geboren sowie eines, das noch am Tage seiner Geburt starb. Ingke ging es dabei sehr schlecht. Daran hatten wir beide damals schwer zu tragen, aber heute habe ich mich damit abgefunden.

Ingke war lediglich elf Jahre in New York. Sie hatte ziemlich starkes Heimweh nach ihren Eltern. Als sie etwa vier bis sechs Wochen nach ihrer Ankunft in New York einen Brief von zu Hause erhielt, kam sie zu mir und sagte: „Juchem, willst du den Brief nicht für mich lesen, ich kann es nicht." – „Hast du Heimweh?" – „Nein, aber ich kann diesen Brief nicht lesen." – Trotzdem fühlte sie sich in New York sehr wohl, und sie war überall im deutschen Viertel sehr bekannt und beliebt. Sie hatte dort eine Stellung als Krankenpflegerin bei zwei deutschen Ärzten. Überhaupt wußte sie in allen Dingen des Lebens Rat. Als die Firma, bei der ich arbeitete, Bankrott machte, war sie es, die sagte: „Nun sollten wir uns ein *store* [193] kaufen." Ich zeigte mich ein wenig wankelmütig, aber sie verstand sich auf das Kaufmannsgewerbe, nachdem sie jahrelang bei meinem Bruder ausgeholfen hatte, der solch einen Laden besaß, und so setzte sie ihren Willen durch. Wir handelten mit Butter, Käse und Milch, und das Geschäft lief unerwartet gut. Das war vom Jahre 1880 an. In unserem *store* verkehrten die unterschiedlichsten Leute. Mit einigen Kunden mußten wir hochdeutsch sprechen, mit anderen plattdeutsch, und es kamen natürlich auch viele, die englisch sprachen. Zu unserer Kundschaft gehörte ferner eine schwedische und eine dänische Familie, mit der ich mich stets auf dänisch unterhielt. So übten wir uns in vielen verschiedenen Sprachen, doch zu Hause redeten Ingke und ich nur Friesisch miteinander.

Eines Tages wurde ein kleines Picknick mit Tanz vorbereitet, an dem sich mehrere Nachbarsfrauen beteiligten. Schließlich wollten sie auch mir gerne zwei Karten für Ingke und mich verkaufen. „Ich habe keine Zeit", sagte ich, „denn ich muß den Laden bis zehn Uhr offenhalten, aber meine Frau könnte ja mitgehen." – „Ja", antwortete eine der Nachbarinnen, „laß deine Frau nur mitgehen, dann kann sie dieses Mal auch etwas von uns lernen, wenn getanzt wird. Für gewöhnlich sind wir es ja, die etwas von ihr lernen müssen." – Es hatte sich nämlich so eingebürgert, daß sie in Handarbeits- und Haushaltsangelegenheiten und dergleichen Ingke um Rat fragten. – Am nächsten Morgen erschien dieselbe Frau bei mir und sagte: „Juchem, Juchem! Solch eine Frau wirst du nirgendwo auf dieser Welt wiederfinden! Mein Mann forderte sie zum Tanz auf, und ich dachte: ‚So, jetzt wird es drollig!', denn deine Frau geht ja sonst niemals tanzen, doch da entpuppte sie sich als die flotteste Tänzerin des ganzen Saales." – „Ja", warf Ingke darauf ein, „ich bin ja auch einmal jung gewesen. Damals tanzte ich ganz gut und wurde darum immer fleißig aufgefordert. Das führte dazu, daß ich noch besser tanzte, und ich habe es bis heute nicht vergessen." So war Ingke: in allen Dingen tüchtiger als die anderen.

Ingke und ich sind stets gut miteinander ausgekommen. Sie konnte häufiger – wenn auch immer in aller Freundlichkeit – zu mir sagen: „Juchem, tue dieses oder jenes!" – „Na", antwortete ich da, „bist du es, der hier das Sagen hat? Steht nicht in der Bibel, *er* soll dein Herr

Abb. 55 und 56: Joachim und Ingke Hinrichsen 1882 in New York

sein?" – „Ja, aber das hat Luther falsch übersetzt, denn er gehörte ja auch zum Mannsvolk. Im Urtext steht: *Sie* soll dein Herr sein!"

Streit oder heftige Auseinandersetzungen hat es zwischen uns niemals gegeben, aber es konnte ja einmal ein unbedachtes Wort in der einen oder anderen Angelegenheit fallen, in der wir uns nicht einig waren. Dann kam Ingke zu mir und sagte: „Hier ist meine Hand, Juchem! Du erinnerst dich sicher, was der Pastor bei unserer Trauung sagte: ‚Seid fleißig zu halten die Einigkeit durch das Band des Friedens.' Wir wollen darauf achten, unsere Meinungsverschiedenheiten in Frieden beizulegen." Das ist uns niemals mißlungen.

Im November 1877 reisten wir beide zu Besuch nach Hause. Ich war seinerzeit arbeitslos und überlegte, ob ich deshalb mein Geld nicht wieder mit der Seefahrt verdienen sollte, aber davon wollte Ingke nichts wissen. „Nein", sagte sie, „laßt uns lieber nach Föhr fahren, um zu sehen, wie es unseren Eltern geht. Wir haben ja ein wenig Geld zusammengespart, so daß wir es uns wohl leisten können. *Sie* soll dein Herr sein!" Und so geschah es. Bei unserer Ankunft auf Föhr schickte ich umgehend unsere Papiere nach Schleswig und teilte den Behörden mit, daß unser Aufenthalt nicht länger als ein halbes Jahr dauern würde. Ohne Einwände erhielt ich die Papiere zurück.

Am 8. April 1878 reisten wir wieder nach New York, aber bereits sechs Jahre später kehrten wir für immer nach Föhr zurück. Es war mein Wunsch gewesen, während Ingke sich zunächst dagegen sträubte, aber schließlich einigten wir uns in aller Güte. Sie erinnerte mich später daran, was der Pastor gesagt hatte. Seid fleißig zu halten die Einigkeit durch das Band des

Friedens. – „Aber was hat der Pastor noch gesagt?" fragte ich, „gedenket oft und gerne der Stätte, wo einst eure Wiege stand." – „Ja", antwortete sie, „wir sollten daran *denken*, aber der Pastor hat nicht gesagt, wir sollten dorthin *fahren*." Zu guter Letzt entschied nun aber doch nicht der Pastor in dieser Angelegenheit. Wir kehrten nach Föhr zurück, weil ich einerseits gerne auf Föhr leben wollte und mich nun andererseits um meine Mutter kümmern konnte, die man mittlerweile in die Irrenanstalt nach Schleswig gebracht hatte. Ich empfand das als eine Schande, daß sie dort leben sollte, solange wir eine Möglichkeit sahen, sie bei uns zu behalten.

Als der Dampfer abgelegt hatte, saßen wir unten in der Kajüte. – „Wenn du New York noch einmal sehen willst, mußt du an Deck kommen", sagte ich. Da begann sie plötzlich zu weinen, was doch sonst nicht ihre Art war. „Ich kann nicht! Ich habe hier elf Jahre gelebt und es dabei so gut gehabt, wie ich es anderswo niemals wieder bekommen werde."

Wieder zu Hause.
Scharmützel mit der Obrigkeit

Im Sommer 1884 zog ich in mein Elternhaus ein, in dem ich geboren und aufgewachsen bin und in dem ich noch heute lebe. Seit der Einlieferung meiner Mutter in die Schleswiger Irrenanstalt hatte es leergestanden. Im August waren wir schließlich soweit eingerichtet, daß ich meine Mutter nach Hause holen konnte. Nach Auffassung der Anstaltsärzte würde ihre Rückkehr jedoch nur von begrenzter Dauer sein. Solange die Tage kurz seien, so meinte man, könne ich sie wohl bei mir behalten, aber zum kommenden Frühjahr würde das nicht länger möglich sein. – Ich hatte 30000 Mark zusammengespart, als ich in Toftum ankam, und darüber hinaus betrieb ich die kleine Landwirtschaft meiner Mutter. Sie besaß neben dem Haus, das 1848 kurz vor meiner Geburt errichtet worden war (vgl. Dorfpläne im Kartenanhang, Haus Toftum Nr. 192), ein wenig Geest- und Marschland, dessen Ertrag bequem ausreichte, eine Kuh zu halten.

Daß amerikanischen Bürgern hierzulande allenfalls eine zweijährige Aufenthaltserlaubnis gewährt wurde, erfuhr ich nach meiner Ankunft 1884 erst, als ich im Oktober meine nach Schleswig eingereichten Papiere zusammen mit einem beigefügten roten Zettel zurückerhielt, auf dem diese Verordnung abgedruckt war. Der Landvogt in Wyk[194] – er wurde später nach Borkum versetzt – händigte mir die Papiere aus. Er fragte, wie lange ich zu bleiben gedenke. Ich antwortete, das hänge davon ab, ob ich meine Mutter zu Hause behalten könne oder nicht. Da er die Frage nicht noch einmal stellte, hatte ich es ja nicht nötig, ihm zu sagen, daß ich länger als zwei Jahre bleiben wollte. Statt dessen entgegnete der Landvogt: „Ob Sie hierbleiben oder nicht, das ist etwas, was nicht Sie entscheiden, sondern die Regierung!" – „Das wäre aber mißlich", antwortete ich, „wenn die Regierung mich abschieben würde und ich infolgedessen meine Mutter wieder in die psychiatrische Anstalt bringen müßte, denn schließlich bin ich doch der einzige Angehörige, der sich um sie kümmern kann."

Der Landrat[195] ließ wiederholt durch den Gemeindevorsteher[196] vorfragen, ob ich immer noch im Lande sei und meine Mutter sich noch bei mir befinde. Am 25. Mai 1885 sah ich mich veranlaßt, sie wieder nach Schleswig zu bringen. Man hatte dem Gemeindevorsteher eine mehrmonatige Frist gesetzt, über mich den nächsten Bericht abzugeben, aber als dieser Zeitpunkt verstrichen war, blieb ihm ja nichts anderes übrig, als zu melden, daß ich noch immer in Toftum wohne, während meine Mutter bereits nicht mehr bei mir sei.

Etwa gleichzeitig, im Oktober 1885, setzte die Ausweisung jener amerikanischen Bürger ein, die auf Föhr ihren festen Wohnsitz hatten. Diese Personen standen vor der Wahl, entweder die preußische Staatsbürgerschaft zu beantragen oder das Land bis zum Februar 1886 zu verlassen. Mit derselben Frist wurden auch diejenigen ausgewiesen, die sich lediglich besuchsweise zu Hause aufhielten. Nach Ablauf der Frist waren die Gemeindevorsteher angewiesen, durch den Gendarmen überprüfen zu lassen, ob auch alle – sofern sie nicht preußisches Bürgerrecht erhalten hatten – ausgereist waren, und der Landrat verlangte einen Bericht darüber.

Unter den von der Ausweisung betroffenen Personen zogen alle älteren, mit Ausnahme von zweien, es vor, um die preußische Staatsbürgerschaft nachzusuchen. Dem Antrag wurde jedoch nur stattgegeben, wenn auf eine vorherige Anfrage bei den Kommunen und beim Armenkollegium kein Einspruch erfolgte. Aber weder hier noch dort hatte man gegen einen der Antragsteller etwas einzuwenden.

Die Jüngeren indessen scheuten sich davor, das preußische Bürgerrecht zu beantragen, denn sie wären in diesem Falle sofort wehrpflichtig geworden. Sie zogen es vor zu reisen, und zu diesen gehörte auch ich. Wir zählten zusammen etwa 30 Personen, unter denen ich der älteste war. Keiner von uns ahnte, daß die Ausweisung für immer galt, sondern wir hielten sie für eine zeitlich begrenzte Maßnahme. Ich hätte die Insel doch ohne behördlichen Zwang nicht freiwillig verlassen.

Es war bereits eine längere Zeitspanne vergangen, seit der Gemeindevorsteher die letzte Meldung über mich gemacht hatte, aber Mitte Februar 1886 traf schließlich ein Brief des Landrats ein, in dem ich aufgefordert wurde, das Land bis zum 1. März zu verlassen. „Aber was ist mit mir?" fragte Ingke. – „Von dir ist nirgends die Rede, du kannst bleiben." Sie setzte alles daran, mit mir zu kommen, aber zuletzt sah sie doch ein, daß es für sie unmöglich sei, mitten im Winter zu reisen.

Um den 1. März herum setzte jedoch ein starker Frost ein, und infolge des Eises brach die Verbindung nach Dagebüll ab, so daß ich nicht von der Insel kommen konnte. Nach vierzehn Tagen wurde erneut vorgefragt, ob ich mittlerweile abgefahren sei, und da es inzwischen möglich war, das Festland mit dem Eisboot zu erreichen, blieb mir nun nichts anderes übrig, als die Reise nach Amerika anzutreten.

Von der Überfahrt erinnere ich mich an folgende kleine Begebenheit. Bevor wir in Amerika an Land gehen durften, mußten wir geimpft werden, doch als ich an der Reihe war, sagte ich zum Arzt, daß ich nicht geimpft werden wolle. „Dann wird man Sie sicher nicht an Land lassen", belehrte er mich. – „Ja, aber man wird mich ebensowenig zurückschicken können, denn ich bin ausgewiesen worden." Ich zeigte ihm meine Papiere. Er las sie flüchtig durch, musterte mich kurz und blickte über die Brille. Dann fing er an zu lachen und sagte: „Na ja, was soll's!" Nach mir kam noch einer, der sich ebenfalls weigerte, geimpft zu werden. Er stammte aus Elmshorn und begann jeden Tag damit, nahezu eine ganze Flasche Branntwein auszutrinken. „Ich will auch nicht geimpft werden", lallte er, betrunken wie immer. Als der Arzt ihn fragte, ob er auch ein solches Dokument wie das meinige vorweisen könne, zog er seine Flasche aus der Tasche und zeigte sie stolz vor. Der Arzt lachte und gab die Anweisung, man möge ihm keinen Alkohol mehr verkaufen, solange er nicht geimpft worden sei. Am nächsten Morgen fiel er, da er nichts mehr zu trinken bekam, in sich zusammen wie ein Häufchen Elend. „Nein", sagte er, „dann lasse ich mich doch lieber impfen." Als wir nach Grönland segelten, wurden wir ebenfalls vor jeder Reise geimpft, doch ist es ausgesprochen unsinnig, die Matrosen mit einem geschwollenen Arm herumgehen zu lassen, wenn sie in der Takelage arbeiten müssen. Kaum hatte ihnen daher der Arzt den Rücken gekehrt, nahmen sie den Priem aus dem Mund und rieben damit die Impfwunde aus. Auf diese Weise schlug das Serum nicht an.

Meine Ausreise währte nur ein paar Monate. Bereits im Juni kehrte ich aus Amerika zurück, da ich dort nichts weiter zu bestellen hatte, und nun wollte ich entweder meine Frau zu mir herüberholen oder aber bei ihr auf Föhr bleiben.

Unmittelbar nach meiner Ankunft in Wyk, noch bevor ich mich auf den Heimweg nach Toftum machte, sprach ich beim Landvogt vor. „Sind Sie schon wieder da?" fragte er mich. Er überlegte eine Weile und fuhr dann fort: „Nun ja, Sie sind ja alt genug!" – Er spielte auf den Militärdienst an, denn ich war seinerzeit fast 40 Jahre alt. – „Sie können unbeschadet einen Antrag zur Erlangung der preußischen Staatsbürgerschaft stellen, ohne mit einer Einberufung rechnen zu müssen. Ich werde mittlerweile bei der Kommune und beim Armenkollegium vorfragen, ob Einwände dagegen bestehen." So schrieb ich mein Gesuch noch an Ort und Stelle.

Nachdem ich mich etwa einen bis anderthalb Monate zu Hause aufgehalten hatte, kam eines Tages der Gendarm aus Wyk und präsentierte mir ein Schreiben mit dem Auftrag, mich am nächsten Vormittag um zehn Uhr abzuholen; dem konnte ich ja leicht entnehmen, daß ich ins Gefängnis sollte. Der Gendarm überreichte mir ferner einen privaten Brief des Landvogts. Es sei wohl am besten, so teilte er mir mit, wenn ich mich noch am selben Nachmittag freiwillig einfinden würde. Dadurch könne ein übermäßiges Aufsehen im Dorf vermieden werden.

Ich suchte darauf den Gemeindevorsteher Nickels Nickelsen auf und erzählte ihm, was vorgefallen war. „Ich werde dich natürlich fahren", sagte er, „aber du mußt deinen Koffer mitnehmen, da du nicht mit zurückkommen wirst." Doch ich lehnte es ab, einen Koffer mitzunehmen, und sagte zu meiner Frau: „Ich bin heute abend wieder zu Hause. Sie können mich vor morgen, zehn Uhr, nicht einsperren." Ich fuhr einzig aus dem Grunde mit, um herauszufinden, was es mit dieser Sache auf sich hatte.

In Wyk empfing mich der Landvogt sehr höflich. – „Es lief nicht so, wie ich es mir vorgestellt habe", sagte er. „Anscheinend erhalten Sie die preußische Staatsbürgerschaft nicht, denn ich habe einen Brief erhalten, wonach Sie ins Gefängnis müssen." – „Aus welchem Grund?" fragte ich. – „Derjenige, der ausgewiesen ist und ohne Erlaubnis nach Preußen zurückkehrt, wird mit Gefängnis zwischen zwei Tagen und sechs Wochen bestraft." (Möglicherweise waren es auch nur vier Wochen.) „Aber bis morgen, zehn Uhr, bin ich ein freier Mann", antwortete ich, und der Landvogt konnte nichts dagegen einwenden oder unternehmen. Er war angewiesen, mich dem Amtsgericht[197] zu überstellen, doch nicht vor zehn Uhr des nächsten Tages.

Der Landvogt überwies uns an das Amtsgericht, und ich begab mich in Begleitung des Gendarmen dorthin. Der Richter schlug in einem Buch nach. „Ja, es ist richtig, Sie müssen bestraft werden, weil Sie zurückgekommen sind." – „Aber trotzdem bleibe ich bis morgen ein freier Mann", erwiderte ich hartnäckig. Der Richter zuckte mit den Schultern: „Wo werden Sie sich morgen früh aufhalten?" – „Das weiß ich nicht", antwortete ich. Insgeheim hatte ich daran gedacht, nach Amrum zu reisen, um von dort mit einem Boot nach Fanø zu entweichen. Ich beharrte auf meinem Standpunkt: „Bis morgen bleibe ich auf freiem Fuß. Ich bin ein amerikanischer Bürger und wünsche, daß der amerikanische Konsul[198] hinzugezogen wird."

Darauf erschien Konsul Heymann (vgl. Abb. 57). „Ja", sagte er, „Hinrichs bleibt bis morgen frei, und auch morgen kann er ohne ein ordentliches Gerichtsurteil nicht eingesperrt werden, aber das beste wird wohl sein, wenn wir uns in der Sache einigen könnten und jemand für ihn eine Kaution stellen würde. Dann kann er hingehen, wohin er will."

Der Richter fragte nun, ob ich jemanden veranlassen könne, 1000 Mark Kaution für mich zu hinterlegen. „Ja", sagte Nickelsen kurz entschlossen, „das werde ich tun." – „Bedenken Sie, was das bedeutet", wandte der Richter ein, „wenn Hinrichsen hier morgen nicht zur Stelle ist, müssen Sie 1000 Mark bezahlen. Und wir wollen keinerlei Schereien damit, daß Sie anschließend Geld von Hinrichsen bekommen." Doch Nickelsen sah keine Bedenken. Er unterschrieb sofort.

Zuletzt wurde das Protokoll laut verlesen, und der Richter fragte, ob wir es unterschreiben würden. „Nein!" antwortete ich. – „Was, Sie wollen nicht unterschreiben?" – „Nein, ich will

Abb. 57: Levi Heymann (1815 in Wyk – 9.1.1892 in Wyk); Kaufmann und Reeder in Wyk und eine der herausragenden Föhrer Persönlichkeiten des 19. Jahrhunderts; Inhaber zahlreicher Ämter: 1855–66 königl. preuß. Konsul, 1855 königl. portugiesischer Vizekonsul, 1856–86 königl. niederländischer Vizekonsul, 1857–86 königl. norwegisch-schwedischer Vizekonsul, 1858–72 Konsularagent der Vereinigten Staaten von Amerika, 1869 kaiserl. französischer Konsularagent und ab 1876 Konsularagent der französischen Republik; er vertrat nahezu sämtliche europäischen Seeversicherungen, darunter seit 1853 den englischen *Lloyd's* für die schleswigsche Westküste zwischen der Königsau und Husum; 1874 königl. preußischer Sachverständiger für Strandungsfälle der Kreise Husum, Tondern und Hadersleben; 1879 Ernennung zum Amtsanwalt des königl. preußischen Amtsgerichts in Wyk; mehrere Auszeichnungen: 1867 preußischer Adlerorden 4. Klasse, 1887 Ritter des schwedischen Wasaordens; Agent der Postdampferlinie Hamburg–New York; Eigner der Englandfahrer *Amilhujo* und *Persian*; alle Angaben entstammen dem Familienarchiv von Frau A. Heymann.

es erst lesen." – „Sie sind aber vorsichtig!" – „Ja, das muß man hier in Preußen nach meiner Erfahrung auch sein." – Er lächelte und sagte: „Ja, Sie haben recht. Sie können es lesen." – Nachdem ich das Protokoll gelesen hatte, unterschrieb ich es schließlich.

Am nächsten Tag fand ich mich wieder im Amtsgericht ein und sagte: „Das Schiff ist mittlerweile nach Dagebüll abgefahren, und ich bin noch immer da." – „Das ist gut, Hinrichs", entgegnete der Richter, „aber das hätte nun keine Rolle mehr gespielt, nachdem die Kaution gestellt worden ist. Jetzt können wir erst einmal abwarten."

So vergingen wiederum ein paar Wochen, bis eines Tages der Gemeindevorsteher mit einem Brief vorbeikam, aus dem ich entnahm, daß ich zu vier Tagen Gefängnis in Niebüll verurteilt worden war. Bis zum Haftantritt bestand eine mehrtägige Frist, und ich konnte selbst anreisen. Als ich mich im Niebüller Gefängnis meldete, fragte mich der Wärter ein wenig aus und studierte meine Papiere, um herauszufinden, was ich ausgefressen hatte. Dann nahm er mir Uhr, Geld, Messer, Zigarren, Pfeife, Tabak und Streichhölzer ab und schloß mich in eine Zelle zu einem anderen Kerl. „Mußt du das erste Mal brummen?" fragte er. – „Ja." – „Ich bin das neunte Mal hier." – „Was bist du denn für einer? Was ist dein Beruf?" – „Ach, hier in Schleswig sage ich, daß ich Uhrmacher bin, denn hier gibt es nicht so viele Uhrmacher, und in Holstein sage ich, ich sei Müller, denn dort gibt es nicht so viele Müller." – „Ja, aber weshalb sagst du denn das?" – „Ach, irgend etwas muß man ja antworten, wenn sie einen fragen." – „Und was hast du angestellt?" – „Ich habe gebettelt, versteht sich! Ich lief geradewegs in das Haus des Gendarmen, und da hatten sie mich natürlich." – „Wo wolltest du denn ursprünglich hin?" – „Nach Wyk! Ich hätte wohl Lust darauf, ins Bad zu fahren." – „Hast du denn Geld für so etwas?" – „Nee, noch nicht. Ich hatte 40 Mark, aber die hat man mir ja abgenommen."

Endlich erhielten wir unser Mittagessen. Es gab Erbsen mit einem kleinen Stück Speck darin, das kaum so groß wie ein halber Daumen war. „Wie können Erbsen so fett sein, wenn nur so wenig Speck dabei ist?" fragte ich. – „Das kommt natürlich daher, weil sie in Talg gekocht sind." Ich aß nur ein paar Löffel voll, dann überließ ich meinem Zellengenossen den Rest meiner Portion. Als der Wärter zurückkehrte, fragte er uns, ob es uns geschmeckt habe. „Nein", antwortete ich, „so etwas kann ich nicht essen, daran bin ich nicht gewöhnt. Ist es möglich, gegen Bezahlung eine bessere Kost zu erhalten?" – Ja, das sei kein Problem. Ich könne das gleiche Essen bekommen, welches der Wärter und seine Frau auch äßen. Im selben Augenblick wurde ich in eine Zelle für mich allein verlegt, so daß ich mich bald ein wenig einsam fühlte. „Darf ich hier rauchen?" fragte ich. – Nein, das dürfe ich nicht. Der Wärter war aber sonst ein gutmütiger Mann, denn immer wenn die Gefangenen auf dem Hof frische Luft schnappen sollten, durfte ich eine halbe Stunde vor den anderen aus der Zelle und eine Pfeife rauchen, die er mir stopfte.

Bei den anderen handelte es sich um Bettler, Diebe und dergleichen. Einer von ihnen sagte eines Tages zu seinem Kameraden: „Puh! Ist das heute heiß!" – „Ach was!" entgegnete der andere, „es ist in dieser warmen Zeit wesentlich besser, hier zu sein, als auf den Feldern zu arbeiten." Als ich entlassen wurde, rief der Wärter mir hinterher: „Komme bald wieder!" – „Nein", rief ich zurück, „ich komme niemals wieder!"

Nach meiner Entlassung aus dem Niebüller Gefängnis begab ich mich in Wyk umgehend zum Landvogt und fragte: „Was soll jetzt geschehen?" – „Das darf ich Ihnen nicht sagen", antwortete er, „aber nun sehe ich nichts." In diesem Augenblick schob er mir einen Brief zu, drehte sich um und sah aus dem Fenster. „Nun ist es mit mir wohl Matthäi am letzten[199]", entfuhr es mir. In dem Brief stand nämlich, daß ich innerhalb einer Woche ausgewiesen werden sollte, sobald ich aus der Haft zurückgekehrt sei. „Sie dürfen noch nicht aufgeben", beruhigte mich der Landvogt, „möglicherweise ist doch noch etwas zu machen. Schreiben Sie nun, wie ich es Ihnen diktiere."

So schrieb ich, ich sei so und so alt, wäre so und so viele Jahre in Amerika gewesen und wolle nun gerne meine Mutter, die sich in der Irrenanstalt befinde, bei mir haben, wenn die Tage kürzer würden, denn dann befinde sie sich nach Aussage der Ärzte etwas wohler, und ich könne sie gut zu mir nach Hause nehmen. Daher bäte ich nun darum, eine Zeitlang zu Hause bleiben zu dürfen. – Ich glaube nicht, daß ich bei dieser Gelegenheit auch darum nachsuchte, preußischer Untertan zu werden; das hatte ich ja bereits getan. Als ich Ingke dieses erzählte, meinte sie: „Wäre ich dabeigewesen, wärst du nicht zum Schreiben gekommen!"

Nach kaum einer Woche setzte der Gemeindevorsteher Nickelsen mich davon in Kenntnis, daß er einen Brief erhalten habe, worin ihm die vorläufige Aufhebung des Ausweisungsbefehls mitgeteilt wurde. Ein paar Tage später brachte er ein Formular, auf dem ich eintragen sollte, womit ich mich seit meiner Schulentlassung beschäftigt hatte, wenn möglich mit schriftlichen Belegen von all denen, in deren Diensten ich einmal gestanden hatte. Einige Kapitäne, unter deren Kommando ich gesegelt war, lebten bereits nicht mehr, aber ich füllte den Bogen nach bestem Vermögen aus und ging damit nach Wyk, um ihn dem Landvogt zu zeigen. Er sollte ihn an den Landrat weiterleiten. „Sie hätten nicht schreiben sollen, daß Sie als Freiwilliger unter Hammer gedient haben", wandte er ein, „dieser Punkt ist ja nicht gerade zu Ihrem Vorteil." – „Ich bleibe bei der Wahrheit", entgegnete ich. „Es steht in der Bibel: ‚Jedermann sei untertan der Obrigkeit, die Gewalt über ihn hat;'[200] und die deutsche Obrigkeit hat einen Anspruch darauf, von mir die Wahrheit zu hören." – Der Landvogt lächelte: „Steht das in der Bibel?" – „Ja." – „Sie scheinen ja ein guter Christ zu sein." – „Meine Eltern waren Christenmenschen, und auch ich möchte fortfahren, ein solcher zu sein." Der Landvogt las den Fragebogen zu Ende und sandte ihn daraufhin ein. Das geschah im September 1886.

In der Weihnachtszeit kam Nickelsen eines Tages bei uns vorbei, während wir beim Mittagessen saßen. Er teilte uns mit, daß wir unsere Geburtsurkunden nach Schleswig schicken sollten, dann könnten wir preußische Untertanen werden. – „Mir ist für heute der Appetit vergangen", sagte Ingke, denn sie wollte gerne zurück nach New York.

Wenige Tage darauf kamen die Papiere aus Schleswig. Die Sache war in Ordnung: Wir besaßen fortan die preußische Staatsbürgerschaft.

Später besuchte mich hier in Toftum übrigens der Bettler, mit dem ich im Gefängnis gesessen hatte. Er kam, um zu betteln, und ich selber öffnete ihm die Tür. „Was, du bist es?" entfuhr es ihm. „Hast du großes Geld bei dir?" – „Ja, ich habe Zwanzigmarkstücke." – „Kannst du mir dann vielleicht mein Kleingeld wechseln? Wenn mich nämlich der Gendarm zu fassen kriegt und dieses bei mir findet, nimmt er mich fest." So wechselte ich ihm ganze 70 Mark, die er in drei Tagen zusammengebettelt hatte. „Was willst du denn mit all dem Geld anfangen?" fragte ich. „Oh, ich denke, ich gehe jetzt nach Wyk, nehme mir ein Zimmer im Badehotel und genieße das Leben, bis das Geld verbraucht ist. Mit den letzten 15 Groschen lasse ich mich nach Dagebüll übersetzen und fange wieder von vorne an."

Mit der Zeit hörte der Widerstand der Föhringer gegen den preußischen Militärdienst allmählich auf, und in den letzten Jahren vor dem Krieg kehrten fast alle Seefahrer zurück, um ihrer Wehrpflicht nachzukommen.

Nachdem wir die preußische Staatsbürgerschaft erhalten hatten, verlebten Ingke und ich unsere Tage hier auf Föhr in Ruhe und Zufriedenheit. Wenn wir am Abend gelegentlich zusammensaßen, sagte sie öfter: „Erzähle mir jetzt von Niebüll! Du bist ja Bürger in Amerika und Bürger in Niebüll gewesen, und jetzt bist du preußischer Bürger. Was davon ist nun am schlimmsten?" – „Am schlimmsten ist es, preußischer Bürger zu sein." – „Ja, aber das ist deine eigene Schuld! Du wolltest ja nicht glauben, daß *sie* dein Herr sein soll!"

Auf Dauer konnte ich meine Mutter nicht mehr zu Hause behalten. Wie ich bereits berichtete, bewirtschaftete ich für sie ihre kleine Landwirtschaft und zahlte zusammen mit meinem Bruder die Kosten für ihren Aufenthalt in der psychiatrischen Anstalt. Mein Onkel Volkert F. Faltings war ihr Vormund, und an ihn entrichtete ich alljährlich die Pacht für die Nutzung ihres Landes. Sie starb 1892 in Schleswig. Ich übernahm von ihr Haus und Land und zahlte meinen Bruder aus. Er starb 1915 in New York.[201]

Erst unmittelbar vor Kriegsausbruch 1914 verkaufte ich meine Kuh und mein Land. Für das Geld, das hereinkam, erwarb ich dänische *Landmandsbank*-Aktien im Wert von 2400 Kronen. Hier auf Föhr war Ingke ebenfalls sehr beliebt. Frauen und junge Mädchen kamen zu ihr und fragten sie um Rat, wie sie ihre Kleider nähen sollten usw. Sie war in ihrer Art sehr gütig, und auch hier war sie gerne bei der Pflege von Kranken behilflich. Als Christian Lorenzen und seine Schwester[202] sehr schwer von Typhus befallen wurden und auch das Dienstmädchen sich ansteckte, pflegte Ingke sie. Christian war damals zehn Jahre alt und hat ihr dieses niemals vergessen. Sie saß neben ihnen am Bett und wachte viele Tage und Nächte. „Kein anderer als Ingke hätte das tun können", sagte der Arzt.

Während des Krieges kamen viele und bettelten. Sie gab ihnen immer etwas, und wir mußten uns dann mit weniger begnügen. „Du darfst uns auf diese Weise nicht ruinieren", sagte ich, „unser Geld geht uns noch aus." – „Aber wir sollten daran denken", antwortete sie, „daß die Zeit nahen könnte, wo auch wir betteln gehen müssen." – Und ihre Worte sind in diesen Tagen ja fast in Erfüllung gegangen.

Der nationale Umbruch 1864–1914

Bis ich 1884 meinen festen Wohnsitz auf Föhr nahm oder, besser gesagt, bis ich 1886 die preußische Staatsbürgerschaft erhielt, war ich seit meiner Auswanderung nach Amerika nur für einige Monate auf der heimatlichen Insel zu Besuch gewesen, sonst aber über lange Zeiträume von ihr getrennt. Trotzdem habe ich – auch aus eigener Wahrnehmung – die nationale Entwicklung zu Hause in ihren Grundzügen verfolgen können, und nach meiner Rückkehr habe ich ja täglich die Dinge ihren Lauf nehmen sehen. Aber letztlich gibt es über die Zeit bis nach dem großen Kriege (1914–18) nicht viel zu erzählen, keine aufsehenerregenden Vorfälle von Belang, also kaum etwas, das eine besondere Aufmerksamkeit verdient hätte. Der Wandel von dänischer zu deutscher Gesinnung vollzog sich unmerklich in aller Stille.

Zuerst werde ich ein wenig über unsere Pastoren aus der Zeit um 1864 berichten. Nach Kriegsausbruch amtierte in unserem Kirchspiel der Pastor Johann Carl Friedrich Johnsen [203]. Viele Jahre vorher war er an der Kirche von Stedesand [204] gewesen. Der großen Familie stand ein nur geringes Einkommen gegenüber. Als er eines Jahres auf Föhr bei seinem Amtsbruder an der St. Nicolai-Kirche, Knud Frerks (vgl. Abb. 58), Ferien machte, war der Prediger von St. Laurentii – so heißt unsere Pfarrkirche – gerade gestorben, [205] und das Amt stand leer. Es wird erzählt, Johnsen habe darüber geklagt, daß er finanziell nicht zurechtkomme. Darauf soll Frerks ihm geraten haben, sich nach einer anderen Stelle umzusehen. Was wäre, wenn er sich um St. Laurentii bemühte? Doch Johnsen hielt das für wenig erfolgversprechend; er glaubte nicht, von Stedesand loskommen zu können. Nun hielt sich Christian VIII. in diesem Sommer – wie in den vorhergehenden auch – in Wyk auf, und jeden Sonntag besuchte er den Gottesdienst in der St. Nicolai-Kirche. Frerks schlug daher vor, sich direkt an Christian VIII. zu wenden, aber Johnsen ließ sich auch dazu nicht bewegen. Letztlich konnte Frerks ihn überreden, an seiner Stelle die Predigt in St. Nicolai am kommenden Sonntag zu halten. Dem König gefiel die Predigt, und er bat Johnsen, mit ihm im Kurhaus zu Mittag zu speisen. Der König erkundigte sich nach seinen Verhältnissen und fragte ihn schließlich: „Ist St. Laurentii nicht eine bessere Stelle als Stedesand?" – Ja, daran gebe es keinen Zweifel. – „Dann gratuliere ich Ihnen zu Ihrem Amt als Pastor des Kirchspiels St. Laurentii!"

1864 agitierte Johnsen für die schleswig-holsteinische Seite. Hammer verwarnte ihn deshalb mehrere Male und drohte ihm mit Absetzung. Offenbar hat er das Ministerium davon in Kenntnis gesetzt. Eines schönen Tages erschien nämlich ein kleiner Mann im Pastorat und sagte zu Johnsen: „Nun bin ich hier Gemeindepastor. Sie haben hier nichts mehr zu bestellen!" – Er hieß Johan Hinrichs oder Jan Hinrichs [206], wie man ihn zu nennen pflegte. Er war Prediger auf Eiderstedt gewesen, wurde aber im Kriegsjahr 1864 von den Deutschen wegen seiner dänischen Gesinnung abgesetzt. Er erreichte Föhr über Jütland und Fanø. Es war an einem Sonnabend, als er ankam, und seine Papiere waren vom Ministerium in Kopenhagen bestätigt. Aber Johnsen machte Einwendungen und verlangte, am folgenden Tage wenigstens

Abb. 58: Knud Andreas Frerks (25.7.1815 in Wyk – 30.6.1899 in Wyk) anläßlich seines 50jährigen Amtsjubiläums 1892; Studium in Kiel 1836–39, Hauslehrer bis 1842 in Angeln, 1843–45 Kompastor in Husum, 1845–92 Pastor an St. Nicolai in Boldixum. Er wurde von seiner Gemeinde hochgeschätzt und war in vielerlei Hinsicht ein Original; Träger des preußischen Adlerordens 4. Klasse (1888) und 3. Klasse (1892); vgl. Koops, Kirchengeschichte der Insel Föhr, S. 90–91.

eine Abschiedspredigt zu halten und zwei Beerdigungen durchzuführen, deren Termin er bereits festgelegt hatte. – „Alles das werde ich erledigen", sagte Hinrichs, aber Johnsen blieb bei seinem Einspruch und weigerte sich, das Pastorat zu verlassen.

Hinrichs benachrichtigte daraufhin Hammer, und am Sonntagmorgen um sieben Uhr trafen zwei Wagen aus Wyk ein, um Johnsen, seine Familie und seine wichtigsten Habseligkeiten abzuholen. Von dort wurden sie unter weißer Flagge nach Dagebüll übergesetzt. Sobald es die Verhältnisse zuließen, bekam er seine Möbel nachgesandt. Später erhielt Johnsen eine Pfarrstelle in Munkbrarup.

Hinrichs war nur vorläufig eingesetzt und wurde nie richtig in sein Amt eingeführt. Insofern fehlt er auf der Tafel in der Kirche, auf der die Namen der Prediger seit der Reformation eingetragen sind. Er wirkte hier vom Juni 1864 bis zum Oktober oder November 1865. Ich kann im übrigen nicht verstehen, weshalb ihn die Deutschen so lange im Amt beließen, aber sie taten es.

Im November 1864 sollte er – wie alle anderen Prediger auch – in Anlehnung an den Wiener Friedensvertrag vom 30. Oktober eine Friedenspredigt halten. Damals befand sich der erste deutsche Landrat des Kreises Tondern [207] – er hieß Bleicken (vgl. Abb. 59) und war von Sylt – hier auf Föhr. Er führte eine Untersuchung durch, welchen Pastoren man dort gestatten könne, im Amt zu bleiben, und so besuchte er auch den Gottesdienst in St. Laurentii, um die Friedenspredigt von Hinrichs zu hören. Als dieser auf die Kanzel stieg, begann er mit folgenden Worten: „Ich konnte mich nicht entschließen, bevor ich in das Heiligtum ging, worüber ich reden sollte." [208] Aber da sei ihm die Stelle aus einem der Bücher Mose eingefallen, wie Israel mit geringen Mitteln gegen seine mächtigen Feinde Krieg führen mußte. Er predigte dann darüber, welche Schande es doch sei, daß zwei Großmächte wie Preußen und Österreich gegen das kleine Dänemark Krieg geführt hätten, um ihm sein altes Erbland zu rauben. Vier-

Abb. 59: Matthias Bleicken (5.9.1822 in Keitum/Sylt – 11.6.1883 in Tondern); nach Jurastudium Volontär der Amtsverwaltung in Flensburg; stellte sich 1848 der provisorischen schleswig-holsteinischen Regierung zur Verfügung und wurde daraufhin für kurze Zeit in Kopenhagen inhaftiert; 1851–64 als Obergerichtsanwalt in Oberstein (Preußen) im Exil; am 17.2.1864 Bürgermeister von Tondern, am 1.1.1865 Amtmann und Oberdeichgraf von Tondern, ab 1868 Landrat des Kreises Tondern; aufgrund seiner friesischen Herkunft war er mit Land und Leuten sehr vertraut und versuchte stets ausgleichend zwischen den nationalen Gegensätzen zu wirken; er starb im Amt; vgl. Bleicken, Deutsches Geschlechterbuch, Bd. 186, S. 21–22, und Biographisches Lexikon für Schleswig-Holstein, Bd. 1, S. 79.

zig Millionen gegen zwei, das sei keine Tat, dessen sie sich rühmen dürften, und ihr Vorgehen könne unmöglich von Gott gewollt sein.

Als die Leute nach dem Gottesdienst anfingen hinauszugehen, erhob sich vom Gang zwischen den Bankreihen plötzlich die Stimme des Landrats. Ich konnte ihn wegen der anderen nicht sehen, aber ich hörte ihn laut und deutlich sagen, daß Westerlandföhr fortan zum Kreis Tondern gehören werde, und daher müsse es jetzt vorbei sein mit solchen Predigten. Ich glaube, er hatte die Bibel in der Hand und las laut aus ihr vor, auf jeden Fall fuhr er fort mit dem bekannten Bibelspruch: „So demütigt Euch unter die gewaltige Hand Gottes, daß er Euch erhöhe zu seiner Zeit."[209] Dem fügte er selbst in einigen ergänzenden Worten hinzu, es sei Gottes Wille gewesen, daß wir zu Deutschland gehören sollten; deshalb müßten wir uns auch gehorsam unter die gesetzmäßige Obrigkeit einfügen.

Anschließend fuhr der Landrat nach Nieblum – er bekam dieses Mal beim Pastor kein Mittagessen! –, wo ein Nachmittagsgottesdienst von Pastor Schrödter[210], einem der beiden Prediger des Kirchspiels St. Johannis, gehalten wurde. Am Morgen war der Landrat sicherlich in der St. Nicolai-Kirche gewesen, aber das wage ich nicht zu behaupten. Man sagte, der Landrat habe sich sehr zufrieden gezeigt mit Schrödters Predigt, und er blieb im weiteren auch Pastor auf der Insel. Gegen Abend soll der Landrat zu einem der Kirchenältesten dieser Gemeinde gesagt haben: „Eigentlich hätte ich ja auch noch Sievert (vgl. Abb. 60), den zweiten Prediger hier, hören müssen. Wie verhält es sich mit ihm?" – „Er ist ebenso deutsch gesinnt wie Schrödter", antwortete der Gefragte.

Der Landrat hatte darauf eine Unterredung mit Sievert und sagte: „Ich hätte eigentlich auch Sie hören müssen, aber meine Zeit ist ziemlich knapp. Entspricht Ihre Einstellung etwa der

Abb. 60: Johannes Karl Ludwig Sievert (15.10. 1814 in Plön – 14.1.1889 in Nieblum); 1849 Diakon an St. Johannis, 1850 entlassen, 1851 wieder eingesetzt, ab 1866 Kompastor ebda., 1851–54 und 1862–66 vertrat er die vakante Stelle des Hauptpastors; vgl. Koops, Kirchengeschichte der Insel Föhr, S. 59.

Abb. 61: Hans Ocksen (Aagesen) Knudsen (7.1.1831 auf Gut Trøjborg bei Tondern – 4.5.1917 auf Trøjborg); von 1881–90 dänischer Wahlkandidat des 4. schleswigschen Wahlkreises. Er übernahm seine Kandidatur ohne besondere Motivation, konnte sich ihr aber aufgrund seiner herausgehobenen Stellung wohl nicht entziehen; vgl. Dansk Biografisk Haandleksikon, Bd. 2, S. 349, und Sønderjyllands Historie, Bd. 5, S. 82f., 151 u. 156.

Schrödters?" – „Ja", antwortete Sievert. – „Sind Sie mit dem Ausgang des Krieges zufrieden?" – „Ja, er verlief genau nach meinem Wunsch." – „Aber denken Sie daran, daß zu Ihrer Gemeinde Teile von Osterlandföhr und Teile von Westerlandföhr gehören, wo Ihre Pfarrkinder dänisch gesinnt sind. Sie dürfen ihnen keineswegs herausfordernd gegenübertreten, und Sie müssen mit ihnen Frieden halten und keinen Unterschied machen zwischen Deutschen und Dänen. Doch deutsch gesinnt müssen Sie sein!" – „Ja", soll Sievert da geantwortet haben, „wessen Brot ich esse, dessen Lied ich singe." So blieb er in seinem Amt. Es gibt viele hier auf Föhr, die Theologie studiert haben, und wohl die meisten haben davor privaten Unterricht bei Sievert erhalten. Jan Hinrichs mußte dagegen die Insel verlassen.

Eine der Vorkehrungen, die auf die nationale Gesinnung der Bevölkerung einwirkten, war natürlich die Regelung, alle Pastoren- und Lehrerstellen, ja, überhaupt alle öffentlichen Ämter, mit deutschen Kandidaten zu besetzen. Auf jeden Fall wurden nur wenige davon ausgenommen, und diese durften sich nicht offen zu ihrer dänischen Einstellung bekennen, sollte die Sache nicht üble Folgen haben. Es gab hier selbstverständlich eine ganze Anzahl von Personen, die Dänisch sprechen konnten, teils Seeleute, darunter besonders die Grönlandfahrer, teils mehrere eingewanderte Jüten, aber irgendeine besondere Verbindung mit Dänemark oder den Dänen in Nordschleswig hatten wir nicht. Auf Föhr existierte nicht ein einziger dänischer Verein, niemand ging auf eine dänische Schule, die dänische Presse wurde nicht gelesen – unter anderem wegen der unbekannten Sprache –, und dänische Versammlungen hat man niemals abgehalten.

Trotzdem dauerte es eine gewisse Zeit, bis die Bevölkerung von ihrer dänischen Gesinnung abließ. Bei der Wahl 1867 hatten sich die Bewohner des Kirchspiels im Oldsumer Krug eingefunden – übrigens bei dem Vater des heutigen Wirtes Max Simonsen[211] –, um der öffentlichen Verlesung des Wahlresultats beizuwohnen. Es waren eine deutsche, sonst nur dänische Stimmen ausgezählt worden.[212]

Man erzählt, der Pastor von St. Laurentii[213] sei nach Oldsum unterwegs gewesen, um seine Stimme abzugeben, als ihm ein Mann begegnete, der ihn anhielt und sagte: „Sie sind sicherlich auf dem Wege zur Wahl, Herr Pastor!? Wählen Sie nicht, denn Sie werden ja deutsch stimmen! Es wird die einzige deutsche Stimme sein!"

Wann die Leute anfingen, sich allmählich als Deutsche zu fühlen, kann ich nicht mit Bestimmtheit sagen. Der Teil der Bevölkerung, der während des Krieges 1864 gegen Dänemark gewesen war, hatte ja viel eher eine schleswig-holsteinische als eine deutsche Position vertreten. Als die Herzogtümer im Januar 1867 zu einer preußischen Provinz gemacht wurden,[214] fand diese Maßnahme unter den Föhringern keine Zustimmung. Auf der Insel herrschte allgemein die Auffassung, auch unter den Schleswig-Holsteinern, daß man lieber dänisch geblieben wäre als preußisch zu werden.[215] Doch nach und nach arrangierte man sich wohl mit dem Preußischen.

In den folgenden Jahren hielt ich mich ja selten zu Hause auf, aber ich weiß doch ein wenig von den Verhältnissen jener Zeit, besonders im Hinblick auf Westerlandföhr. In dem ersten Jahrzehnt nach 1864 gab es gewissermaßen auf Westerlandföhr keine Personen mit deutscher Gesinnung. Diese verbreitete sich erst, als die Jungen, die in die deutsche Schule gingen, heranwuchsen. Die wirtschaftlich guten Jahre unter Preußen förderten diese Entwicklung, und Deutschlands politische Größe erweckte Eindruck. Zusätzlich wurden die jungen Männer durch den deutschen Militärdienst geprägt, mit dem sie sich gegen Ende des Jahrhunderts zunehmend abfanden.

Besondere Aktivitäten für das Dänische entspannen sich hier strenggenommen nicht, abgesehen davon, daß man dem dänischen Kandidaten Knudsen aus Trøjborg (vgl. Abb. 61) seine Stimme gab. Nach meiner Rückkehr aus Amerika sandte man unserem dänischen Vertrauensmann Hansen[216] die dänischen Stimmzettel zur Verteilung zu. Aber er kümmerte sich überhaupt nicht darum und beschränkte sich darauf, die Zettel entgegenzunehmen, die man ihm geschickt hatte. Die Wahl ging wie bei der Abstimmung von 1920 vonstatten: Im Wahllokal sollten Stimmzettel auslegen, und ein Kuvert erhielt man vom Wahlvorstand. In dieses steckte man den Stimmzettel jener Partei, die man stützen wollte. Bei einer dieser Wahlen suchte ich diesen Vertrauensmann auf und fragte, ob er nicht einen dänischen Stimmzettel für mich habe. – „Ja", sagte er, „interessierst du dich dafür? – Hier hast du das Ganze!" Darauf gab er mir den gesamten Packen, und ich schrieb nach Tondern, daß ich seine Aufgabe übernommen habe. Zu den nachfolgenden Wahlen wurden die dänischen Stimmzettel fortan an mich geschickt, und ich ging herum und verteilte sie an die wenigen, von denen ich wußte, sie würden dänisch stimmen. Die übriggebliebenen Zettel legte ich am Morgen vor der Wahl ins Wahllokal, aber wenn ich im Laufe des Vormittags wieder hereinschaute, waren die dänischen Stimmzettel stets verschwunden, und ich habe nie herausfinden können, wer sie dort entfernt hatte. – Nach Auszählung der Stimmen gab ich das Ergebnis telegrafisch durch. Zeichnete sich eine Stichwahl ab, bei der der dänische Kandidat ja nicht in Betracht kam, erschienen die dänischen Wähler oft bei mir und fragten: „Wem sollen wir nun unsere Stimme geben?" – „Wir Dänen stimmen für die Freisinnigen[217]", antwortete ich dann. Hier bot sich für mich ja auch die Gelegenheit, mit den Leuten unter vier Augen meine Ansichten im Hinblick auf die

Wahlen und andere Dinge zu erörtern, doch habe ich dabei niemals irgendwelches Aufsehen erweckt. Meine Einstellung ist zwar dänisch, aber nicht dergestalt, daß ich jeden Deutschen niederrennen möchte. Das habe ich zu keiner Zeit getan, denn wir sind alle Menschen, und sowohl die Deutschen als auch die Dänen besitzen gleichermaßen ihre guten wie schlechten Seiten. Darüber hinaus gab es hier für dänische Kundgebungen keinen Nährboden. Man ging auf in den allgemeinen politischen und ökonomischen Strömungen. Niemand glaubte an die Möglichkeit einer Wiedervereinigung mit Dänemark. Selbst als der Krieg von 1914–18 sich in die Länge zog oder später, unmittelbar nach Deutschlands Niederlage, glaubte kaum einer daran. Dementsprechend verschwindend gering war die Zahl der dänischen Stimmen hier in Oldsum, wo ganz Westerlandföhr abstimmte.

Um die Jahrhundertwende – oder eher etwas später – wirkte in Oldsum der aus Smedager in Nordschleswig gebürtige Schulmeister Peter Hansen[218]. Er war vorher Lehrer auf Röm gewesen, wurde später jedoch nach Süden versetzt, weil er seine dänische Gesinnung hatte durchblicken lassen. Nun kam er also nach Oldsum. Er lebte als Junggeselle und hatte überall – auch sooft er mich besuchte – seine lange Pfeife dabei. Wenn ich zu ihm sagte: „Es wird langsam Zeit, daß du heiratest, Hansen", antwortete er stets: „Ich bin mit meiner Pfeife verheiratet!" Die Versetzung vermochte allerdings seine dänische Einstellung nicht zu kurieren. Auch die Deutschen konnten im Gespräch mit ihm merken, daß er dänisch gesinnt war. Einmal gingen mir am Vortage einer Wahl die Stimmzettel aus. Darauf begab ich mich zu Lehrer Hansen und fragte: „Hast du nicht ein paar dänische Stimmzettel?" Er antwortete weder mit Ja noch mit Nein. Er war wohl vorsichtig, denn das mußte er als Schullehrer in der Tat sein. Doch ich sagte zu ihm: „Wenn du welche hast, kannst du sie mir getrost überlassen." Da gab er mir die Zettel, die ich brauchte. Ich weiß nicht, von wem er sie hatte. Dieses geschah sicher anläßlich jener Wahl, bei der er im Wirtshaus, wo die Wahl stattfand, einige dänenfreundliche Bemerkungen fallen ließ, über die sich die anwesenden Deutschen ziemlich befremdet zeigten.[219]

Kurz darauf zog er von der Insel fort und hat seitdem an verschiedenen Orten Südschleswigs oder Holsteins unterrichtet. Im Jahre 1919 erhielt er eine Anstellung in Apenrade. Vor drei bis vier Jahren hat er mich hier auf Föhr besucht.

Es machte auf viele einen günstigen Eindruck, als 1914 für die dänischen Veteranen ein Ehrensold gestiftet wurde. Bereits im Oktober 1913 hatten wir hier auf Föhr in den Zeitungen lesen können, daß ein jeder, der am Krieg 1864 auf dänischer Seite teilgenommen habe, 100 Kronen jährlich erhalten könne, wenn er sich beim dänischen Finanzministerium meldete. Die Angelegenheit erweckte auf der Insel große Aufmerksamkeit. Es lebten hier damals noch 15 Veteranen, unter denen ich der jüngste war; jetzt sind es nur noch fünf.

„Du bekommst nichts", sagten die Leute zu mir, „denn du bist ja ein wohlhabender Mann und nicht bedürftig." – „Falls ich nichts bekomme", entgegnete ich, „so kann es mir gleich sein. Ich leide ja keine Not, und ich wurde überdies unter Hammer gut bezahlt und habe daher keine weiteren Forderungen. Aber wenn alle anderen dänischen Veteranen etwas bekommen, warum sollte dann nicht auch ich etwas erhalten?" – „Alle anderen dänischen Veteranen! Nein, das glauben wir ganz gewiß nicht, daß diejenigen, die in Deutschland wohnen, etwas bekommen." – „Da kennt ihr aber das dänische Volk nicht", antwortete ich. Und ich behielt recht damit.

Der Weltkrieg 1914 – 1918

Im selben Jahr begann der große Krieg. Er kam auch die Insel Föhr teuer zu stehen: alle jungen Männer eingezogen, etwa 180 Gefallene, und dann der ökonomische Ruin.

Die allermeisten glaubten fest an einen bevorstehenden deutschen Sieg, doch bereits am 4. August, als England den Krieg erklärte, sagte ich zu meinem Nachbarn Ernst P. Rolufs (vgl. Abb. 62): „Nun wird Deutschland den Krieg verlieren. England wird uns aushungern." Darüber geriet er in Zorn und entgegnete: „Dann solltest du der erste sein, der an Hunger stirbt", und als Ingke wenig später dort hereinschaute, fuhr er sie an: „Du brauchst dich hier durchaus nicht mehr blicken zu lassen. Juchem sagt, wir würden den Krieg verlieren!" Ingke kam deshalb weinend zu mir nach Hause. Wir suchten darauf die Frau [220] unseres Nachbarn auf, die uns sogleich beruhigte: „Das dürft ihr euch nicht zu Herzen gehen lassen! Es wird sich schon

Abb. 62: Ernst und Christine Rolufs ca. 1897. Ernst Philipp Rolufs (18.4.1874 in Toftum – 1952 in Hamburg); Tischler und Landwirt in Toftum Nr. 193 (heute Christfried Rolufs); GRL 125, 124 151 3; nach einem kurzen Amerika-Aufenthalt zog er 1927 nach Hamburg; dort arbeitete er als Tischler auf einer Werft (vgl. Anm. 320); Ernst war seit dem 10.9.1897 verheiratet mit Christine Margaretha Sörensen (6.9.1875 in Oevenum – 9.7.1960 in Toftum); sie war eine Enkelin des bekannten Oevenumer Lehrers Lorenz Sönke Sörensen (1814–1893).

Abb. 63: Ingwert Cornelius Braren (9.3.1855 in Oldsum – 17.2.1942 in Oldsum); Landwirt in Oldsum Nr. 46 (heute Jan Nickelsen); GRL 142, 151 631.

Abb. 64: Robert Cornelius Rolufs (10.3.1898 in Toftum – 1966 in New York) ca. 1920; zunächst Landwirt in Toftum, 1921 in die USA ausgewandert; GRL 125, 124 151 31.

wieder einrenken." Danach hat es zwischen ihnen und uns niemals wieder Schwierigkeiten gegeben, doch wagten wir mit ihnen nicht mehr über den Krieg zu sprechen.

Ich stand mit meiner Auffassung möglicherweise nicht ganz allein da. Ein Mann aus Oldsum, Ingwert Braren (vgl. Abb. 63), äußerte sich mir gegenüber bei Ausbruch des Krieges: „Hast du meinen Großvater Christian Diedrich Roeloffs gekannt? Er pflegte immer zu sagen: Wenn es einen gerechten Gott gibt, können wir nicht Preußen bleiben." So dachten allerdings die wenigsten, denn die ersten beiden Jahre vertraute man auf den Sieg. Wir – d. h. insgesamt etwa ein Dutzend Personen – versammelten uns in dieser Zeit jeden Tag bei einem meiner Nachbarn[221] zu einer gemütlichen Runde, deren Gespräch sich natürlich immer wieder um den Krieg drehte. Lange vertrat ich als einziger die Ansicht, der Krieg sei verloren. Aber dann, nachdem etwa zwei Jahre ins Land gegangen waren, streckte der deutsche Kaiser seine Friedensfühler aus, auf die Frankreich jedoch überhaupt nicht reagierte. Von diesem Zeitpunkt an mehrten sich allmählich die Zweifel über den Ausgang des Krieges, ja, man hielt eine Niederlage Deutschlands nicht mehr für ausgeschlossen. „Vielleicht bekommt Juchem doch recht!" hörte man sie nun öfter sagen. Im Spätsommer 1918 kam der Sohn des Nachbarn, über den ich vorhin berichtete, auf Urlaub. Dieser Sohn (vgl. Abb. 64) machte mir einen Besuch. „Na", fragte ich, „wie steht es?" – „Schlecht", antwortete er, „wir verlieren." – „Hast du das auch deinem Vater erzählt?" – „Ja, das habe ich." – „Und was hat er da gesagt?" – „Er sagte: ‚Jetzt kriegt Juchem doch recht', und ich entgegnete darauf meinem Vater: ‚Das solltest du Juchem sagen.' ‚Nein', sagte mein Vater, ‚das tue ich nicht, aber gehe du hin und sage es ihm.'"

Bald darauf war Deutschlands Niederlage eine Tatsache.

Die Abstimmungszeit

In der unmittelbaren Nachkriegs- und Abstimmungszeit trat die nationale Frage plötzlich in den Vordergrund. Nach Deutschlands Zusammenbruch erwartete man im allgemeinen eine Erfüllung des Paragraphen 5 des Prager Friedensvertrages[222], obwohl sicher kaum einer damit rechnete, daß Dänemark sich nun das Land wiedereinverleiben würde.[223] Von all diesen Dingen wußten wir allerdings nur recht wenig. Als die Zoneneinteilung ins Gespräch kam, glaubten viele, die Abstimmung solle in der ersten und zweiten Zone gleichzeitig abgehalten werden, andere, die Abstimmung würde in jeder Zone gesondert stattfinden. Hier auf Föhr gingen im übrigen keine Petitionslisten herum.

Die Deutschen machten als erste auf sich aufmerksam. Ihre erste Zusammenkunft hielten sie wohl schon gegen Weihnachten 1918 ab. Ernst P. Rolufs hatte die Einladung mitunterzeichnet; er war so deutsch gesinnt wie viele auf Föhr. Es hatten sich nur etwa zwanzig Menschen eingefunden. Auch ich ging dorthin und wohnte ebenso den späteren deutschen Veranstaltungen bei. An den Namen des Redners kann ich mich nicht erinnern, aber er begann mit folgenden Worten: „Ich stehe hier ausnahmsweise auf altem dänischen Boden. Westerlandföhr gehörte bis 1864 als dänische Enklave zum Amt Ripen." Die Deutschen stritten auf ihren Zusammenkünften keineswegs ab, daß Westerlandföhr Teil des dänischen Reiches gewesen war, sie fügten dem aber gleichzeitig hinzu, dieses Land sei wie das übrige Schleswig von altersher deutsch. Am Schluß wurde über eine Resolution abgestimmt, und jeder, der an der Abstimmung teilnehmen wollte, sollte sich von seinem Platz erheben. Nur ich und drei andere blieben sitzen.

Bei einer der folgenden Versammlungen wurde am Ende *Deutschland, Deutschland über alles* gesungen. Ich und einige andere erhoben sich nicht. Hinterher bemerkte der Amtsvorsteher von Westerlandföhr (vgl. Abb. 66) – es handelte sich nicht um den jetzigen –: „Ich glaube, es gab einige, die sitzen geblieben sind. Bei der Nationalhymne müssen alle aufstehen." Auf der nächsten Veranstaltung verließen wir vor dem Deutschland-Lied den Raum. Ich hörte den einen sagen: „Da geht der alte Juchem, und die anderen folgen. Wenn Juchem hinginge, um sich ins Wasser zu stürzen, die anderen täten es ihm gleich."

Um den 10. Juni 1919 herum telegrafierte Cornelius Petersen (vgl. Abb. 67) mir, ob ich nicht Lust hätte, zusammen mit einigen Freunden eine Fahrt nach Dänemark zu unternehmen. Wie viele das sein sollten, stand dort nicht. Die Reise würde von der dänischen Grenze an und bis zu dieser zurück kostenfrei sein. Damals kannte ich Cornelius Petersen noch nicht und wußte nicht, wer er war. Er hatte meine Adresse von Thorvald Petersen aus Tondern erhalten. „Ernst P. Rolufs soll der erste sein, den ich auffordere", sagte ich zu Ingke. – „Nein", meinte sie, „das geht doch nicht!" – „Aber ja, er wird der erste sein", und so geschah es. Für ihn und viele andere wurde diese Reise zu einem Schlüsselerlebnis. Er ist seitdem dänisch gesinnt gewesen.

**ZONENEINTEILUNG BEI DER VOLKS-
ABSTIMMUNG IN SCHLESWIG 1920**

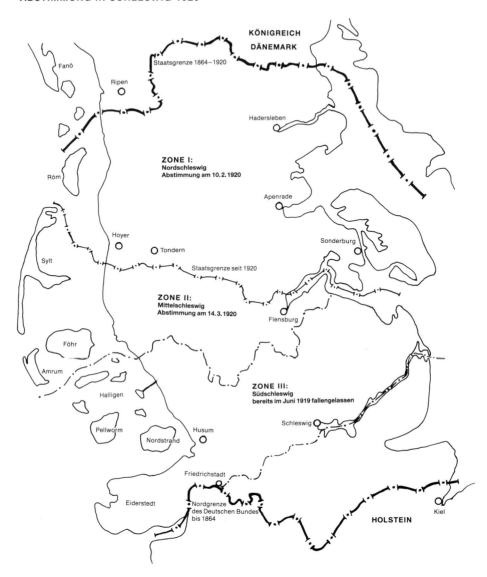

Abb. 65: Die Zoneneinteilung bei der Volksabstimmung 1920. Die Bevölkerung der I. Zone (Nordschleswig) stimmte am 10.2.1920 in einer *en bloc*-Abstimmung mit 74,2% für Dänemark; deutsche Mehrheiten gab es allerdings u. a. in Hoyer, Tondern, Apenrade und Sonderburg. Die Abstimmung in der II. Zone (Mittelschleswig), die gemeindeweise abgehalten wurde, erbrachte am 14.3.1920 mit 79,7% eine klare Entscheidung für Deutschland; dänische Mehrheiten gab es lediglich auf Westerlandföhr in den Gemeinden Utersum, Hedehusum und Goting (vgl. Abb. 118). Die ursprünglich geplante und umstrittene III. Zone in Südschleswig war bereits im Sommer 1919 auf Wunsch der dänischen Regierung ad acta gelegt worden; vgl. Fink, Da Sønderjylland blev delt, Bd. 2, S. 11 ff., und Bd. 3, S. 12 ff.

Abb. 66: Johannes Früdden (27.2.1851 in Klintum – 21.1.1919 in Oldsum); lebte in Oldsum Nr. 104 (heute P. Braren); Kapitän auf verschiedenen Schiffen für *Laeisz*, Hamburg; später Landwirt und längere Zeit Gemeindevorsteher in Oldsum-Klintum; 1909–18 Amtsvorsteher und Deichgraf von Westerlandföhr; GRL 142, 163 99.

Abb. 67: Cornelius Petersen (6.9.1882 in Tating – 25.5.1935 in Mögeltondern); Besitzer des Hofes Vester Anflod bei Mögeltondern; er begriff das Herzogtum Schleswig als eine Einheit und setzte sich für einen Anschluß ganz Schleswigs bis zum Danewerk an Dänemark ein, nachdem in der Abstimmungszeit deutlich wurde, daß Nordschleswig unabwendbar an Dänemark fallen würde; dabei war er als „Schleswiger" keineswegs nationaldänisch gesinnt; im Falle eines Anschlusses an Dänemark schwebte ihm für die friesische und deutsche Bevölkerung eine weitgehende Selbstverwaltung vor; für Aufsehen sorgten seine Flugschriften „Die Schleswigsche Frage vom Standpunkt eines Bauern" (1919) und „Die friesische Bewegung" (1919); vgl. Dansk Biografisk Leksikon, Bd. 11, S. 277–278; Steensen, Die friesische Bewegung in Nordfriesland, S. 126 ff., und Volquardsen, Cornelius Petersen-Westeranflod, in: Zwischen Eider und Wiedau 1983, S. 118 ff.

So ging ich herum und fragte mehrere, die ich kannte, ob sie mitkommen würden. Als sich das herumsprach, meldeten sich innerhalb kürzester Zeit wenigstens zwanzig Interessenten, aber so viele wagte ich nicht mitzunehmen. Von Föhr nahmen sechs Mann teil: Christian Lorenzen (vgl. Abb. 122) und Ernst Rolufs aus Toftum, Peter Sönke Petersen[224] aus Klintum, Max Simonsen (vgl. Abb. 76) und Jan Richard Nickelsen (vgl. Abb. 77) aus Oldsum und schließlich ich selbst. Jan Richard ist ein Sohn des Gangfersmannes Nickels Jung-Rörd Nickelsen, über den ich bereits mehrfach berichtet habe. An drei bis vier weiteren Ausflügen nach Jütland, auf denen ich nicht dabei war, beteiligten sich jeweils 12 bis 15 Personen. Niels Skrumsager (vgl. Abb. 94) auf Toftlundsgård leitete diese Fahrten.[225] An diesen Touren nahmen unter anderem teil (vgl. Abb. 68–75): Heinrich Christiansen als einziger von Toftum, Friedrich Schmidt[226], Brar Matzen und Julius Riewerts aus Oldsum, Friedrich Christian Braren aus Süderende, Riewert Jensen[227] aus Dunsum, Volkert F. Faltings und Nanning Nickelsen aus Utersum, Sören Pedersen[228] und Gustav Matthiesen[229] aus Hedehusum, Emil Juhl und Andreas Thomsen mit Sohn aus Alkersum sowie einige weitere Osterlandföhringer, deren Namen ich nicht kenne.

Die erste Reisegruppe bestand aus insgesamt 46 Personen, davon sechs von Föhr. Von Sylt kamen ebenfalls sechs, von Niebüll zwei, von Neukirchen einer, von Eiderstedt sieben, darunter ein Hotelwirt Duhm[230] sowie ein Mann namens Jacob Rohde und einer namens Bahne Lorenzen und endlich Cornelius Petersen selbst. Die übrigen waren Friesen vom Festland, an die ich mich nicht näher erinnere.

Abb. 68: Heinrich Christiansen (1857 in Oevenum – 8. 2. 1927 in Toftum); Landwirt in Toftum Nr. 176 (heute Hinrich Christiansen); GRL 1165.

Abb. 69: Brar Riewert Matzen (2. 3. 1873 in Oldsum – 28. 11. 1957 in Oldsum); Landwirt in Oldsum Nr. 36 (heute E. Braren/J. Ketelsen); Brar war Christian Lorenzens Schwiegervater (vgl. Abb. 122); GRL 161, 518 169.

Abb. 70: Julius Georg Riewerts (24. 4. 1857 in Oldsum – 7. 5. 1929 in Oldsum); Holzhändler und Landwirt in Oldsum Nr. 37 (heute Roluf Riewerts); GRL 355, 473 113.

Abb. 71: Friedrich Christian Braren (10.10.1843 in Süderende – 8.1.1925 in Süderende); Landwirt in Süderende Nr. 246 (zuletzt Julius Braren); GRL 142, 151 232.

Abb. 72: Volkert Friedrich Faltings (21.9.1895 in Utersum – 8.3.1967 in Utersum); Landwirt in Utersum Nr. 13 (heute Johann Faltings); er war ein Enkel von Volkert F. Faltings (vgl. Abb. 25); GRL 727, 236 526 5.

Abb. 73: Nanning Conrad Nikkelsen (14.6.1886 in Utersum – 15.7.1933 in New York); Kaufmann in New York; er starb, während er sein Haus in Utersum Nr. 57 (heute Brar Nickelsen) erbaute; GRL 705, 246 621 7.

Abb. 74: (Eduard Paul) Emil Juhl (4.8.1887 in Hönschnapp b. Flensburg – 2.9.1979 in Alkersum); Landwirt in Alkersum.

Abb. 75: Andreas Thomsen (4.8.1859 in Nordschleswig – 30.4.1932 in Alkersum); Viehhändler und Landwirt in Alkersum; links im Bild sein Sohn Karl Andreas Thomsen (24.12.1888 in Alkersum – 14.1.1982 in Alkersum); Landwirt.

An einem Sonntag, unmittelbar nach dem Gottesdienst, ging die Reise per Wagen in Richtung Wyk los. Um uns herum standen die Leute und fragten: „Wo wollt ihr denn hin?" – „Nach Dänemark!" wurde vom Wagen geantwortet. „Nach Kopenhagen", fügte ich hinzu, „und von dort werden wir nach Paris geschickt, um den Friedensvertrag zu unterzeichnen." Kurz vor unserer Abfahrt sagte ich noch auf dänisch: „Und nun fangen wir an, Dänisch zu sprechen. Lebt wohl!"

Nachdem wir abgefahren waren, sagten diejenigen, die zurückblieben, zu meiner Frau: „Juchem hatte doch recht mit seiner Ansicht, der Krieg sei verloren!" Im Verborgenen hatte sich noch aus alter Zeit ein starkes dänisches Element in der Föhrer Bevölkerung gehalten, aber die Dänischgesinnten glaubten bis dahin nicht, ihre Ziele jemals verwirklichen zu können. Solange sich in diesen Dingen keinerlei Aussichten für die Zukunft eröffneten, blieben sie im Hintergrund und wagten nicht, sich öffentlich zu ihrem Dänentum zu bekennen. Insofern war es [für das Dänentum in Schleswig] von solch großer Bedeutung, daß Deutschland den Krieg verlor. Erst von diesem Zeitpunkt an begannen sich die Verhältnisse zu ändern. Die Reise vom Juni 1919 war die erste dänischorientierte Aktion, die sich spürbar auf der Insel niederschlug.

Auf dem Wagen unterhielten wir uns lange über Deutschland und Dänemark. „So schlimm, wie du es prophezeist, kann es doch für Deutschland gar nicht werden", meinten sie. Doch es kam in Wirklichkeit noch viel schlimmer.

In Tondern, wo wir übernachteten, trafen wir mit den übrigen Teilnehmern von Sylt, Eiderstedt und dem Festland sowie mit Cornelius Petersen zusammen. Wir waren allesamt Friesen, teils aus der zweiten, teils aus der dritten Zone. Von Tondern fuhren wir alle mit dem Zug nach Sommersted[231]. Cornelius Petersen hatte mir telegrafiert, daß wir uns um einen Paß nicht zu kümmern brauchten. Nur die Syltringer besaßen einen gültigen Paß; sie setzten deshalb ihre Reise in Sommersted fort und erreichten Århus bereits am selben Nachmittag. Für die anderen – sowohl von Föhr als auch vom Festland – verzögerte sich die Weiterreise ein wenig. Wir stiegen in Sommersted um und fuhren nach Skodborg[232]. Von dort aus wollte Cornelius Petersen versuchen, Niels Skrumsager zu erreichen, aber er wußte nicht, wo er wohnte. Während ein Schornsteinfeger uns den Weg zeigte, kam Niels Skrumsager im selben Augenblick in einem Wagen vorbeigefahren. Als er hörte, was wir auf dem Herzen hatten, bat er uns, erst einmal in der Gastwirtschaft Platz zu nehmen und uns ganz ruhig zu verhalten, um so wenig Aufsehen wie möglich zu erregen.

So kehrten wir ein und bestellten ein paar Bier, danach eine Runde Kartoffeln zu Mittag. Es war ja die Zeit der Rationierungen. Als der Wirt erfuhr, daß wir keine Pässe bei uns hatten, setzte er uns in einen separaten Raum, wo niemand uns bemerken konnte.

Am Nachmittag kam Niels Skrumsager zurück. Er wechselte für uns etwas Geld – ich erhielt 23 Kronen für 100 Mark – und erklärte uns gleichzeitig, wie wir uns im weiteren zu verhalten hätten. „Ich habe mit dem deutschen Grenzposten gesprochen", sagte er, „die Sache ist abgemacht. Sie verlangen 100 Mark", – ich meine, es waren Mark und nicht Kronen –, „dann könnt ihr heute abend um 10 Uhr die Grenze passieren." Ein Mann in Zivil würde uns den Weg zeigen. Darauf gaben wir Niels Skrumsager das Geld, und er hat es wohl weitergeleitet.

Auf einem Feldweg gelangten wir zunächst zu einem Bauernhof, wo ein Wagen auf uns wartete. Von diesem wurden wir so nahe an die Grenze herangebracht, wie der Kutscher uns zu fahren getraute. Nach einem zehnminütigen Fußmarsch kamen wir in ein kleines Gehölz. Dort mußten wir warten, während unser Führer in Zivil weiterging, um herauszufinden, ob die Luft rein war. „Ihr müßt euch ruhig verhalten", sagte er, „und wenn ich dreimal pfeife, geht rasch über die Brücke!" Wir lagen mittlerweile in einem Graben und warteten. „Jetzt sind wir in einem Schützengraben", scherzte ich. Unmittelbar darauf pfiff er. Während wir über die Brücke gingen, spielte im Wachlokal der Deutschen ein Grammophon oder Schifferklavier. „Hör 'mal, Juchem", sagte Max Simonsen, „nun spielen sie den *Düppeler Schanzen Marsch.*" – „Nein", entgegnete ich, „das ist: *Du bist der beste Bruder auch nicht.*" [233]

Danach gingen wir nach Vejen [234]. Als wir von zu Hause losfuhren, hatte Peter Sönke Petersen zu mir gesagt: „Juchem, wenn wir nach Dänemark kommen, werde ich dir einen Punsch ausgeben, weil du recht behalten hast." Diesen erhielt ich auch umgehend in Vejen. Ich hatte dagegen demjenigen, der mir den ersten *Danebrog* zeigte, ebenfalls einen Punsch versprochen. Bereits am Abend, als wir nach Vejen unterwegs waren, kam Christian Lorenzen zu mir und sagte: „Guck, Juchem, dort hängt ein *Danebrog*, den man vergessen hat einzuholen." – „Ja", sagte ich, „du sollst auch deinen Punsch haben. Aber nun nehmen wir vor dem altehrwürdigen *Danebrog* den Hut ab." So geschah es, und wir gingen einer nach dem anderen mit dem Hut in der Hand an der Fahne vorbei. Wenn Peter Sönke später neben mir ging und wir an einer Fahne vorüberkamen, pflegte er zu sagen: „Guck, Juchem! Nun nehmen wir den Hut ab!" Er meinte das mehr aus Spaß, aber beim erstenmal hatten es alle aus vollem Ernst getan. Sie wollten der dänischen Fahne Ehre bezeugen, als sie sie erstmalig zu Gesicht bekamen.

Von Vejen fuhren wir mit dem Zug weiter. Da bemerkte ich zu den übrigen: „Die Dänen sind ein ganz anderes Volk als die Deutschen, viel freundlicher, offener und einfacher." – „Ach", meinten sie, „da besteht wohl kein Unterschied." Aber bereits in Fredericia mußten sie mir recht geben. Dort tranken wir in der Nacht Kaffee, nachdem wir jahrelang keinen richtigen Kaffee mehr genossen hatten, und auf dem Tisch standen Kuchen, von denen sich jeder nach Belieben bedienen konnte.

„Wie schmeckt der Kaffee doch herrlich", sagte einer. „Ja, das habe ich euch ja erzählt. In Dänemark lebt es sich gut. Und so wie der Unterschied im Kaffee besteht, gibt es auch einen Unterschied zwischen den Menschen." Als wir bezahlen wollten, kam der Kellner und fragte jeden einzelnen von uns, wie viele Tassen Kaffee er getrunken und wie viele Kuchen er gegessen habe. „Drei Tassen Kaffee und fünf Kuchen", sagte Jan Richard Nickelsen. „Das kann doch wohl nicht angehen!" meinten wir anderen alle. „Doch! Wenn man wie ich fünf Jahre lang keine Kuchen bekommen hat, dann ist es doch wohl erlaubt, fünf Kuchen zu essen."

Wir wunderten uns alle sehr darüber, daß man bei dieser Art der Bewirtung nicht stärker kontrolliert wurde. Das wäre in Deutschland undenkbar gewesen, meinten sie. Allerdings hatte einer der Reisegesellschaft das Lokal verlassen, ohne zu bezahlen. Das erregte großes Mißfallen, als es im Zug die Runde machte. Christian Lorenzen hatte schließlich für seinen Nebenmann die Zeche gezahlt. Aber Peter Sönke sagte: „Eine Sache, die wir in Deutschland haben, fehlt hier freilich!" – „Na, Peter, um was handelt es sich denn?" – „Um Gendarmen!"

In Århus empfing uns ein junger Mann und führte uns um vier Uhr morgens zu einem Hotel. Dort erhielten wir sogleich eine rot-weiße Rose zum Anstecken. (Ich habe meine noch immer aufbewahrt.) Danach nahmen wir etwas zu uns, der eine mehr, der andere weniger, und legten uns für einige Stunden schlafen.

In Århus hielten wir uns ein paar Tage auf. Wir wurden herumgeführt, um die großen Fabriken, den Hafen, den Schlachthof, den Viehmarkt und vieles andere mehr zu besichtigen. Mehrfach machten wir auch per Automobil Abstecher in die ländliche Umgebung, wo wir uns verschiedene bäuerliche Betriebe und deren Ländereien, deren Wirtschaftsgebäude und Viehbestände ansahen. Alles war ganz anders, als wir es uns vorgestellt hatten. Zu Hause wurde

Abb. 76: Max Simonsen (6. 2. 1869 in Wyk – 7. 8. 1952 in Oldsum) und seine Frau **Pauline** geb. Christians; Händler in Toftum Nr. 182 (heute D. Harms) und von 1911–45 Gastwirt im „Nordfriesischen Gasthof" in Oldsum Nr. 123 (vgl. Abb. 92); GRL 1279.

sowohl gesagt als auch geschrieben, daß es um Dänemark genauso schlecht bestellt sei wie um Deutschland, ja, schlechter noch. Der Handel liege dort völlig darnieder, nachdem deutsche U-Boote die dänischen Schiffe versenkt hätten. Die Landwirtschaft sieche dahin, weil England keine Butter und keinen Speck mehr aus Dänemark importiere. Der Kohlenmangel lähme die Industrie, die Arbeitslosigkeit sei hoch, die mangelhaft ausgestatteten Armenhäuser überfüllt und das Volk ausgehungert. Ich hatte mir vorher wohl denken können, daß das meiste von dem nicht der Wahrheit entsprach, aber selbst ich war nun erstaunt zu sehen, wie gut es um alles stand. Die anderen hatten allesamt den deutschen Schilderungen mehr oder weniger Glauben geschenkt. Was man oft hört, hält man schließlich für eine Tatsache, oder man vermutet doch wenigstens *etwas* Wahres darin.

Nach den Informationen, die wir zu Hause bekamen, lag es nahe, gerade die ökonomischen Aspekte sowohl auf dieser Reise als auch später im Abstimmungskampf in den Vordergrund zu stellen. Eine eigentliche dänische Gesinnung aus fester Überzeugung durfte man wohl kaum voraussetzen; um so ehrlicher würde ein Bekenntnis zum Dänentum bei denen sein, die sich dafür gewinnen ließen. Das zeigte sich daran, daß auch nach 1920 viele an ihrer dänischen Gesinnung festhielten.

Alles war ja, wie gesagt, ganz anders, als wir es uns ausgemalt hatten. Auf dem Land sahen wir zahlreiche Musterbetriebe mit prämierten Viehbeständen, daneben aber auch das gewöhnliche Vieh auf den Weiden. Die Pferde seien wesentlich besser als bei uns, meinten die anderen – selbst verstehe ich nicht viel von diesen Dingen –, während die dortigen Kühe anscheinend nicht so groß und schwer seien, aber dafür würden sie eine Menge Milch geben.

In einem Krug neben einem dörflichen Bahnhof, wo wir gerade frühstückten, wollte Max Simonsen (vgl. Abb. 76), unser Gastwirt hier in Oldsum, mich betrunken machen, aber es gelang ihm nicht. Nach meiner Meinung haben wir uns überhaupt allesamt in Dänemark anständig betragen. Max Simonsen hatte nämlich gehört, daß ich in meinem bisherigen Leben lediglich dreimal betrunken gewesen sei. Er sagte darauf zu meinem Nebenmann: „Ja, dann wird er es jetzt ein viertes Mal werden." Doch ich hörte das und war infolgedessen auf der Hut. Dreimal betrunken gewesen zu sein, ist für unsere Verhältnisse ja nicht gerade viel. Bei meinem ersten Rausch war ich noch ein Halbwüchsiger, der nicht mit dem Alkohol umzugehen wußte. Ich hatte an einem Tanzvergnügen teilgenommen. Als ich nach Hause kam, wollte es mir nicht so recht gelingen, ins Bett zu finden. Meine Mutter bemerkte das und begann darüber zu weinen. Ich versprach ihr, daß dieses nicht öfter geschehen sollte. Das zweite Mal war an einem Vormittag in Kopenhagen, nachdem ich zusammen mit der übrigen Mannschaft gerade nach Grönland angemustert hatte. Da zogen wir los und tranken uns voll. Das dritte Mal passierte es in New York kurz nach meiner Heirat. „Aber Juchem, das hätte ich nicht von dir erwartet, als ich dich heiratete", sagte Ingke. Ich schämte mich außerordentlich. „Ich gebe dir meine Hand darauf", antwortete ich, „es soll nie wieder vorkommen." – Ich erinnere mich an einen Arzt, den man rief, als ich einmal Lungenentzündung hatte, und der zu mir sagte: „Du bist ja ein starker Kerl, Juchem! Du kannst sicherlich ein wenig starke Medizin vertragen. Du trinkst wohl nicht?" – „Nein", antwortete ich, „ich bin lediglich dreimal betrunken gewesen." – „Nur dreimal?" sagte er darauf zu Ingke. „Ist das wirklich wahr? Ich bin dreihundertmal betrunken gewesen!"

Wir besichtigten ebenfalls das Schloß Rosenholm. Dieses hat vier Türme, von denen damals vier *Danebrogs* wehten. Dort tranken wir Kaffee. „Juchem, sind wir jetzt im Himmel?" fragte Max. – „Nein, noch nicht, Max!" – „Aber besser als hier kann es im Himmel auch nicht sein."

Wir segelten ferner hinaus zu einer Stelle namens Ørnereden, einem sehr hübschen Ort.

In Århus waren wir sehr beeindruckt von den großen Fabriken, ja, überhaupt von allem. Unten am Hafen lag ein riesiges Dieselmotorschiff. Ich bin an Bord vieler Schiffe gewesen, aber niemals auf einem solch stattlichen und schmucken. Wir hörten zu unserem Erstaunen, daß es eine dänische Erfindung sei, Dieselmotoren in Schiffen zu verwenden. – Übrigens befanden wir uns auch an Bord des Liniendampfers nach Kopenhagen. Dort war es außerordentlich gepflegt.

Viele meiner Reisebegleiter kamen zu mir und sagten: „Die Dänen sind ein ganz anderes Volk als die Deutschen. Dieses Volk ist genauso, wie du es beschrieben hast. Wir konnten nicht glauben, was du sagtest, aber es entspricht der Wahrheit."

Jan Richard Nickelsen (vgl. Abb. 77) und zwei von Eiderstedt besuchten das Armenhaus[235]. „Na, wie war es im Armenhaus?" fragten wir. – „Es war überhaupt kein Armenhaus. Hier in Århus gibt es nur reiche Häuser." – „Habt ihr einige Armenhäusler gesehen?" – „Nur einen, und dann noch einen halben." – „Was heißt das?" – „Er hatte lediglich ein Bein." – „Wie kann es angehen, daß sich dort keine Leute im Armenhaus befinden?" – „Ja, alle alten Menschen kommen in ein Altersheim, und dort geht es ihnen gut."

„Habt ihr den König gar nicht gesehen?" fragte Jan Richard. Er war gerade in diesen Tagen mit der *Danebrog* in Århus eingetroffen. „Nein!" – „Aber wir haben ihn gesehen!" – „Nun, ist er nicht ein Mensch wie jeder andere hier in Dänemark?" – „Nein – denn er überragt einen gewöhnlichen Mann um Kopfeslänge!"

Am letzten Abend gab es noch eine Veranstaltung in einem großen Saal, bevor wir am nächsten Morgen nach Vejle weiterreisten. Dort verbrachten wir den Tag. Zunächst besuchten wir eine riesige Baumwollspinnerei. Am Nachmittag unternahmen wir einen Ausflug in die ländliche Umgebung. Auch in dieser Gegend gab es für uns viele schöne Dinge zu sehen.

Abb. 77: Jan Richard Nickelsen (31.7.1867 in Toftum – 22.6.1942 in Oldsum); Landwirt in Oldsum Nr. 98 (heute Julius Nickelsen); war neben Juchem einer der führenden Köpfe des Dänentums auf Westerlandföhr; GRL 161, 757 422.

Die Reise dauerte vom 13. bis zum 23. Juni[236], und genau in dieser Zeit erhielten wir die Nachricht, daß die dritte Zone aufgehoben werden sollte. In Fredericia – auf dem Wege von Vejle nach Kopenhagen – nahmen wir aus diesem Grunde an einer Protestkundgebung teil, auf der sich Niels Skrumsager, Redakteur Christiansen (vgl. Abb. 78) aus Flensburg und Schuhfabrikant Petersen[237] aus Kopenhagen gegen die Absicht aussprachen, die Abstimmung in der dritten Zone fortfallen zu lassen.

Cornelius Petersen liebt es ja, alles ein wenig groß aufzuziehen. Er packte mich am Arm und zerrte mich umher, wobei er den Anwesenden zurief: „Hier ist einer aus Kapitänleutnant Hammers Mannschaft; er ist der einzige Veteran, den wir dabeihaben." Darauf riefen die Leute natürlich hurra, doch ich setzte mich auf einen Stuhl. „Du solltest nicht auf dem Stuhl sitzen, du solltest auf diesem stehen", sagte Cornelius Petersen, aber das lehnte ich ab. Schließlich rief jemand: „Wenn wir uns alle hinsetzen, werden wir ihn wohl sehen können."

Ich hielt im übrigen nicht besonders viel von Cornelius Petersen. Auf unserer Reise nach Dänemark konnte er einem am Vormittag diesen, am Nachmittag jenen Bescheid geben. Darüber hinaus waren mir seine Manieren zu grobschlächtig.

In Kopenhagen kamen wir viel in der Stadt herum. Wir besichtigten den Hafen und einige große Fabriken, darunter Jørgen Petersens Schuhfabrik. Auf unserem Besuchsprogramm stand auch Thorvaldsens[238] Museum und die Glyptothek[239]. – Eines Tages, als ich mit Cornelius Petersen hinabging an den Holmens Kanal, lag dort an Holmens Bro (Brücke) ein Schiff, das ich sofort wiedererkannte. „Dieses Schiff heißt *Constance*", sagte ich. „Wie kannst du das wissen?" entgegnete er, „das kannst du aus dieser Entfernung doch gar nicht lesen." – „Nein, aber ich bin mit ihm 1867 nach Grönland gesegelt." – Als wir näher herankamen und nachsahen, handelte es sich tatsächlich um die *Constance*[240]. Sie wurde jetzt als Schulschiff für angehende Schiffsköche eingesetzt.

Abb. 78: (Johan) Ernst Christiansen (19.9.1877 in Vejbæk, Nordschleswig – 26.2.1941 in Flensburg); 1906 Chefredakteur von *Flensborg Avis*; im Grenzkampf zusammen mit Kloppenborg-Skrumsager (vgl. Abb. 98) engagierter Verfechter der Schlei-Danewerk-Eider-Linie als spätere dänische Südgrenze; als Mitglied des dänischen Ausschusses für Mittelschleswig eine der führenden Kräfte des Dänentums in der 2. Zone; bei der Gründung des Grenzvereins 1920 spielte er eine maßgebliche Rolle; 1940 Schreibverbot; vgl. Dansk Biografisk Leksikon, Bd. 3, S. 361–362.

Wir besichtigten auch Schloß *Christiansborg* (vgl. Abb. 79). Nachdem wir dort gegessen hatten, wohnten wir in einem der Säle einer Parlamentsdebatte bei. Anschließend begegneten wir Staatsminister Zahle (vgl. Abb. 80), der uns eine kleine Ansprache hielt. Er führte aus, daß in Dänemark ohnehin schon 40000 Deutsche leben würden. Im Austausch dafür übernehme die dänische Regierung gern die dänischgesinnten Schleswiger, aber sie wolle sich dabei keine 80000 Krakeeler nach Dänemark holen.[241] – Von Föhr war ich der einzige, der seine Rede verstanden hatte, so daß ich den anderen nachher erzählen mußte, über was er gesprochen hatte.

An einem Sonntagvormittag machte ich allein einen Spaziergang hinaus nach Christianshavn[242], um die alten Orte wiederzusehen, an denen ich mich damals aufgehalten hatte, als ich nach Grönland fuhr. Am Ende konnte ich nicht wieder zurückfinden und erkundigte mich schließlich bei einem jungen Fräulein von etwa 30 bis 40 Jahren nach dem Weg. „Wo wollen Sie denn hin?" fragte sie. – „Zum *Missionshotel* in der Løngangsstræde." – „Und wo kommen Sie her?" – „Ich habe einen kleinen Ausflug nach Christianshavn unternommen." – „Aber am Sonntagmorgen treibt man sich doch nicht in den Straßen herum!" – „Ich bitte um Verzeihung", entgegnete ich, „zu Hause pflege ich ja auch jeden Sonntag in die Kirche zu gehen, aber einer dänischen Predigt kann ich nicht so gut folgen." – „Dann verstehen Sie sicherlich einen deutschen Gottesdienst. Ich kann an Ihrer Sprache hören, daß Sie ein Deutscher sind. Wo stammen Sie her?" – „Von Föhr." – „Ja, dann sind Sie natürlich ein Deutscher! Ich bin es auch. Kommen Sie nur mit mir!"

Sie führte mich daraufhin zu der deutschen St. Petri-Kirche (vgl. Abb. 81). Unterwegs erzählte ich ihr, daß sich noch weitere Friesen von Sylt, Eiderstedt und dem Festland hier oben aufhalten würden.

Nach dem Gottesdienst blieb sie vor der Kirche stehen und wartete. „Hier ist heute ein

Abb. 79: Schloß *Christiansborg* in Kopenhagen; Sitz des dänischen Reichstages, der bis 1953 aus zwei Kammern bestand, dem *Folketing* und dem *Landsting*; das Foto zeigt das Gebäude in der Form nach 1884.

Abb. 80: Carl Theodor Zahle (19.1.1866 in Roskilde – 3.2.1946 in Gentofte); dänischer Staatsminister (Ministerpräsident) 1913–20; mahnte die dänische Seite zur Mäßigung in ihren Forderungen gegenüber dem Deutschen Reich und befürwortete lediglich den Wiederanschluß solcher Teile Schleswigs, die eine dänische Mehrheit ergeben würden; in den Augen seiner Kritiker gab er mit dieser weitsichtigen Politik Südschleswig den Deutschen preis; vgl. Dansk Biografisk Leksikon, Bd. 14, S. 114–118.

Abb. 81: Die deutsche St. Petri-Kirche in Kopenhagen vor 1920

junges Mädchen von Eiderstedt in der Kirche. Sie wird sicherlich gerne erfahren wollen, ob jemand darunter ist, den sie kennt."

Da erschien eine junge Dame – sie war einige Jahre jünger – und bekam nun zu hören, wer von Eiderstedt dabei war. Einen davon kannte sie recht gut, denn sie hatte mit ihm zusammen im Konfirmationsunterricht gesessen. Nach einem längeren Aufenthalt in Texas in den USA dachte er jetzt daran, wieder in seiner Heimat seßhaft zu werden. „Ihn würde ich doch gerne begrüßen", sagte sie, und dann begleiteten mich die beiden zum *Missionshotel*.

„Hallo, Rohde", sagte ich, „draußen steht ein Mädchen, das dir gerne guten Tag sagen möchte." Er ging hinaus, und die beiden erkannten sich auf Anhieb wieder. In diesem Augenblick kam Cornelius Petersen dazu. „Na, hier ist wohl eine Damengesellschaft", sagte er und erfuhr nun, wie das alles zusammenhing. „Ja, beide Damen sind willkommen, heute nachmittag mit zum Wettrennen zu kommen."

So geschah es. Das Rennen fand in Klampenborg statt. Es war sehr interessant, diesem zuzusehen. Peter Sönke lehnte über der Abzäunung, worauf ein Gendarm erschien und uns bat, nicht so über den Zaun zu hängen. „Na, Juchem", sagte Peter Sönke, „was sagst du dazu! Das hätte ein deutscher Polizist sein sollen, der hätte das nicht so nett gesagt."

Während wir die Rennen verfolgten, saßen die beiden Mädchen unmittelbar vor mir. Sie dachten offenbar nicht daran, daß ich Dänisch verstehen konnte. „Wenn ich ihn doch nur bekommen könnte!" sagte die Jüngere, „ich würde mit ihm bis an das Ende der Welt gehen." – „Ja", entgegnete die Ältere, „aber einstweilen müssen wir um halb sechs nach Hause." – „Hör mal, ich glaube, ich unternehme noch einen Versuch. Morgen früh, bevor ich zur Arbeit muß, würde ich gerne mit einem Paket zu ihm gehen und ihn bitten, es meiner Tante auf Eiderstedt zu bringen. Ob ich das wohl tun kann?" – Ja, meinte die andere, das ginge wohl.

Hinterher aßen wir in einem großen Hotel mit Aussicht auf den Sund. Ich bekam das ältere Fräulein an meinen Tisch, Rohde das jüngere. „Na, na, Juchem, wenn das deine Frau sähe", sagten die anderen. – „Ach", antwortete ich, „das kriegt sie ja niemals zu wissen." – „Doch, wir werden es ihr schon erzählen!"

Am nächsten Morgen erschien die Jüngere mit dem Paket. Sie blieb draußen stehen und wartete. Schließlich kam jemand herein und machte Rohde darauf aufmerksam. „Sie kann es ja dem Portier geben", sagte er. – „Nein, sie will es dir selbst geben!" Da mußte er ja hinausgehen und das Paket entgegennehmen.

Als wir am Abend des folgenden Tages abreisen sollten, hatten sich die beiden am Bahnhof eingefunden. Die Ältere überreichte mir eine große Tüte mit Bonbons als Geschenk für meine Frau. „Aber Sie dürfen unterwegs nicht von den Bonbons naschen", sagte sie. – „Ach, das sieht sie ja doch nicht!" – „Sie sind ein Schlauberger", sagte sie und drohte mit dem Finger.

Sie betrachtete die Bonbons als eine kleine Anerkennung für den netten Tag, den sie und die andere verlebt hätten. Es sei schon so oft ihr Wunsch gewesen, ein Wettrennen zu besuchen, aber das schicke sich ja nicht für eine alleinstehende Frau. „Ja, das war doch merkwürdig", antwortete ich, „daß wir uns auf diese Weise begegneten. Sie befanden sich auf dem Weg zur Kirche, und ich hatte mich verlaufen, und so begleiteten Sie mich." – „Ja", entgegnete sie, „solche alten Jungfern wie ich und die andere unternehmen gerne den Versuch, sich einen Mann zu angeln, selbst wenn es in einer Kirche sein sollte."

Ich wunderte mich über ihre Worte und überlegte, ob sie vielleicht nicht doch ein Straßenmädchen war, aber da sie den Gottesdienst besuchte, kann das wohl nicht angehen. Sie sagte es sicher nur so aus Spaß dahin.

Ob die zwei von Eiderstedt einander gekriegt haben, ist mir nie zu Ohren gekommen. Rohde war jedoch nicht besonders heißblütig. Insofern ist wohl nichts daraus geworden, daß sie ihn bis an das Ende der Welt begleitete.

Als wir die Grenze erreichten, hatte Skrumsager wiederum den Deutschen hundert Mark bezahlt, so daß wir problemlos hindurchschlüpften.

Wir durften pro Person bis zu zehn Pfund Lebensmittel über die Grenze nach Deutschland einführen,[243] aber ein Zimmermann von Eiderstedt hatte eine beträchtliche Menge Tee dabei, auf jeden Fall weit mehr als zehn Pfund, die er nun nicht aus Dänemark ausführen durfte. Der dänische Zollbeamte schüttelte den Kopf. „Ja – nein, nein, das kann ich so gewiß nicht passieren lassen. Was soll ich jetzt damit anfangen?" So bedachte er sich ein wenig und wandte sich dann meinen Sachen zu. Er konnte ja sofort erkennen, daß ich nicht über zehn Pfund dabeihatte. Trotzdem nahm er sich sehr viel Zeit, ging mit meinem Gepäck in den hinteren Teil des Raumes und wog es umständlich nach, wobei er uns den Rücken zudrehte.

„So", sagte ich zu dem Eiderstedter, „packe deine Sachen und gehe!" – „Meinst du wirklich?" – „Ja, beeile dich nur!"

Als der Zöllner zurückkehrte, war der Mann weg. „Genauso hatte ich mir das vorgestellt", sagte er und kniff ein Auge zu, „denn ich wollte nur ungern etwas daraus machen."

Nachdem wir wieder zu Hause angelangt waren, mochten viele unseren Reiseerzählungen nicht glauben. Wenn wir ihnen sagten, es gebe gar nicht wenig Industrie in Dänemark, obwohl es nicht so eine ausgeprägte Industrienation wie Deutschland sei, entgegneten sie, davon hätten sie noch nie etwas gehört. „Man hat euch in Dänemark sicherlich nur die guten Seiten gezeigt, nicht dagegen die schlechten und ärmlichen." – „Ja", antwortete Jan R. Nickelsen, „denn es gab nur anderthalb Armenhäusler, und den anderthalben ging es gut; sie waren keineswegs arm."

Abb. 82: Hinrich Cornelius Ketels (7.11. 1855 in Süderende – 30.9.1940 in Goting); nach Theologiestudium in Erlangen, Kopenhagen, Kiel und Berlin 1885–91 Pastor auf Nordmarsch-Langeneß und Gröde, von 1887 an auch auf Oland, 1891–93 Pastor in Bordesholm, 1893–99 an St. Nicolai in Boldixum; während seiner Föhrer Zeit kurzfristig Ernennung zum Schulrat des Kreises Hadersleben (ca. 1896/97); 1899–1903 Pastor an der Michaelis-Kirche in Schleswig, 1903 bis zu seiner Emeritierung 1926 Pastor in Kiel-Hassee; im Ruhestand zuletzt in Goting bei seinem Sohn; GRL 219, 233 343 I; vgl. Koops, Kirchengeschichte der Insel Föhr, S. 91–92.

Allerdings gab es auch einige, die unsere Schilderungen für zutreffend hielten. Peter Sönke Petersen meinte: „Das Beste in Dänemark war, daß wir überhaupt keinen Stuhlgang hatten." – „Das war aber doch nicht sehr angenehm." – „Nein, doch war das gar nicht nötig. Im dänischen Essen finden sich nicht die geringsten Abfallstoffe. Erst als wir über die Grenze zurückkehrten, überkam es uns wieder zweimal am Tag." Das war nun ziemlich grob gesagt, aber fest steht, daß es sich in Dänemark gut leben läßt. Nur an einem mangelte es uns dort oben, nämlich an Schlaf.

In der *Föhrer Zeitung*[244] sahen sich die Teilnehmer der Fahrt, besonders ich, heftigen Angriffen ausgesetzt. Den Vorwürfen wurde von verschiedener Seite entgegengetreten. Kapitän Boy Rickmers (vgl. Abb. 86) aus Oldsum, der wußte, daß man unseren Schilderungen über Dänemark keinen Glauben schenken würde, schrieb in einem Beitrag für die *Föhrer Zeitung*[245], er könne unsere Darstellungen nur bestätigen, denn er sei 40 Jahre von Kopenhagen aus zur See gefahren, davon 20 Jahre als Kapitän. Ich werde später ein wenig mehr über Boy Rickmers erzählen, den ich seit vielen, vielen Jahren kenne. Er nahm auf dänischer Seite am Krieg von 1864 teil und führte später als Kapitän die Brigg *Tjalfe* und die Bark *Ceres* nach Grönland. Er erhält von der *Grönländischen Handelsgesellschaft* eine gute Pension; dazu kommt der Ehrensold der dänischen Veteranen.

Auch mein Vetter, Pastor Hinrich Cornelius Ketels (vgl. Abb. 82), stellte sich diesen Angriffen mit einem Leserbrief in der *Föhrer Zeitung*[246] entgegen. Ich werde zunächst ein paar Anmerkungen zu seiner Person machen. Sein Vater Johann Erich Ketels[247] war der „Onkel Ketels", der mich nach Wyk begleitete, als ich mich am 8. Februar 1864 zum Dienst bei Kapitänleutnant Hammer meldete, und der auf meiner ersten Grönlandfahrt mit der *Lucinde* Steuermann war. Sein Sohn Hinrich machte als ganz junger Mann drei Reisen nach Grönland, zuerst in den Jahren 1871/72 zwei Fahrten mit Kapitän Bonde auf der *Nordlyset* – sein Vater war damals noch Steuermann auf der *Lucinde* –, danach eine mit seinem Vater als Kapitän.

Trotzdem wählte mein Vetter nicht den Seemannsberuf seiner Vorfahren. Statt dessen studierte er Theologie und kam später als Gemeindepastor an die St. Nicolai-Kirche auf Föhr. Während seiner Föhrer Amtszeit wurde er zum Schulrat des Kreises Hadersleben berufen, wenngleich zunächst nur auf Probe. Zwischenzeitlich vertrat ihn auf Föhr ein Hilfsprediger. Der Grund für die Ernennung zum Schulrat war, daß er gleichermaßen Dänisch wie Deutsch beherrschte. Allerdings währte das Ganze nicht lange. Als er etwa ein halbes Jahr nach seinem Dienstantritt hier auf Föhr Ferien machte, kam eines Tages Oberpräsident Steinmann (vgl. Abb. 83) von Schleswig herüber, um mit ihm die Verhältnisse in seinem Schulamtsbezirk zu erörtern. Dieses ereignete sich im Jahre 1898.[248] Ketels sagte ihm bei dieser Unterredung geradeheraus, daß die deutsche Regierung die dortige Bevölkerung unterdrücke, indem sie zu stark in Schulangelegenheiten eingreife; es sei ein Unrecht, in der Schule Zwang auszuüben.[249] Solche Worte wollte Steinmann jedoch nicht hören, denn er antwortete: „Sie sind nicht Schulrat geworden, um Idioten zu erziehen." Er ging davon aus, daß die Kinder verblödeten, wenn man sie nicht zu Deutschen machte. Ketels entgegnete nur: „Solange ich in Hadersleben gewesen bin, habe ich nicht einen einzigen Idioten gesehen." Kurz darauf wurde er aus seinem Amt abberufen. Nach einem Zwischenaufenthalt in Schleswig erhielt er in Kiel die Stelle eines Gefängnispastors. Vor etwa 20 Jahren entsandte ihn das Konsistorium nach Amerika, um dort die Gefängnisse zu studieren.

So saß er nun in Kiel und las in der *Föhrer Zeitung* die Angriffe, die man wegen der Dänemark-Fahrt gegen mich richtete. Er sandte der Zeitung daraufhin einen Artikel, in dem er sich

Abb. 83: Georg von Steinmann (7.10.1830 in Rosengarten – 4.6.1901 in Lübeck); Oberpräsident der preußischen Provinz Schleswig-Holstein vom 15.11.1880 – 31.3.1897; vgl. Geschichte Schleswig-Holsteins, Bd. 8, S. 50f.

sinngemäß folgendermaßen äußerte:[250] Er wisse wohl, der alte Juchem sei dänisch gesinnt, doch sei er stets ein loyaler Bürger gewesen, und darum solle man ihm seine Überzeugung in Frieden lassen. Ihn selbst, Ketels, habe es gefreut, als er von der Reise gelesen habe, daß der alte Juchem es noch einmal erleben durfte, nach Dänemark zu kommen.

Ketels wurde deshalb vor das Konsistorium zitiert. Er hat mir später selbst erzählt, was dort vor sich ging. Man machte ihm wegen seines Artikels Vorhaltungen, und das Konsistorium forderte ihn mit allem Nachdruck dazu auf, einen neuen Artikel einzusenden, worin er den Inhalt seines ersten Leserbriefes mit Bedauern zurücknehmen sollte. „Nein, meine Herren", sagte Ketels da, „ich sage wie Pilatus: Was ich geschrieben habe, habe ich geschrieben! Guten Morgen!"

Nachher hat er nie wieder etwas in dieser Angelegenheit gehört, doch was er nicht hörte, das ließ man ihn fühlen. Zu dieser Zeit sollte in der schleswig-holsteinischen Landeskirche gerade an zwei Orten die Stelle eines Propstes neu besetzt werden, und zwar in Segeberg und in Husum. Ketels hatte Aussichten auf Husum, bekam die Stelle aber nicht. Unser Pastor, Johann Dankleff (vgl. Abb. 88), äußerte sich mir gegenüber einmal: „Weil er in der *Föhrer Zeitung* etwas über eure Reise geschrieben hat, ist er nicht Propst geworden." Ketels selbst sagte zu mir: „Segeberg hätte ich bekommen können, aber daraus machte ich mir nichts. Hätten sie mir statt dessen Husum angeboten, hätte ich zugegriffen."

Die Schreiberei in der Zeitung ist heute wohl größtenteils vergessen. Die Teilnehmer jener Dänemarkfahrt haben die Reise jedoch in lebendiger Erinnerung. Noch lange danach sprachen wir davon. Wenn die anderen meiner Frau wieder einmal von dem Fräulein erzählten, mit dem zusammen ich in die Kirche gegangen war, fragte sie: „Juchem, Juchem! Ist das wahr? Warst du tatsächlich mit ihr in der Kirche? Was habt ihr denn gesungen?" – „Ja, das war das Allerschlimmste! Wir sangen:

In allen meinen Taten
laß ich den Höchsten raten."

Dieses Lied wird ja für gewöhnlich bei Trauungen gespielt.

Einige Zeit nach der Reise, wohl im November, erschienen Cornelius Petersen und Peter Damgaard[251] bei mir und baten mich, zwei tatkräftige Männer zu finden, die sich eigneten, neben den bereits eingesetzten deutschen Gendarmen polizeiliche Aufgaben zu übernehmen. Diese Männer sollten auf Föhr von dänischer Seite benannt und der *Internationalen Kommission*[252] unterstellt werden, sobald diese eingesetzt würde. Ich vermute, Cornelius Petersen und Damgaard hatten den Auftrag, H. P. Hanssen[253] (vgl. Abb. 84) in dieser Sache Bericht zu erstatten, damit er dann die zwei Gendarmen der *Internationalen Kommission* zur Ernennung vorschlagen konnte. Die Polizisten sollten vom 1. Dezember an entlohnt werden. Ich rief daraufhin einige dänischgesinnte Nachbarn zusammen, und es meldeten sich schließlich zwei Mann, nämlich Christian Lorenzen und Robert Rolufs (ein Sohn meines Nachbarn Ernst Rolufs), die sich bereit erklärten, dieses Amt zu übernehmen.[254] Gleichzeitig erkundigte H. P. Hanssen sich nach dem Wyker Bürgermeister[255], doch auf seine Nachfrage konnte ich nur antworten, daß ich ihn nicht kenne. Auf Westerlandföhr war Brar Roeloffs (vgl. Abb. 85) Amtsvorsteher, ein Enkel von Christian Diedrich Roeloffs, der aber im Gegensatz zu seinem Großvater fest auf deutscher Seite stand. Aus diesem Grunde wurde beschlossen, daß Kapitän Boy Rickmers (vgl. Abb. 86) sich bereithalten sollte, den Posten des Amtsvorstehers zu übernehmen, falls dieser sein Amt nicht unparteiisch verwaltete, sondern politische Agitation betrieb.

Abb. 84: Hans Peter Hanssen (21.2.1862 in Nørremølle/Nordschleswig – 27.5.1936 in Højtoft bei Apenrade) im Jahre 1889; zunächst Landwirt auf der väterlichen Stelle; nach Studium in Deutschland und Dänemark 1886–88 Herausgeber der nordschleswigschen Zeitung *Hejmdal* und bald führende Kraft des Dänentums im Deutschen Reich vor 1918; 1896–1908 Mitglied des Provinziallandtages, 1906–1919 Mitglied des Deutschen Reichstages; im Grenzkampf wünschte er lediglich für Nordschleswig eine *en bloc*-Abstimmung, nicht dagegen für die 2. und 3. Zone; setzte sich wie Carl Zahle (vgl. Abb. 80) nur halbherzig für die 2. Zone ein; sein umstrittener Eintritt in das dänische Kabinett Zahle am 28.6.1919 führte letztendlich doch zum Durchbruch seiner gemäßigten Grenzpolitik; vgl. Dansk Biografisk Leksikon, Bd. 5, S. 705–711; vgl. auch Fink, Da Sønderjylland blev delt, Bd. 2, S. 56ff.

Bald darauf schrieb ein Mann aus Borgsum, Julius Lorenzen[256], an H. P. Hanssen, er sei beim Amtsvorsteher von Westerlandföhr gewesen, um eine Invalidenrente zu beantragen, worauf der Amtsvorsteher zu ihm gesagt habe: „Wir müssen zusehen, so viele deutsche Stimmen wie möglich zu bekommen, denn wenn wir dänisch werden, kriegst du keine Invalidenrente." Ich erhielt deswegen einen Brief von H. P. Hanssen. Falls diese Mitteilung der Wahrheit entspreche, so schrieb er, möchte er mich bitten, dem Amtsvorsteher folgendes auszurichten: Wenn sich derlei Vorfälle wiederholten, müsse unter Einschaltung der *Internationalen Kommission* dafür gesorgt werden, daß sein Amt einem anderem übergeben würde; es stehe bereits ein Mann bereit. In Klammern war hinzugefügt, in diesem Fall müsse Boy Rickmers als Amtsvorsteher antreten. – Ich besitze diesen Brief nicht mehr, da ich ihn zwischenzeitlich verbrannt habe.

Ich zeigte den Brief meiner Frau. „Was wirst du jetzt tun?" fragte sie. „Ich werde es ihm sagen." – „Aber er ist doch dein Vetter!" (Er ist nämlich mit meiner Cousine [vgl. Abb. 87] verheiratet.) – „Ja, das hilft nichts", antwortete ich, und so sagte ich es ihm, als wir uns am nächsten Sonntag in der Kirche trafen. Seitdem unterließ er jegliche Agitation; dessen bin ich mir sicher.

Abb. 85: Brar Cornelius Roeloffs (3.3.1865 in Süderende – 7.8.1933 in Süderende); Landwirt in Süderende Nr. 240 (heute Oluf Roeloffs); Amtsvorsteher und Deichgraf von Westerlandföhr 1918–33; Brar war ein Enkel von Christian D. Roeloffs (vgl. Abb. 43); GRL 125, 125 125.

Abb. 86: Boy Rickmers (9.6.1844 in Oldsum – 25.9.1927 in Oldsum) lebte in Oldsum Nr. 116 (heute Scheune von Hinrich Martensen); Kapitän auf verschiedenen Schiffen des *Königl. Grönländischen Handels* von Kopenhagen aus; dänischer Marineveteran von 1864; GRL 649, 224 314.

Abb. 87: Johanna Emilie Roeloffs geb. Ketels (11.11.1867 in Süderende – 4.6.1951 in Süderende); Johanna war eine Tochter von Johann E. Ketels (vgl. Abb. 17) und somit eine Cousine von Juchem; GRL 219, 233 343 6.

H. P. Hanssen schrieb mir einen weiteren Brief, in dem er mich fragte, was ich von unserem Pastor hielt. Könnte er bleiben, falls Föhr dänisch würde, oder trieb er zuviel deutsche Propaganda? – Auch diesen Brief habe ich verbrannt. Ich antwortete, der Pastor könne gut bleiben, denn er sei mehr dänisch als deutsch gesinnt.[257]

Überhaupt ist unser Prediger anders, als man es erwarten könnte. In Wahrheit scheint er nicht lutherisch, sondern reformiert zu sein. Er heißt Johann Dankleff (vgl. Abb. 88) und ist jetzt 12 Jahre bei uns an St. Laurentii. Früher hat er sich eine Zeitlang im Elsaß aufgehalten, aber seine erste Stelle als Pastor hatte er in Rickling in Holstein an den Anstalten für Trinker und Obdachlose, die die deutsche Innere Mission dort betreibt. Dort konnte man ihn jedoch nicht gebrauchen, heißt es. Bereits während des Krieges predigte er von der Kanzel herab des öfteren schlecht über die Deutschen. „Ich bin im Elsaß gewesen und habe gesehen, wie die Bevölkerung unterdrückt wird", sagte er einmal, „und ich kann feststellen, daß es euch hier fast ebenso schlimm ergeht." Hinterher meinten die Leute, daß er wohl kaum jemals wieder eine Kanzel betreten haben würde, wenn ihn an diesem Tage sein Vorgesetzter gehört hätte. Der Amtsvorsteher bemerkte einmal: „Ich hätte ihm das Gesangbuch an den Kopf werfen können, so zornig wurde ich." Als Wilhelm II. aus Deutschland floh, kamen am nächsten Sonntag viele in die Kirche, um zu hören, was der Pastor nun dazu sagen würde. „Wilhelm der Ausreißer" nannte er ihn. Er hätte nach Berlin gehen sollen, zu seinem Volk, doch statt dessen denke er nur daran, seine Haut zu retten und Reißaus zu nehmen. Da sei Luther ein ganz anderer Mann gewesen: „Hier stehe ich und kann nicht anders!" habe dieser gesagt, „Gott helfe mir! Amen!"

In der Abstimmungszeit herrschte über ihn eine tiefe Entrüstung. Es gab einige, die sich im Gottesdienst zu mir umdrehten und zustimmend mit dem Kopf nickten, wenn er richtig loslegte, aber die meisten – auch die Dänischgesinnten – fanden, daß diese Dinge in der Kirche fehl am Platze seien. „Wir lesen ja jeden Tag die Zeitung", sagten sie, „und wir kommen am Sonntag nicht in die Kirche, um noch mehr über Politik zu hören."

Im Elsaß hatte er ein Mädchen aus Mülhausen geheiratet; aus dieser Ehe sind mittlerweile vier Kinder hervorgegangen. Vor dem Krieg war er ein sehr reicher Mann und zog in das neue, geräumige Haus neben der Kirche, das er dort errichten ließ. Beim Bau verwendete er Holz von einigen großen Bäumen, die man auf seine Anordnung im Pastoratsgarten gefällt hatte. Die Leute bezichtigten ihn deshalb des Diebstahls. Man sagte ferner, er würde derart lügen, daß man sich niemals auf seine Worte verlassen könne, und er lebe in unsittlichen Verhältnissen mit einer jungen Frau aus Flensburg, namens Guste[258]. Jetzt ist das Geld dahin, und seine Frau hat ihn verlassen, aber Guste wohnt immer noch in einem besonderen Teil seines neuen Hauses, im Volksmund „Villa Guste" genannt. Zuletzt sammelten einige Unterschriften für eine Beschwerde, in der man sich über seinen anstößigen Lebenswandel beklagte und seine Abberufung forderte. Ich wollte nicht unterschreiben, denn ich konnte ja nicht wissen, ob die erhobenen Vorwürfe der Wahrheit entsprachen. Aber es gab eine Gegenpartei, die folgenden Aufruf in Umlauf setzte: Die Bevölkerung wünsche Pastor Dankleff zu behalten, und er stehe bei ihr in hoher Achtung, so hoch wie nie zuvor. Dieses Papier wollte ich ebenfalls nicht unterschreiben, denn wenn die Gerüchte sich als wahr herausstellen sollten, wäre er doch als Pastor untragbar. Insofern ist es mir unmöglich, ihm denselben Respekt entgegenzubringen wie vorher.

Jetzt ist ein Disziplinarverfahren gegen ihn eingeleitet worden, und wir werden sehen, was daraus wird. Ich habe die ganze Zeit über gedacht, es mag mit dem Pastor sein wie es will, es bleibt dennoch Gottes Wort, das wir in der Kirche vernehmen, auch wenn ich es natürlich am

Abb. 88: Johann Franz Gerhard Carl Dankleff (5.12.1875 in Bremen – 9.2.1945 in Frankfurt a. M.) ca. 1928; 1902–07 Pastor im Elsaß, 1907 Pastor in Rickling bei Neumünster; 1913–25 Pastor an St. Laurentii; er war ein leidenschaftlicher Landwirt und bestellte das Kirchenland selbst; zu diesem Zweck errichtete er das Haus neben der Kirche; nach seiner Amtsenthebung am 7.10.1925 im christlich-sozialen Volksdienst in Frankfurt a. M.; als Nazi-Gegner im Dritten Reich mehrfach inhaftiert, zuletzt im Strafgefängnis Frankfurt-Preungesheim, wo der aufrechte Gottesmann am 9.2.1945 – krank und entkräftet – sein Leben lassen mußte; vgl. Koops, Kirchengeschichte der Insel Föhr, S. 75.

liebsten von einem Prediger höre, der einen Lebenswandel führt, wie es sich für einen Diener Gottes schickt.

Es waren nicht allein seine politischen Äußerungen in der Kirche und seine Lebensführung, mit denen er die Bevölkerung gegen sich aufbrachte. Er hat sich auch persönlich mit vielen Bürgern überworfen, ja, sogar mit denen, die großen Einfluß auf Westerlandföhr haben. Vor kurzem[259] beging eine Schwiegertochter von Christian Diedrich Roeloffs ihren hundertsten Geburtstag. Das ist gewiß ein seltenes Ereignis, das dann auch gebührend gefeiert wurde, nicht zuletzt deshalb, weil sie einem der angesehensten Geschlechter auf der Insel angehörte. Sie ist die Mutter (vgl. Abb. 89) des Amtsvorstehers Brar Roeloffs. Pastor Dankleff hatte ebenfalls eine Einladung erhalten, zusammen mit einigen anderen hohen Herren. Einer von ihnen – ein Beamter aus Wyk, wie ich meine – schrieb zuvor an den Pastor und fragte nach, was das für Leute seien, die ihn eingeladen hätten; er wollte wohl wissen, ob er als Beamter sich mit ihnen sehen lassen konnte. Dankleff antwortete, daß der verstorbene Ehemann (vgl. Abb. 90) der Jubilarin ein Trinker gewesen sei und die Kinder, erblich belastet, nach dem Vater schlügen. Das letztere ist vollkommen aus der Luft gegriffen, während das erstere wohl nicht gut geleugnet werden kann.[260] Der Beamte aus Wyk schien mittlerweile von anderer Seite eine bessere Auskunft erhalten zu haben; auf jeden Fall kam er zu dem Fest. Dankleffs Brief hatte er mitgenommen und steckte diesen in den Stapel mit den Glückwunschkarten, wo ihn die Familie schließlich fand, als die Gäste gegangen waren. Sie verlangte von Dankleff, innerhalb von drei Tagen zu widerrufen, was er geschrieben hatte. Doch der Pastor widerrief nicht, und so wird man ihn sicher auch wegen übler Nachrede vor Gericht gefordert haben. Kurzum, die Insel hatte ihren Skandal. Am folgenden Sonntag erschienen lediglich 13 Kirchgänger zum Gottesdienst, wo doch sonst mehrere hundert zu kommen pflegten. Wenn der Pastor eine Besorgung auf dem Postkontor oder anderswo zu erledigen hatte, wagte er es nicht mehr, durch Süderende zu gehen, sondern er nahm aus Angst vor einer Tracht Prügel einen Umweg durch die Marsch.

Ungefähr zu derselben Zeit brannten in einem Föhrer Dorf mehrere Höfe ab. Eine Witwe, deren Hof eine Reihe von Jahren vorher abgebrannt war – ihr Mann hatte damals noch gelebt –, sagte zu Pastor Dankleff: „Es wird ja gesagt, das Feuer sei gelegt worden." – „Das sagte

Abb. 89: Keike Roeloffs geb. Braren (17.8.1825 in Oldsum – 22.3.1926 in Süderende) als Hundertjährige 1925; GRL 142, 151 61; sie war die Witwe von Erk D. Roeloffs (vgl. Abb. 90); vgl. *Föhrer Zeitung* vom 21.8.1925.

Abb. 90: Erk Diedrich Roeloffs (20.5.1828 in Süderende – 4.4.1910 in Suderende) im Jahre 1867; Landwirt auf der väterlichen Stelle in Süderende Nr. 239 (heute Christian Roeloffs); GRL 125, 125 12.

man auch, als Ihr Hof brannte", antwortete er. Allerdings vermute ich, seine Antwort war nur so dahingesagt, denn ich habe niemals ein Wort in diese Richtung fallen hören. Überhaupt glaube ich nicht, daß Dankleff immer weiß, was er sagt, ja, ich zweifle daran, ob er ganz richtig im Kopf ist.

Seine Frau[261] war diesen Sommer hier zu Besuch und Guste in der Zwischenzeit fortgereist, doch jetzt ist seine Frau wieder weg und Guste zurückgekehrt. Über den Ausgang des Disziplinarverfahrens verlautete bislang nichts.[262]

Ein wenig später, nachdem Cornelius Petersen und Damgaard hier gewesen waren, um die Sache mit den Gendarmen zu regeln, erschien Cornelius Petersen erneut, dieses Mal in Begleitung von Nann Mungard (vgl. Abb. 91) aus Keitum auf Sylt.[263] Die beiden beabsichtigten, auf der Insel mehrere Versammlungen abzuhalten, aber es wäre besser gewesen, sie wären nicht gekommen. Das geschah im Dezember 1919, kurz bevor die *Internationale Kommission* in Flensburg eintraf. Die Leute mochten Cornelius Petersen nicht, und die Veranstaltungen gerieten zu einem Mißerfolg. Es begann in Oldsum bei unserem Wirt Max Simonsen. Ernst P. Rolufs leitete die Versammlung, doch da er zu denen gehörte, die sich im Krieg „gedrückt" hatten, rief man ihm unaufhörlich das Wort „Drückeberger" zu. (Ein „Drückeberger" ist

Abb. 91: Nann Petersen Mungard (30. 6. 1849 in Keitum / Sylt – 30. 7. 1935 in Toghale bei Mögeltondern); fuhr lange Jahre zur See; ab 1883 Landwirt in Keitum; zwischen 1903 und 1913 führende Persönlichkeit auf den inselnordfriesischen „Bauerntreffen" und „Friesentreffen"; enge Kontakte zu den Westfriesen (besonders zu P. de Clercq) und Ehrenmitglied der dortigen *Selskip foar Fryske Tael en Skriftekennisse*; Verfasser von zwei friesischen Wörterbüchern; seine Autobiographie *Der Friese Jan* ist bis auf einige Kapitel über die Abstimmungszeit unveröffentlicht; in der Abstimmungszeit setzte er sich für eine prodänische Entscheidung ein; als sein Hof am 12. 1. 1921 ein Opfer der Flammen wurde, verließ er Sylt und zog nach Toghale nördlich der neuen Grenze; vgl. Jörgensen, Zu dieser Ausgabe [= Geleitwort zu]: Ein inselnordfriesisches Wörterbuch von Nann Mungard, Teil 1, ferner Hoeg, Nann Mungard, der Kämpfer für's Friesentum, in: *Flensborg Avis* vom 30. 7. 1985, und Steensen, Die friesische Bewegung in Nordfriesland, S. 87 ff., 138 ff.

jemand, der es versteht, sich dem Kriegsdienst zu entziehen. Er ist mehrere Male auf dem Festland gemustert worden, wurde jedoch stets aus mir nicht bekannten Gründen zurückgestellt.) Cornelius Petersen redete als erster. Wir hätten seit 1864 genug von den Deutschen, sagte er, und wenn sich nun ein Weg öffnete, aus dieser mißlichen Lage herauszukommen, müßten wir diesen Weg gehen. Er sprach eine halbe Stunde, aber uns gefiel die Rede nicht; sie war uns zu grob.

Cornelius Petersen wurde pausenlos unterbrochen, und man sang das Schleswig-Holstein-Lied dazwischen. Danach wollte Nann Mungard etwas auf friesisch, d. h. auf sylterfriesisch, sagen, das wir hier auf Föhr allerdings nicht so gut verstehen können. Seine Rede ging bereits nach wenigen Worten im Lärm unter. Als er das Rednerpult verließ, wurde es etwas ruhiger. Da erhob sich ein alter Mann, Friedrich Christian Braren (vgl. Abb. 71) aus Süderende, der hier auf Föhr sehr bekannt und beliebt war und um dessen dänische Gesinnung ich sehr wohl wußte. „Ihr habt euch pöbelhaft aufgeführt", sagte er. „Wir Dänen machen auf den deutschen Veranstaltungen keinen Lärm; könnt ihr euch dann nicht auch in Ruhe anhören, was wir zu sagen haben?"

Auf dem Nachhauseweg bemerkte einer meiner Nachbarn: „Na, Juchem, nun agitierst du sicherlich nicht mehr für Dänemark. Das war ein schlechter Tag für die Dänen!" – „Nein", antwortete ich, „ich agitiere nicht! Das habe ich noch niemals getan, doch bleibe ich meinen Grundsätzen treu."

Am nächsten Tag fuhren Cornelius Petersen und Nann Mungard mit Jan Richard Nickelsen nach Oevenum. Als sie sich dem Ort näherten, meinte Jan Richard: „Hier geht es bestimmt besser als in Oldsum, denn dort hängen ja mehrere *Danebrogs*."

Abb. 92: Der *Nordfriesische Gasthof* von Max Simonsen (vgl. Abb. 76) in Oldsum, wie er zur Zeit der Abstimmung aussah.

„Nein", entgegnete Cornelius Petersen, „das ist *Schwarz-Weiß-Rot!*" Aus der Versammlung in Oevenum ist übrigens nichts geworden. Der dortige Wirt dürfte den Dänen den Saal verweigert haben. In Nieblum verlief es genauso.[264]

Nann Mungard, der damals noch auf Sylt wohnte, hatte um die Jahreswende 1919/20 Pläne, für die dänischgesinnten Friesen einen *Friesischen Wählerverein* zu gründen. Als er seinerzeit mit Cornelius Petersen auf der Insel war, bat er uns, dazu einen kleinen Aufruf zu formulieren, der einleitend auf die Mitgliederlisten gedruckt werden sollte. Als er abgereist war, verfaßten Christian Lorenzen und ich folgenden Text:

Freesk Wolferien [265]

Motto: Diar ei me üs as, de as jin üs,
diaram well we üs samle to rochter tidj!

A Zwek fan a Freesk Wolferien as:
Altamal Freesken diar un at Ufstemengsgebiet wene, onner en Hod to samlen, am Freeskendom an Mammenspriak to warien an en ütjkemelk Lewent to wannen. Diar we det un a Laag huar we un lewe, ianseg an allian mögelk finj dör en unslütj un Dänemark, so slütj we üs a Nuurdsleswig-Wolferien un an nemm jammens Küürbriaf (Statut) üs üssens anj un.
An grat Siar un at Freeskendom wall et alltidj bliev, skull a Lonbualk dör Nuurdfreesklun tanjen wurd; man we höbe, datt üssens Sastern an Braller, diar do üb öller Sidj bliew mut, noch ans eftert Gelegenhaid finj, üs weller untoslütjen.
Fehr, un Janewore 1920.

Abb. 93: Johannes Andersen, ein Rechtsanwalt aus Hadersleben, war ein Bruder des dänischen Politikers Holger Andersen, der übrigens ebenfalls mehrfach auf Föhr als Abstimmungsredner auftrat.

Dieses sandte ich darauf an Mungard. Er ließ es drucken und schickte uns einige hundert Exemplare. Später jedoch hörten wir in dieser Angelegenheit nichts mehr. Das Ganze verlief schließlich im Sande, da wir vergeblich auf die Statuten des *Nordschleswigschen Wählervereins* warteten, die man uns, bevor wir darüber abstimmen sollten, zukommen lassen wollte. Ja, und der *Nordschleswigsche Wählerverein* wurde wohl ebenfalls bald danach aufgelöst.[266]

Der Versuch von Cornelius Petersen und Mungard, dänische Versammlungen abzuhalten, war der erste seiner Art, und er fiel nicht gut aus. Unter der deutschen Verwaltung waren derlei Dinge unmöglich; alle politische Arbeit war ausgeschlossen.

Erst als die *Internationale Kommission* ihre Tätigkeit in Flensburg aufnahm, wurden die Zeiten besser. Unmittelbar bemerkten wir hier auf der Insel nicht viel davon, und hier draußen gab es kein fremdes Militär, aber allein das Bewußtsein, daß die oberste Gewalt im Lande nun eine andere war, tat wohl seine Wirkung. Von da an herrschte Ruhe auf den dänischen Versammlungen.

Die erste Versammlung, die auf Westerlandföhr nach Einsetzung der *Internationalen Kommission* abgehalten wurde, fand in Oldsum statt. Ich hatte bereits im Vorwege einen Brief bekommen – soweit ich mich erinnere, von dem Advokaten Andersen aus Hadersleben[267] –, wonach die Versammlung zum 28. Januar[268] einberufen werden sollte. Rechtsanwalt Andersen (vgl. Abb. 93) und ein anderer, dessen Namen ich vergessen habe, würden als Redner auftreten. Dieser Termin wäre auf der Insel bekanntzumachen, und ein populärer dänischgesinnter Mann möchte die Veranstaltung leiten. Man wünschte, daß ich diese Aufgabe übernähme, aber ich lehnte ab. Statt dessen wurde, wie ich meine, Jan Richard Nickelsen dazu ausersehen.

Abb. 94: Niels Hansen Nikolaj Frederik Severin Grundtvig Kloppenborg Skrumsager (8.9.1880 in Københoved – 25.10.1946 auf der Reise nach Kopenhagen); Landwirt auf Toftlundgård/Nordschleswig, Mitglied des dänischen Ausschusses für Mittelschleswig; als dessen Vertrauensmann für Föhr und Amrum Zentralfigur des dortigen dänischen Abstimmungskampfes; vgl. seine Artikel „Før og Amrum i Afstemningstiden", in: Slesvig delt…, und „Vesterhavsøen Før i Afstemningstiden", in: Grænsevagten, Bd. 4,2; vgl. ferner Dansk Biografisk Leksikon, Bd. 13, S. 494–495.

Niels Skrumsager (vgl. Abb. 94) befand sich schon seit geraumer Zeit auf Föhr. Mit kurzen Unterbrechungen hielt er sich hier bis nach der Abstimmung auf. Niels Skrumsager hat gewiß auf keiner der Veranstaltungen gesprochen, doch ging er zahlreichen anderen Pflichten nach, lernte dabei die Leute gut kennen und war auf der Insel wohlgelitten. Er wohnte in Utersum[269], einer Hochburg des Dänentums.

Bereits vor der Abstimmung, die im übrigen eine dänische Mehrheit für den Ort ergab, nannte man das Dorf nach den Jüten „Jütersum"[270], wobei die Deutschen hinzufügten: „Noch nicht Jütersum!" Es muß in diesem Zusammenhang daran erinnert werden, daß das Wort *Jüte* traditionell keinen besonders guten Klang hatte, da die jütischen Knechte, die als Erntearbeiter nach Föhr kamen, ziemlich rauhe Gesellen waren.

Lange bevor die Versammlung eröffnet wurde, war der Saal überfüllt. Ich begab mich zeitig dahin und schaute mich im Saal um; ich habe ihn niemals so voll gesehen. Niels Skrumsager stand auf einer Tonne an der Saaltür. Die Deutschen störten nicht in dem Maße, wie sie es auf der Veranstaltung von Cornelius Petersen und Nann Mungard getan hatten, aber sie versuchten hinterher, den dänischen Rednern vom Rednerpult aus zu widersprechen.

Zuerst sprach Rechtsanwalt Andersen. Die Friesen, sagte er, seien weder deutsch noch dänisch; sie seien etwas Eigenes für sich, doch hätten sie von altersher zu Dänemark gehört und seien damit zufrieden gewesen. Sie hätten eine weitgehende Selbstverwaltung gehabt, seien vom Militärdienst befreit gewesen, und man habe ihnen erlaubt, sich selbst zu verwirklichen. Vor 1848 seien sie alle dänisch gesinnt gewesen, aber danach seien viele Schleswig-Holsteiner geworden. Man habe damals geglaubt, dieses dem Dänischen vorziehen zu müssen. Besser sei es jedoch, dänisch zu sein. Weiter sprach er davon, daß Deutschland den Krieg verloren habe und diesen nun bezahlen müsse, daß alles Vermögen dahin sei und daß der dänische Staat die Währungsprobleme ordnen wolle, falls Föhr zu Dänemark komme. Die Regelung würde besonders für den kleinen Mann günstig ausfallen. Zum Schluß sprach er in sehr einnehmenden Worten über das alte Dänemark und das dänische Volk, das den Friesen in weit größerem Maße ähnele als den Deutschen. Die Dänen, sagte er, seien ein ruhigeres Volk als die Deutschen. Sie würden sich nicht so sehr in die Dinge draußen in der Welt einmischen; sie lebten im stillen, seien zufriedener und trachteten nicht so nach äußerer Macht und Pracht. Es gebe auf Föhr viele, die in Dänemark gewesen oder von dort zur See gefahren seien, und er habe niemals gehört, daß diese sich jemals nachteilig über Dänemark geäußert hätten. Die Föhringer dächten stets gut von den Dänen, wenn sie sie nur näher kennen würden.

Nachdem Andersen geendet hatte, sagte ich zu Kapitän Rickmers: „Du mußt das bestätigen, was er über das dänische Volk gesagt hat." – „Nein", entgegnete er, „nicht vom Rednerpult!" Hinterher sagte er aber doch zu Andersen: „Ihre Ausführungen über das dänische Volk entsprechen der Wahrheit. Ich bin 40 Jahre zur See gefahren, und das immerzu auf dänischen Schiffen, davon 20 Jahre als Kapitän in Diensten des *Königlich Grönländischen Handels*, und ich bin dabei allezeit mit den Dänen gut ausgekommen."

Julius Momsen (vgl. Abb. 95), dem der große Marienhof auf dem Festland gehört und dessen Brot dort eine Menge Leute essen, machte sich während der Rede Andersens Notizen. Andersen erhielt viel Beifall, sicher auch von den Deutschgesinnten. Er wurde mehrere Male durch Applaus unterbrochen, aber niemand unternahm den Versuch, ihn zu stören.

Der andere dänische Redner war verhindert und konnte nicht kommen. An seiner Stelle sprach ein Landwirt aus Nordschleswig, dessen Namen ich nicht erinnere.[271] Er begann mit den Worten: „Es ist das erste Mal, daß ich auf einer öffentlichen Versammlung spreche, denn

Abb. 95: (Jacob) Julius Momsen (9.1.1866 auf dem Marienhof b. Emmelsbüll – 13.4.1940 in Deezbüll); Landwirt auf dem väterlichen Besitz, ab 1920 Privatier in Deezbüll; 1917–33 Mitglied des Kreistages Tondern (ab 1920 Südtondern) und 1909–33 Mitglied des Provinziallandtages; 1920 Kandidat der Deutschen Volkspartei für die Reichstagswahl; im Grenzkampf 1919/20 in zahlreichen Reden und Artikeln für den Verbleib bei Deutschland; seit der Gründung 1902 Mitglied des *Nordfriesischen Vereins* und dessen Vorsitzender 1922–27; zog sich nach der „Machtergreifung" vollständig aus dem öffentlichen Leben zurück; vgl. Biographisches Lexikon für Schleswig-Holstein, Bd. 3, S. 194–195; Steensen, Die friesische Bewegung in Nordfriesland, S. 177.

ich bin nur ein ganz gewöhnlicher Bauer." Er wolle sich daher entschuldigen, falls es nicht ganz nach Wunsch verlaufen sollte, doch redete er im übrigen ganz vorzüglich. Was er sagte, ist mir völlig entfallen, da es sich durchgehend um landwirtschaftliche Themen handelte, die mich nicht weiter interessierten. Am Ende gab er, wie Andersen, der Hoffnung Ausdruck, daß wir unsere Pflicht tun würden und dänisch stimmten, denn unter Dänemark werde es uns wesentlich besser gehen, und zwar sowohl in geistiger als auch in materieller Hinsicht.

Es war nur folgerichtig, daß die ökonomische Frage derart im Vordergrund stand. Hierzulande lebten wir ja in bitterer Not, und alle Kapitalanlagen waren stark in Mitleidenschaft gezogen. Über die Verhältnisse in Dänemark herrschte große Unwissenheit. Bei den Deutschen fand das Ökonomische dieselbe Beachtung wie bei den Dänen. Dieses Thema *mußte* erörtert werden. Dänemark sei ein kleines Land, sagten sie, das ausschließlich Landwirtschaft habe und keine Industrie. Deutschland dagegen sei ein großes Land, das schon wieder auf die Beine kommen werde. Ferner seien die Deutschen ein berühmtes Volk, und man dürfe es als eine Ehre betrachten, diesem anzugehören. Derlei Dinge konnten wir auch jeden Tag in der Zeitung lesen.

Danach kamen die Deutschen zu Wort. Zuerst sprach Christian Lind[272], ein Gärtner aus Wyk. Sein Großvater, der ebenfalls Christian Lind hieß, stammte aus Kopenhagen und kam während der Schleswig-Holsteinischen Erhebung auf einer Kanonenjolle nach Wyk, heiratete dort ein Föhrer Mädchen und nahm schließlich unter Hammer am Krieg von 1864 teil. Er war es, der von Hammer nach Kopenhagen entsandt wurde, um mit dem Ministerium zu verhandeln. Lind führte aus, wir würden uns verschlechtern, wenn wir zu Dänemark kämen. Deutschland werde sich bald erholen, und uns werde es dann wieder gutgehen. – Doch kurz nach der Abstimmung verließ er die Insel als einer der ersten und reiste nach Amerika.

Dann trat Dr. Tedsen[273] (vgl. Abb. 96) auf, ein Studienrat aus Flensburg, der seinen Doktortitel mit einer Abhandlung über die föhringer Mundart erworben hatte. Er hat auch in

Abb. 96: Dr. Julius Tedsen (3.11.1880 in Boldixum – 29.9.1939 in Wyk) in den dreißiger Jahren; promovierte 1906 in Kiel zum Dr. phil. über die Föhrer Mundart; 1908 Lehrer (später Oberstudienrat) in Flensburg; legte mit ca. 250000 (!) Belegzetteln den Grundstock zu den Sammlungen des großen nordfriesischen Wörterbuches; warb in der Abstimmungszeit in engagierten Wort- und Schriftbeiträgen für den Verbleib bei Deutschland, u. a. in der Flugschrift „Skell wi tiesk of dänsk stemmi?" (1919) und in seiner Broschüre „Friesisches Bekenntnis zum Deutschtum" (1920); lange Jahre Beirats- und Vorstandsmitglied des *Nordfriesischen Vereins*; im Zuge der Gleichschaltung des *Nordfriesischen Vereins* in der NS-Kulturgemeinde wurde auch er 1935 aus dem Amt gedrängt; vgl. *Föhrer Zeitung* vom 4.10.1939; Steensen, Die Insel Föhr in der Abstimmungszeit, und ders., Die friesische Bewegung in Nordfriesland, S. 125 f. und 363 ff.

Abb. 97: Simon Adolph Jacobs (21.6.1848 in Borgsum – 6.1.1934 in Wyk); nach Bäckerlehre übernahm er nach dem Selbstmord seines Bruders (vgl. Anm. 276) 1867 die väterliche Mühle in Alkersum; Kriegsteilnehmer 1870/71; 1893 Konkurs; bis 1896 Kaufmann in Husum, darauf bis 1899 Gastwirt in Oevenum; 1899–1922 Kaufmann in Wyk, Große Straße 44 (heute Norge-Reinigung); ab 1904 Vorstandsmitglied des *Nordfriesischen Vereins*, 1927 dessen Ehrenmitglied; 1912 Vorsitzender des von Nann Mungard (vgl. Abb. 91) ins Leben gerufenen *Eiluns-Fresk Skraftenferien*; 1913 Organisator des dritten „Friesenfestes" der Inselfriesen auf Föhr und im gleichen Jahr Ehrenmitglied der westfriesischen *Selskip foar Fryske Tael en Skriftekennisse*; sein friesischer Patriotismus war stark deutschnational geprägt; in der Abstimmungszeit trat er in leidenschaftlichen, von nationalistischem Pathos getragenen Reden für den Verbleib beim Deutschen Reich ein; vgl. *Föhrer Zeitung* vom 8.1.1934 und Steensen, Die Insel Föhr in der Abstimmungszeit, S. 117f.; Foto nach einem Gemälde im Friesenmuseum.

meiner Stube gesessen und Aufzeichnungen über die Sprache der Insel gemacht. Nun ging er, während er die Währungsordnung erörterte, zwischen den Bankreihen auf und ab. „Dänemark *kann* nicht bezahlen, und Dänemark *wird* nicht bezahlen!" sagte er. Überhaupt seien die Friesen unter Dänemark nie glücklich gewesen. Im vorigen Jahrhundert hätten sie im Krieg gegen England Dienst auf dänischen Kriegsschiffen tun müssen. 1848 seien sie in die schleswig-holsteinische Armee eingetreten, und 1870 hätten sie am Krieg gegen Frankreich teilgenommen. – Hier irrte Tedsen jedoch nach meiner Ansicht. Gegen die Engländer werden die Föhringer freiwillig gezogen sein;[274] im Krieg gegen die Franzosen geschah das indessen nicht freiwillig. Zu diesem Krieg rückten, nebenbei bemerkt, nur wenige Soldaten von Föhr ein, da so viele junge Männer im militärpflichtigen Alter ausgewandert waren. Hier auf Westerlandföhr belief sich die Zahl der Eingezogenen auf höchstens ein Dutzend, und keiner von ihnen fiel. Von Osterlandföhr fielen nur drei.

Nach der Rede von Dr. Tedsen kamen einige der Dänischgesinnten zu mir und sagten: „Er spricht ja überwiegend von Dingen, die so weit in der Zeit zurückliegen, und er verschweigt, daß sich 1864 viele Freiwillige von Föhr bei Hammer gemeldet haben. Du mußt ihm widersprechen, Juchem!" – „Nein", antwortete ich, „vom Rednerpult aus werde ich nichts sagen, denn das liegt mir nicht, aber ich werde es Tedsen persönlich sagen." Als die Veranstaltung beendet war, ging ich zu ihm hin. „Na, Juchem", rief er aus, „du auch hier? Du bist ja einer der Schlimmsten!" – „Nicht schlimmer als Sie! Weshalben haben Sie nicht all die Freiwilligen erwähnt, die unter Hammer gedient haben? Waren das etwa auch Schleswig-Holsteiner?" Er zuckte lediglich mit den Schultern: „Man kann ja nicht alles sagen."

Nach Tedsen hielt Julius Momsen eine Ansprache.[275] Er sagte unter anderem: „Der Begleichung der deutschen Kriegsschulden entgehen wir nicht, selbst wenn wir zu Dänemark kommen sollten, denn H. P. Hanssen hat ja im Deutschen Reichstag ebenfalls für die Kriegsanleihen gestimmt." – Dieses glaubten ihm allerdings nur wenige.

Abb. 98: Hans Diderik Kloppenborg-Skrumsager (2.7.1868 in Københoved, Nordschleswig – 3.10.1930 in Københoved); Landwirt auf dem großväterlichen Hof; 1908–18 Mitglied des Provinziallandtages, wo er wegen seiner derb-offenen Art der „Urgermane" genannt wurde; 1919 Mitglied der dänisch-schleswigschen Delegation auf der Pariser Friedenskonferenz; im Abstimmungskampf ein entschiedener Befürworter der 3. Zone, ganz im Gegensatz zu seinem ehemaligen Mitstreiter H. P. Hanssen (vgl. Abb. 84) und Staatsminister Zahle (vgl. Abb. 80); vgl. Dansk Biografisk Leksikon, Bd. 8, S. 44–45.

Endlich trat Simon Jacobs (vgl. Abb. 97) aus Wyk an das Rednerpult. Er ist Müller in Alkersum gewesen, dort aber bankerott gegangen, und er führt jetzt einen kleinen Laden in Wyk. Sein Bruder[276] gehörte zu den ersten, die nach 1867 zum preußischen Militär mußten, aber als er schließlich eingezogen werden sollte, erhängte er sich in der väterlichen Muhle. Simon Jacobs ist ein Onkel von Ernst P. Rolufs' Frau Christina.[277] Früher hat er seine Verwandten in Toftum oft besucht, doch seit Ernst in das dänische Lager gewechselt ist, hat er ihr Haus nicht mehr betreten. – „Ich bin stets deutsch gewesen", sagte er, „und werde immer fortfahren, deutsch zu sein. Ich würde für Deutschland mein Leben lassen!" Das verlangte nun niemand von ihm, aber er pflegt ja meist ein wenig dick aufzutragen.

Zuletzt stimmten die Deutschen *Deutschland, Deutschland über alles* an, worauf die Dänischgesinnten die Veranstaltung verließen und in die Schankstube gingen.

Das war eine gute Versammlung! Viele Deutsche kamen hinterher zu mir und sagten: „Bei diesen dänischen Rednern können wir hören, daß sie die Wahrheit sagen, die Argumente von Tedsen, Momsen, Lind und Jacobs sind dagegen, wie wir sehr wohl merken, nicht stichhaltig. Man bringt sie sicher nur vor, um überhaupt etwas dagegen zu sagen."

Einige Wochen später – ich glaube, es war in den ersten Märztagen – hielt Kloppenborg-Skrumsager (vgl. Abb. 98) eine Versammlung in Utersum ab. Diese war nicht überall auf der Insel angekündigt worden; ich wußte daher gar nicht, daß sie stattfinden sollte. Trotzdem hatten sich ziemlich viele eingefunden, die meistens allerdings nur aus Utersum, Hedehusum und Dunsum. Jan Richard Nickelsen war auch anwesend, und er hat mir den Verlauf der Versammlung mitgeteilt. Als Wortführer trat der ehemalige Kapitän Conrad Hansen (vgl. Abb. 99) auf, ein mittlerweile alter Mann, der eine kleine Landwirtschaft mit einem Pferd und zehn Stück Vieh betrieb. Er gehörte zu denen, die die Fähigkeit besitzen, sich öffentlich darzustellen, und so führte er sicher und souverän durch das Programm. Die einleitenden Worte sprach er auf friesisch: „Das ist eine *dänische* Veranstaltung, die wir

Abb. 99: Heinrich Cornelius (genannt Conrad) Hansen (29.7.1847 in Dunsum – 28.9.1924 in Utersum); Kapitän und später Landwirt in Utersum Nr. 35 (heute Carsten Nissen); „Kunje" war ein Original, über den in Utersum noch heute zahlreiche Anekdoten im Umlauf sind; GRL 839, 324 12.

hier abhalten", sagte er, „aber Kloppenborg wird auf deutsch reden, denn wir verstehen ja kein Dänisch. In 50 Jahren wird das anders sein; dann wird man dänisch sprechen, und wir werden kein Deutsch verstehen. Nun wird Kloppenborg-Skrumsager einige Worte an euch richten, und er darf nicht unterbrochen werden. *Sollten* sich ein, zwei oder drei Deutsche unter uns befinden – mehr werden es sicherlich nicht sein! –, haben sie ja hinterher die Möglichkeit, ihre eigene Kundgebung durchzuführen. Und nun erteile ich Kloppenborg das Wort!"[278]

Nach dem Ende der Veranstaltung blieben die Leute sitzen, und Dr. Bremer (vgl. Abb. 101) aus Halle an der Saale ging an das Rednerpult. Soweit ich weiß, ist er Professor für Friesisch. Er beherrscht das Friesische, als ob er hier geboren ist. Eines Tages, als er mich zu Hause besuchte, sagte er zu mir: „Ich kann hören, daß Sie im westlichen Teil und Max Simonsen im östlichen Teil des Dorfes zur Welt gekommen sind, denn er sagt *aapel* (Apfel) und Sie *ååpel*."[279]

Bremer hielt seine Ansprache auf friesisch. Kloppenborg hörte ihm zu, konnte aber verständlicherweise nicht folgen. Schließlich fragte er Jan Richard, ob er das verstehen könne. „Ja", antwortete Jan Richard. „Dann frage ihn, was er für ein Landsmann ist." Jan Richard fragte. „Ein Deutscher", antwortete Bremer. „Frage ihn, wo er wohnt", hakte Kloppenborg weiter nach. „In Halle!" – „Und wo ist er geboren?" – „In Pommern", antwortete Bremer. Darauf sagte Kloppenborg: „Viele Wochen sind Sie mir nun durch das Abstimmungsgebiet gefolgt, und dabei ist es Ihnen überhaupt nicht erlaubt, sich hier aufzuhalten."

Hiermit ging Kloppenborg hinaus, um zu telegrafieren – wohin, weiß ich nicht. Am nächsten Tag erhielten die beiden Gendarmen, die von dänischer Seite ernannt worden waren, nämlich Christian Lorenzen und Robert Rolufs, telegrafisch oder telefonisch den Befehl, Bremer festzunehmen. Am frühen Morgen zogen sie los. Zuerst fragten sie beim Amtsvorste-

Abb. 100: Knudsens Gasthof in Utersum um 1920, in dem die dänischen Versammlungen stattfanden; sein Besitzer Julius Knudsen, GRL 957, 41, hielt auch nach der Abstimmung an seiner dänischen Gesinnung fest; auf dem Tisch hatte er stets einen kleinen *Danebrog* stehen.

Abb. 101: Dr. Otto Bremer (21. 11. 1862 in Stralsund – 8. 8. 1936 in Halle); zuletzt Professor für deutsche Sprache und Literatur an der Universität Halle-Wittenberg; hat sich große Verdienste um die Erforschung und Förderung der friesischen Sprache erworben; eine besondere Popularität genoß der volkstümliche Gelehrte auf Föhr und Amrum, wo er durch verschiedene mundartliche Veröffentlichungen ein föhringamringer Schrifttum ins Leben zu rufen suchte; vgl. Borchling, Otto Bremer †, in: Korrespondenzblatt für niederdeutsche Sprachforschung, Heft 49 (1936), S. 36–37. Seinen engagierten Einsatz für Deutschland im Abstimmungskampf lohnten ihm die späteren braunen Machthaber nicht. Aufgrund seiner jüdischen Herkunft war dieser deutsche Patriot in seiner eigenen Heimat bald ein Verfemter geworden; mündliche Auskünfte von Fredrik Paulsen, Alkersum, an den Herausgeber.

Abb. 102: Erk Jürgen Bohnitz (27.12.1808 in Midlum – 3.3.1893 in Nieblum); wohnte nach seiner Heirat bis zu seinem Tode in der späteren Nieblumer Post (Friedrichs).

her vor, ob Bremer sein Kommen angemeldet habe oder eine Aufenthaltserlaubnis besitze. – Nein, das sei nicht der Fall. – Ob der Amtsvorsteher wisse, wo Bremer sich aufhalte. – Nein, nicht im geringsten. – Mit diesem Bescheid gingen sie hinaus und begannen nach ihm zu suchen.

Nun hatte der Kapitän des Dampfbootes zwischen Wyk und Dagebüll, Peter Christiansen[280], einen Sohn[281], der im Ersten Weltkrieg Fliegeroffizier gewesen war. Er besuchte in diesen Tagen gerade Wyk mit einem Flugzeug. Als er nun hörte, daß die Gendarmen nach Bremer fahndeten, machte er ihn – wie ich meine, in Nieblum – ausfindig und brachte ihn mit seinem Flugzeug nach Bredstedt, also südlich der Abstimmungszone.[282] Der gleiche Flieger agitierte sehr tatkräftig für die deutsche Seite. Er flog häufig über unsere Köpfe hinweg und warf Flugblätter ab.[283] Diese handelten fast immer von Schleswig-Holstein, keineswegs von Deutschland. Die gesamte deutsche Propaganda vor der Abstimmung war deutlich davon gekennzeichnet, daß man weit mehr über Schleswig-Holstein als über Deutschland sprach und schrieb, und man sang auch viel häufiger das Schleswig-Holstein-Lied als *Deutschland, Deutschland über alles*. In der deutschgesinnten Bevölkerung herrschte nahezu durchgehend die Vorstellung, Schleswig-Holstein würde gegenüber dem Reich in Zukunft eine selbständigere Position einnehmen.[284]

Auf welche Weise man auf Osterlandföhr arbeitete, weiß ich nur recht ungenau, aber es gab viele, die mit dem ganzen Herzen dänisch gesinnt waren. So lebte in Nieblum ein alter Mann, Kapitän Erich Jürgen Bohnitz (vgl. Abb. 102), der viele Jahre lang mit der kleinen Brigg *Christian* von Kopenhagen nach Rio de Janeiro gefahren war, um Kaffee zu holen. Er wurde in der bewegten Zeit vor der Abstimmung krank und sagte da zu seinen Familienangehörigen: „Ich würde so gerne bis zum Abstimmungstag leben, damit ich für Dänemark stimmen kann, aber sollte ich vorher sterben, sollt ihr den *Danebrog* über meinen Sarg legen und ihn so in die Erde senken." Das sprach sich bald auf der ganzen Insel herum.

Er starb schließlich vor der Abstimmung – noch bevor die *Internationale Kommission* in Flensburg tätig wurde –, und als sich die Nachricht von seinem Tode auf Föhr verbreitete,

Abb. 103: Cornelius Andreas Bohnitz (1831 in Nieblum – 1.2.1902 in Nieblum); zunächst Seemann; ein überaus heller Kopf, der aber – sehr zum Leidwesen des Vaters – ein ausgesprochener Leichtfuß war; mußte einmal durch seinen Vater aus dem Londoner Schuldgefängnis ausgelöst werden.

erhielten die Angehörigen durch einen Gendarmen den Bescheid, es könne nicht zugelassen werden, daß der *Danebrog* über dem Sarg liege; das sei politische Agitation. Statt dessen bestehe aber die Möglichkeit, ihn in die Fahne gehüllt in den Sarg zu legen; das werde man nicht verhindern. So geschah es dann.

Sein Sohn (vgl. Abb. 103) setzte sich, bevor er starb, selbst einen Grabstein auf dem Friedhof, auf dem er die deutsche Übersetzung von Shakespeares *„To be or not to be, that is the question"* (Sein oder Nichtsein, das ist hier die Frage) eingravieren ließ. Er mußte das Zitat jedoch wieder entfernen. Auf dem Friedhof waren Fragen über Sein oder Nichtsein unerwünscht.[285]

Einige Zeit vor der Abstimmung schickte mir die *Internationale Kommission* – oder war es das *Südjütische Ministerium*[286]? – eine Liste über die verschiedenen Gemeindevorsteher und Gemeindevertreter auf Westerlandföhr. Diesen oblag nämlich in ihrer Eigenschaft als Wahlvorstand die Ausarbeitung der Listen mit den Stimmberechtigten. Es wurde nun vorgefragt, ob die derzeitigen Amtsinhaber im Hinblick auf die bevorstehende Abstimmung für diese Aufgabe geeignet seien oder ob sie sich zu stark für die eine oder andere Seite einsetzten, so daß man befürchten müsse, sie würden parteiisch oder unrechtmäßig handeln.

Ich begab mich zuerst nach Goting. Dort traf ich Kapitän Jacobs[287], der früher zur See gefahren war und jetzt eine kleine Landwirtschaft betrieb. Ich wußte, er war dänisch gesinnt, und so fragte ich ihn, ob die im Amt befindlichen Gemeindevertreter eingesetzt werden könnten. „Ja", antwortete er, „sie sind alle dänisch gesinnt." – „Ja, ja", sagte ich, „das mag wohl sein. Nach dem Schreiben, das ich erhalten habe, sollten aber gerne ein paar von jeder Seite die Listen ausarbeiten und die Abstimmung leiten, doch man kann sicherlich darauf vertrauen, daß die sechs dänisch gesinnten Gemeindevertreter sich pflichtgemäß verhalten." – „Ja, daran besteht kein Zweifel." – „Kannst du mir ein paar Deutschgesinnte nennen, die für einige der Dänischgesinnten eintreten könnten?" – „Nein!" – „Dann werde ich an die Kommission berichten, alle seien zwar dänisch orientiert, aber dennoch in jeder Hinsicht vertrauenswürdig. Sollte ich jedoch die Antwort erhalten, daß einige von deutscher Seite dabeisein *müssen*, so spare ich mir ja den Weg zu euch hinaus, wenn du mir gleich einige Namen angibst." Darauf empfahl er mir Andreas Peter Godbersen[288] und Jan Jensen[289].

In Borgsum waren es vier dänischgesinnte und zwei deutschgesinnte Gemeindevertreter, und diese schlug ich vor.

Witsum hat lediglich sechs oder sieben Häuser. Dort gibt es deshalb keine Gemeindevertreter, sondern lediglich einen Gemeindevorsteher. Dieser (vgl. Abb. 104) war deutsch gesinnt, sein Stellvertreter (vgl. Abb. 105) dagegen dänisch gesinnt, und so hielt ich es für angebracht, daß beide gemeinsam die Aufgabe übernehmen sollten.

In Hedehusum mit seinen neun Häusern verhielt es sich wie in Witsum. Im Unterschied zu dort war der Gemeindevorsteher (vgl. Abb. 106) hier aber dänisch und sein Stellvertreter (vgl. Abb. 107) deutsch gesinnt.

In Utersum fragte ich den Dorfschullehrer Jacobsen (vgl. Abb. 108) um Rat. Er ist mir verwandt, und ich dachte, er wäre dänisch gesinnt, aber später habe ich gehört, daß er deutsch gestimmt hat. „Ich bin Lehrer", sagte er, „ich kann mich dazu nicht äußern. Gehe zu meinem Nachbarn Jan Friedrich Lorenzen" (vgl. Abb. 109). – „Wir sind alle sechs dänisch gesinnt", sagte Lorenzen. Als ich ihn bat, er möge mir zwei von der anderen Seite benennen, antwortete er: „Du sollst den schlimmsten Deutschen bekommen, den wir in Utersum haben, nämlich Simon Wögens" (vgl. Abb. 110). Dieser hatte Utersum den Namen *Jütersum* gegeben, aber hinzugefügt: „Noch nicht *Jütersum*!" Der andere Deutschgesinnte war Johannes Jürgensen (vgl. Abb. 111).

Dunsum hat trotz seiner rund zwanzig Häuser keine Gemeindevertreter. Ich wußte, daß der Gemeindevorsteher Roluf Hinrichsen (vgl. Abb. 112) deutsch gesinnt war. Ich ging daher zu seinem Stellvertreter Robert Matzen (vgl. Abb. 113) und sagte: „Du mußt dem Gemeindevorsteher zur Seite stehen, und ich vertraue darauf, daß ihr die Sache gut machen werdet. Du bist doch dänisch gesinnt?" – „Ja", antwortete er, und damit war alles in Ordnung.

In Süderende verhielt es sich wie in Borgsum: Einige waren dänisch, andere deutsch gesinnt.

In Oldsum gab es nur deutschgesinnte Gemeindevertreter. Ich schrieb der Kommission, daß man sich gut auf sie verlassen könne. Müßten allerdings einige Dänischgesinnte eingesetzt werden, so würde ich Max Simonsen und Jan Richard Nickelsen vorschlagen.

Desgleichen waren in Toftum alle deutsch gesinnt, doch durfte man auch bei ihnen eine korrekte Pflichterfüllung voraussetzen. Falls hier ebenfalls dänischgesinnte Wahlhelfer ernannt werden sollten, empfahl ich Ernst P. Rolufs und Julius Arfsten (vgl. Abb. 114) für dieses Amt.

Kurz darauf erhielt der Gemeindevorsteher (vgl. Abb. 115) hier in Toftum einen Brief. Er kam gleich zu mir und sagte: „Was für ein Verdruß, daß du uns gewählt hast. Auf Anordnung der Kommission muß einer der beiden jüngsten Gemeindevertreter durch Auslosung ausscheiden und ein Däne, der von der Kommission bestimmt wird, an seine Stelle treten. Du hättest ihnen doch gut schreiben können, wir hätten ein bis zwei dänischgesinnte Mitglieder in unserer Gemeindevertretung." – „Nein", antwortete ich, „ich schrieb, man könne sich gut auf die derzeitigen Amtsinhaber verlassen, aber anderes konnte ich nicht schreiben. Möchtest du etwa ein Däne sein? – Nun, und ich möchte kein Deutscher sein!"

Ich begab mich umgehend nach Oldsum, um zu fragen, wie es dort gegangen sei, und da verhielt es sich ebenso. Also konnte ich mir ja vorstellen, daß in Utersum und Goting, wo die gesamte Gemeindevertretung auf dänischer Seite stand, in gleicher Weise verfahren worden war, was sich auch nachträglich als zutreffend erwies.

Abb. 104: Cornelius Hinrich Daniels (10. 3. 1868 in Dunsum – 13. 11. 1933 in Witsum) ca. 1906; Landwirt in Witsum Nr. 1 (heute Cornelius Daniels); in der Abstimmungszeit Mitglied des Deutschen Ausschusses; war vor und auch nach 1920 Gemeindevorsteher in Witsum; GRL 975, 3.

Abb. 105: Ocke Adolf Rörden (25. 6. 1869 in Witsum – 8. 5. 1954 in Witsum); Landwirt in Witsum Nr. 6 (heute „Althof Rörden"); GRL 413, 118 176; vgl. Olufs/Marées, Witsum. Chronik eines Dorfes, S. 95.

Abb. 106: Hinrich Reinhard Rörden (9. 10. 1875 in Hedehusum – 14. 4. 1937 in Hedehusum); Gemeindevorsteher 1911 – 1923; Steinmetz und Landwirt in Hedehusum Nr. 23 (heute R. Bordel); GRL 193, 113 671 6.

Abb. 107: Volkert Martin Carlsen (24. 4. 1881 in Hedehusum – 24. 3. 1973 in Wrixum); Landwirt in Hedehusum Nr. 11 (heute Kühl); GRL 1161, 1.

Abb. 108: Hinrich Alwin Jacobsen (29.7.1886 in Oldsum – 4.2.1969 in Niebüll); Lehrer in Utersum 1908–27, danach Konrektor in Niebüll; GRL 1206, 4.

Abb. 109: Jan Friedrich Lorenzen (17.8.1876 in Utersum – 23.2.1947 in Wyk); Landwirt in Utersum Nr. 29 (heute Diethelm); GRL 310, 215 217 1.

Abb. 110: Simon Wilhelm Wögens (20.6.1870 in Utersum – 20.3.1936 in Utersum); Landwirt in Utersum Nr. 33 (heute Simon Wögens); Gemeindevorsteher bis ca. 1919; in der Abstimmungszeit ein engagiertes Mitglied des Deutschen Ausschusses; er war ein Sohn des ehemaligen Amtmannes und Deichgrafen von Westerlandföhr Roluf Theodor Wögens (1843–1909); GRL 826, 227 733.

Abb. 111: Johannes Adolf Jürgensen (19.3.1887 in Utersum – 10.4.1954 auf dem Feld hinter dem Pflug); Landwirt in Utersum Nr. 52 (heute Heinz Jürgensen); GRL 1220, 2.

Abb. 112: Roluf Diedrich Hinrichsen (21.7.1875 in Dunsum – 26.1.1953 in Dunsum) als Soldat 1916 in Rußland; Zimmermann und Landwirt in Dunsum Nr. 6 (heute „Haus Möve"); in der Abstimmungszeit Mitglied des Deutschen Ausschusses; Gemeindevorsteher bis 1945; GRL 623, 253 341 1.

Abb. 113: Robert Emil Matzen (26.4.1886 in Oldsum – 30.5.1972 in Dunsum); Landwirt in Klein-Dunsum Nr. 25 (heute Max Matzen); GRL 161, 518 162 7.

Abb. 114: Julius Theodor Arfsten (2.10.1871 in Toftum – 25.8.1936 in Toftum) 1898 in Kalifornien; nach Amerika-Aufenthalt Landwirt in Toftum Nr. 219 (heute Willy Wohld); war lange Jahre Wärter der Oldsumer Vogelkoje; GRL 107, 262 113 4.

Abb. 115: Johannes Marius Jappen (13.1.1864 auf Nordstrand – 25.3.1943 in Toftum); zunächst Kaufmann in Brooklyn/New York (aus dieser Zeit auch das Foto); später Landwirt in Toftum Nr. 164a (heute Elisabeth Quedens); GRL 124, 423 317.

Wenig später erschien der Gemeindevorsteher erneut bei mir und sagte: „He, Juchem, du hast dich ja selbst für den Sitz im Wahlvorstand vorgeschlagen!" – „Nein", entgegnete ich, „ich habe Ernst P. Rolufs und Julius Arfsten vorgeschlagen." – „Aber die Kommission hat Anweisung gegeben, dich hier in Toftum in den Wahlvorstand aufzunehmen. Nun mußt du auch die meiste Arbeit machen." – „Nein", antwortete ich, „ich werde nur meinen Anteil tun."

Darauf stellten wir im Laufe von zehn Tagen die Listen zusammen, das heißt, eigentlich beschäftigten wir uns nur drei oder vier Tage damit, dann hatten wir sie abgeschlossen, denn wir kannten ja alle Stimmberechtigten im voraus, ausgenommen drei Zugereiste aus dem Süden, die wir im Kirchenbuch nachschlagen mußten. Es war jedoch vorgeschrieben, daß wir für die Dauer von zehn Tagen zu bestimmten Zeiten anwesend sein sollten, damit die Leute Gelegenheit bekamen, die Wählerlisten einzusehen. – Alles ging im übrigen bei der Ausarbeitung der Listen ordentlich und rechtschaffen zu.

In jener Zeit mußte man auf vieles achtgeben. Kurz bevor die „Schlacht" stattfinden sollte, erschien eines Tages ein Däne bei uns und fragte: „Ist Joachim Hinrichsen zu Hause?" – „Nein, er ist weggegangen", sagte Ingke. – „Ist er in einer Angelegenheit unterwegs, die die Abstimmung betrifft?" – „Ja." – „Ja, das kann ich mir denken. Ich fragte einen Mann, ob er mir zeigen könne, wo Joachim Hinrichsen wohne. Darauf führte er mich hin, zeigte mit dem Finger auf das Haus und sagte: ‚Dort wohnt der *Dänenhäuptling*.'

Als ich nach Hause kam, sagte Ingke zu mir: „Nun hast du einen Titel bekommen, Juchem!" – „So?" – „Ja, man nennt dich *Dänenhäuptling*." – Nachher riefen mir auch die Kinder auf der Straße hinterher: „Nun hast du einen Titel bekommen, Juchem! Man nennt dich *Dänenhäuptling*."

Ich ging darauf zum Dorfschullehrer[290] und sagte: „Kannst du nicht ein gutes Wort für mich bei den Kindern einlegen? Sie bezeichnen mich als *Dänenhäuptling*." – „Das werde ich schon unterbinden", sagte der Lehrer. Anschließend hat mir niemand mehr etwas auf der Straße nachgerufen.

Ich bin überaus gut bekannt mit der Dorfjugend und mag sie sehr gern; darum duldete ich es nicht, daß sie sich Unverschämtheiten erlaubte und mich verspottete, wenn ich auf die Straße ging.

Als Westerlandföhrer Vertrauensmann des *Mittelschleswigschen Ausschusses*[291] bat man mich kurz vor der Abstimmung, einmal zu überschlagen, wie viele dänische Stimmen man aus diesem Teil der Insel erwarten dürfe. Ich besuchte dann in den Dörfern verschiedene dänischgesinnte Leute, die mir bekannt waren, und ging mit ihnen die örtliche Bevölkerung im Hinblick auf mögliche dänische Stimmen durch. Wir gelangten zu der Ansicht, daß vermutlich ein Drittel der abgegebenen Stimmen auf Dänemark entfallen werde. Damit lagen wir ja gar nicht so falsch.

Der 14. März 1920

Schließlich kam am 14. März die Abstimmung. Bereits am frühen Morgen hatte ich meinen kleinen Zimmer-*Danebrog* oben aus dem Fenster gesteckt, damit die Vorübergehenden sehen konnten, daß hier dänischgesinnte Leute wohnten. Nachher hörte ich von einem Mann aus Boldixum, der einen mächtigen *Danebrog* an seinen Fahnenmast gehißt hatte. Es handelte sich um einen großen Bauern im gleichen Alter wie ich. Wenn er jetzt hier vorbeifährt, hält er manchmal und fragt: „Juchem, wann werden wir dänisch?" – „Nicht in dieser Welt", antwortete ich dann, „denn wir sind ja beide zu alt." Den kleinen *Danebrog* habe ich 1919 in Århus gekauft; einen großen *Danebrog* besitze ich nicht.

Als wir am Morgen zusammenkamen, sagten die übrigen Mitglieder des Wahlvorstandes zu mir: „Das wird ein schwerer Tag für dich, Juchem." – „Warum das?" fragte ich. „Diesen Tag haben wir lange mit Sehnsucht erwartet. Nun werden die Bestimmungen des Paragraphen 5 in Erfüllung gehen." – „Aber ihr werdet nicht viele Stimmen bekommen." – „Nun ja, die Mehrheit werden wir wohl nicht erhalten, doch werden wir hier in Toftum nicht weit davon entfernt sein." Die Deutschen meinten, es würden schwerlich mehr als drei dänische auf fünf bis sechs deutsche Stimmen entfallen. Am Ende waren es 44 dänische gegen 55 deutsche Stimmen; zu den letzteren zählten auch die Stimmen der drei Zugereisten.

Die Abstimmung verlief vom Anfang bis zum Ende ordentlich und vorschriftsmäßig. Es gab keine Manipulationen, keinen Bruch des Wahlgeheimnisses und keine Agitation im Stimmlokal. Es wurde deswegen – soweit ich weiß – nicht eine einzige Klage eingelegt. Man konnte ebensowenig mutmaßen, wie die Leute im einzelnen gestimmt hatten, es sei denn in Witsum, wo kaum mehr als 20 Stimmberechtigte registriert waren.

Die Sache mit dem Wahlgeheimnis hatte eine dänischgesinnte Frau völlig mißverstanden. Als sie aus der Wahlkabine kam, hätte sie mir ja den Umschlag mit dem Stimmzettel geben sollen, denn meine Aufgabe war es, diesen an den Gemeindevorsteher weiterzureichen, der ihn dann in die Wahlurne steckte. – Doch die Frau erschien ohne Umschlag. „Na", sagte ich, „hast du deine Stimme abgegeben?" – „Ja." – „Aber wo hast du denn den Wahlumschlag?" – „Das sage ich nicht!" – „Wie bitte?" – „Nein, das soll doch geheim bleiben! Du mußt suchen!" Sie hatte in der Wahlkabine das Kuvert in einem Leinenkorb versteckt. „Das hättest du mir ja sagen können, daß ich euch den Umschlag geben soll", meinte sie.

Diesen Vorfall setzte der Lehrer in die Zeitung, um zu zeigen, wie dumm die Dänen doch sind. „Eine dänischgesinnte Frau aus Toftum...", so begann er. Danach hat diese Frau niemals wieder an einer Wahl teilgenommen.

Zweimal gingen die Mitglieder des Wahlausschusses zu den Mahlzeiten nach Hause. Einer kam mit 50 Zigarren zurück. Damals sahen wir im allgemeinen ziemlich selten richtigen Tabak, sondern mußten uns damit begnügen, Kirsch- und Lindenblätter in unseren Pfeifen zu rauchen. „Sind wir uns alle einig, daß wir etwas zu rauchen haben sollten?" sagte er. „Wer soll das bezahlen?" fragte der Gemeindevorsteher. „Wir teilen die Kosten unter uns. Schließlich bekommen wir Geld dafür, daß wir hier sitzen." Der Gemeindevorsteher fragte darauf in der Runde nach, wer sich an den Zigarren beteiligen wollte, so auch mich: „Bist du auch mit von der Partie, Juchem?" – „Ja", antwortete ich, „aber ich vertrete hier die eine Seite ganz allein. Insofern muß ich auch die Hälfte der Kosten übernehmen."

Noch heute sagen die Leute oft, wenn ich irgendwo hingehe und sie mit der Zigarrenkiste kommen: „Möchtest du eine Zigarre, Juchem? Aber du kriegst sie nicht nur halb!"

Am Nachmittag, um fünf Uhr herum, suchten mich einige Verwandte auf, die hier auf der Insel geboren sind, inzwischen jedoch auf dem Festland weiter südlich leben. Es handelte sich um Pastor Hinrich Ketels aus Kiel und seinen Bruder (vgl. Abb. 116), einen Verwaltungsangestellten aus Altona. Sie hatten in Süderende abgestimmt, und nun riefen sie mich aus dem Wahllokal. „Das wird sicherlich ein schwerer Tag für dich, Juchem." – „Warum meint ihr das?" – „Ja, wie das so ist – die *Mehrheit* kriegen wir nicht." – „Nein, aber selbst wenn wir in der Minderheit bleiben, so kann ich mich sehr wohl damit abfinden." – „Wenn es nach der Abstimmung allein geht, können wir nicht zu Dänemark gelangen." – „Nun, dann müssen wir eben bei Deutschland bleiben."

Im südlichen Teil Oldsums wohnte ein alter Mann, der zu ihnen gesagt hatte: „Sollten wir nicht wieder dänisch werden, so lebe ich keine drei Tage länger." Dazu kam es zwar nicht ganz, aber viel Zeit verging nach der entscheidenden Abstimmung nicht, bis er starb.

Am Abend begannen wir, die Stimmen auszuzählen. Hier in Toftum entfielen, wie gesagt, 44 dänische auf 55 deutsche Stimmen. Anderenorts war das Ergebnis noch besser. Niels Skrumsager erzählte mir am Tag darauf, daß er den Abend zusammen mit den Dänen in Wyk verbracht habe, und das erste, was man durchgegeben habe, seien die Zahlen von Goting gewesen: *dänische Mehrheit* mit 34 dänischen und nur 29 deutschen Stimmen! Darüber habe sich die ganze Gesellschaft unsagbar gefreut. Auch Hedehusum meldete eine dänische Mehrheit, 16 zu 11 Stimmen, desgleichen Utersum mit 41 zu 33 Stimmen.[292] Aber zwischendurch gab es sowohl von Föhr als auch aus der übrigen Zone II viele betrübliche Ergebnisse. In

Abb. 116: Ernst Julius Ketels (31.7.1859 in Süderende – 11.9.1949 in Hamburg); Seefahrer nach Grönland, Kapitän im Überseedienst, später Schiffstaxator in Hamburg; als Rentner teilweise in Dunsum Nr. 24 („Kuns Hüs"); GRL 219, 233 343 3; vgl. seine „Lebenserinnerungen" (unveröffentlicht).

Oldsum wurden 82 dänische und 209 deutsche Stimmen gezählt, in Süderende war das Verhältnis 25 zu 89, in Borgsum 59 zu 68; in Wyk erhielten wir nur 112 dänische Stimmen, gegenüber 709 deutschen. In den Landgemeinden hielten sich nicht so viele Stimmberechtigte von außerhalb auf wie in Wyk, und die meisten von ihnen waren deutsch gesinnt. Pastor Ketels aus Kiel und sein Bruder aus Altona kamen, wie gesagt, auf die Insel, um hier abzustimmen. Beide sind in Oldsum geboren, und beide stimmten zusammen mit ihren ebenfalls anwesenden Frauen dänisch. Nur wenig später ließ das Konsistorium in Kiel bei Amtsvorsteher Brar Roeloffs vorfragen, ob Pastor Ketels für Dänemark gestimmt habe. „Das weiß ich nicht", antwortete der Amtsvorsteher, „denn es handelte sich ja um eine geheime Abstimmung." Der Amtsvorsteher ist mit einer Schwester von Ketels verheiratet.

Wie groß das Gewicht der Zugereisten in den verschiedenen Abstimmungsgebieten war, ist im einzelnen nicht leicht zu beurteilen. Wer diese Personen ein wenig kannte, möglicherweise etwas über ihre Verwandtschaftsverhältnisse wußte oder hörte, wie sie sich zu diesen Dingen äußerten, der konnte in den meisten Fällen sagen, ob sie dänisch oder deutsch stimmen würden. In Süderende[293] sprachen sich gewiß alle zugereisten Abstimmungsberechtigten für Deutschland aus, abgesehen von vieren, nämlich den beiden Familien Ketels. Nach Toftum kamen zwei von außerhalb der Insel, beide deutschgesinnt. Der eine war der Sohn eines Lehrers, der sich hier nur ein oder zwei Jahre aufgehalten hatte. Er reiste nun aus Hamburg an, um für Deutschland zu stimmen. Die Reise nach Föhr und das Quartier hierzulande hatte er – wie alle anderen Deutschen auch – frei. Mancherorts erschienen gar nicht wenige Auswärtige; in Oldsum etwa belief sich ihre Zahl auf über zwanzig. Dort wurde übrigens bei ihrer Ankunft ein Begrüßungsfest in der Gastwirtschaft gegeben. Ähnliches geschah sicherlich auch in anderen Dörfern. Unter den Auswärtigen in Oldsum befand sich auch Pastor Rickmers (vgl. Abb. 117) aus Satrup in Angeln. Es gelang ihm noch im letzten Augenblick, seine Föhrer Verwandtschaft umzustimmen. Sie hätte sich sonst für Dänemark entschieden, stimmte nun aber deutsch. Eine Tante[294] des Pastors hat mir selbst erzählt: „Ich stimmte deutsch, weil er mich dazu überredete." Über ihr eigenes Wahlverhalten hinaus übten die auswärtigen Stimmberechtigten auf diese Weise schon einen gewissen Einfluß auf das Abstimmungsergebnis aus. Im Laufe der Zeit sind hier unzählige deutsche Beamten und Angestellten beim Amtsgericht, im Zoll- und Postwesen usw. beschäftigt gewesen, von denen die meisten aus südlicheren Gegenden stammten und sich nur ein paar Jahre auf der Insel aufhielten. Nun kamen ihre

Abb. 117: Claudius Johannes Rickmers (24.3.1857 in Oldsum – 10.12.1945 in Glückstadt); Pastor in Aventoft 1883–92, in Satrup 1892–1921; GRL 181, 531 533 1; über seine friesische Predigt auf der 500-Jahr-Feier der Siebenhardenbeliebung in St. Nicolai, Boldixum, am 20.6.1926 vgl. Jahrbuch des Nordfriesischen Vereins 1926, S. 83 ff., und Reden und Predigten zur 500-Jahr-Feier der Sieben-Harden-Beliebung vom 19.–21. Juni 1926 auf Föhr, S. 12 ff.; Claudius war ein Sohn von Jacob Rickmers (vgl. Abb. 14).

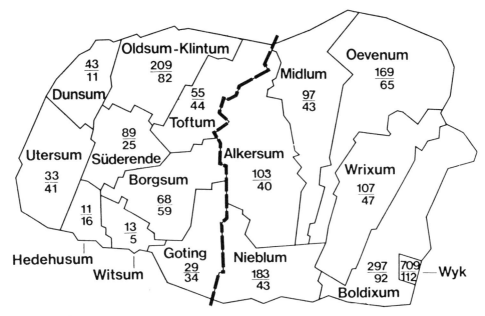

Abb. 118: Die Abstimmungsergebnisse auf Föhr. Die obere Zahl gibt für die jeweilige Gemeinde die abgegebenen deutschen Stimmen, die untere Zahl die dänischen Stimmen an; die gestrichelte Linie bezeichnet die historische Grenze zwischen Wester- und Osterlandföhr. Als einzige Gemeinden in der II. Zone wiesen dabei Utersum, Hedehusum und Goting dänische Mehrheiten auf. Insgesamt lag auf Föhr der Anteil der dänischen Stimmen in der ehemals reichsdänischen Enklave Westerlandföhr mit 36,6 % erheblich höher als auf Osterlandföhr mit 21,0 %; in Wyk lag der dänische Stimmenanteil bei 8,2 %, auf den Nachbarinseln Amrum und Sylt bei 14,4 % bzw. 11,6 %; vgl. Steensen, Die Insel Föhr in der Abstimmungszeit, S. 125 (von dort auch die Karte).

Kinder, um an der Abstimmung teilzunehmen. In Wyk stimmten die Auswärtigen, insgesamt 113 Personen, gesondert ab. Davon haben etwa 100 für Deutschland und vielleicht 13 für Dänemark votiert. Unter den Dänen befanden sich auch Kapitänleutnant Hammers Sohn und Tochter.[295]

Auf Föhr erhielten wir im ganzen 759 dänische gegenüber 2215 deutschen Stimmen (vgl. Abb. 118). An die anderen Ergebnisse erinnere ich mich nicht,[296] aber auf Westerlandföhr erzielten wir über 30 Prozent der Stimmen. Bevor die Dänen anfingen, bei uns Versammlungen abzuhalten, glaubte ich nicht, daß für uns auf der Insel insgesamt mehr als 100 Stimmen zusammenkommen würden, doch allein auf Westerlandföhr entfielen auf Dänemark mehr Stimmen, als wir noch am Vortage der Abstimmung zu hoffen wagten. Trotzdem rechnete ich für ganz Föhr bis zuletzt mit einem wesentlich besseren Ergebnis, als es dann schließlich eintrat, denn in der Endphase des Abstimmungskampfes verbreitete sich die Kunde, die Dänen hätten auf Osterlandföhr die Oberhand gewonnen, und von Oevenum wurde gar gesagt, dort seien kaum noch Deutschgesinnte zu finden, aber dann gab es hier 169 deutsche und nur 65 dänische Stimmen. Auch das endgültige Resultat der gesamten II. Zone geriet ja zu einer großen Enttäuschung. Von Flensburg mit seinen vielen zugereisten Stimmberechtigten konnte man sich ja denken, daß wir dort von einer dänischen Mehrheit weit entfernt waren, aber für den ländlichen Raum hatte ich mir ein günstigeres Ergebnis erhofft.

Nach der Abstimmung

Die Enttäuschung, daß wir nicht zu Dänemark gekommen waren, saß tief, und das Abstimmungsergebnis traf uns nach der vorangegangenen bewegten Zeit hart. Trotzdem ist die Verbindung mit Dänemark und anderen Dänen südlich der Grenze nicht abgerissen.

Auf der Insel gibt es zwei Ortsgruppen des *Schleswigschen Vereins*[297], eine davon für Osterlandföhr mit Mitgliedern in Wyk, Alkersum usw., darunter auch Andreas Bossen (vgl. Abb. 119), der Typograph bei der *Föhrer Zeitung* ist, sowie der pensionierte Lehrer Christiansen (vgl. Abb. 120). Die meisten Mitglieder hat jedoch die Ortsgruppe Westerlandföhr. Unser Vertrauensmann hier ist Christian Lorenzen, einer unserer besten und tüchtigsten Männer. Vorigen Herbst[298] reiste er nach Amerika. Es war seine Absicht, in den USA ein wenig Geld zu verdienen – so machen es viele Föhringer seit altersher –, um dann nach zwei Jahren wieder zurückzukehren. Anscheinend hat er gewisse Schwierigkeiten, sich drüben zurechtzufinden, denn er schreibt seiner Familie, daß er unter Heimweh leidet. Nach Ansicht seiner Frau und seiner Mutter wird er aber die geplanten zwei Jahre dortbleiben. Während seiner Abwesenheit wird er durch Jan Richard Nickelsen vertreten. Der Vertrauensmann in Utersum heißt Johann E. Faltings (vgl. Abb. 121).

Der *Schleswigsche Verein* hält nicht viele Versammlungen ab, und diese sind obendrein nur schwach besucht. Im Winter fand nur eine Veranstaltung statt, nämlich hier in meinem Hause. Zu unseren Zusammenkünften erscheinen etwa zehn bis fünfzehn Personen. Unsere eigentlichen Versammlungen berufen wir vor den Wahlen ein. Unter denen, die bei solchen Gelegenheiten als Redner auftraten, erinnere ich Johannes Oldsen (vgl. Abb. 131) aus Lindholm sowie Ingwert Braren (vgl. Abb. 63) und Nicolai Bennedsen[299] aus Oldsum, letzterer übrigens ein eingewanderter Jüte.

Über die Wahlen weiß ich nichts mehr, doch habe ich mir darüber Notizen in meinem Taschenbuch gemacht. Diesem entnehme ich, daß auf Föhr auch nach der Volksabstimmung 1920 dänisch gestimmt worden ist. Ich erinnere mich merkwürdigerweise nicht mehr daran, aber Dinge, die in den letzten Jahren geschehen sind, kann ich nicht mehr so gut im Gedächtnis behalten.

Ich lese jeden Tag den *Schleswiger*[300], den Ernst P. Rolufs sich hält, und alle vierzehn Tage oder drei Wochen lese ich *Flensborg Avis*[301] bei meinem Schwager August Jensen[302] in Dunsum. Er ist ein gebürtiger Jüte aus der Gegend von Randers und war mit einer Schwester von Ingke verheiratet, lebt aber jetzt – wie ich – als Witwer. Manchmal nehme ich mir auch den Zeitungsstapel mit nach Hause. Ich liebe es zu lesen, besonders nun, da Ingke tot ist, denn wenn man allein herumsitzt, kommen leicht trübe und unzufriedene Gedanken in einem auf. Gelegentlich schickt mir ebenfalls mein Vetter Ernst Ketels aus Altona den *Flensborg Avis*, wenn über etwas Besonderes berichtet wird.

Abb. 119: Andreas Christian Bossen (3.9.1864 in Hadersleben – 22.6.1943 in Wyk); Drucker bei der *Föhrer Zeitung* in Wyk; obwohl er bei einer deutschnational ausgerichteten Zeitung arbeitete, war er Mitglied des *Friesisch-schleswigschen Vereins* und 1928 Kandidat zur Reichs- und Landtagswahl für die von Johannes Oldsen (vgl. Abb. 131) angeführte *Liste Friesland*; vgl. Steensen, Die friesische Bewegung in Nordfriesland, S. 221.

Abb. 120: Christian Jens Christiansen (26.2.1847 im Rutebüllkoog – 19.3.1928 in Wyk) ca. 1910; 1862–65 Elementarlehrer in Neukirchen, Wiedingharde, 1865–68 auf dem Lehrerseminar in Tondern; nach verschiedenen Lehrerstellen ab 1879 in Wyk; 1910 in Pension und Auszeichnung mit dem Adler der Inhaber des Königl. Hausordens der Hohenzollern; er wurde von seinen Schülern respektvoll „de Oole" genannt; vgl. *Föhrer Lokal-Anzeiger* vom 20.3.1928.

Ich bin nicht der einzige, der die Presse der dänischen Minderheit liest. Im Winter gab es in Oldsum und in Nieblum 16 Postabonnenten, die den *Schleswiger* hielten. In Wyk belief sich ihre Zahl – wenn ich nicht irre – auf 30 bis 40. Das hat Oldsen mir erzählt. *Flensborg Avis* wird hier auf Westerlandföhr sicherlich nur durch August Jensen bezogen; er kann nämlich überhaupt kein Deutsch lesen. Auf Osterlandföhr gibt es dagegen mehrere Abonnenten in Oevenum – und möglicherweise auch anderenorts. Unter anderem bezieht der Stellmacher Brodersen[303] in Oevenum die Zeitung für Andreas Andersen[304], einen alten Mann aus Bramminge in Jütland, der im Hause des Stellmachers lebt.

Die Verbindung zu Dänemark ist etwas lebhafter geworden als vor dem Krieg. Im vergangenen Jahr besuchten zwei junge Leute die Hochschule[305], ob aus Wrixum oder Wyk, kann ich in diesem Zusammenhang nicht sagen. Einige Kinder sind ebenfalls in Dänemark gewesen. Christian Lorenzen (vgl. Abb. 122) hat sich um derlei Angelegenheiten gekümmert, bevor er nach Amerika ging. Alle diese Dinge sollten ja nur ein kleiner Anfang sein.

Abb. 121: Johann Ernst Faltings (27.10.1852 in Oldsum – 30.8.1930 in Utersum) ca. 1930; zunächst Steuermann auf dänischen Schiffen in Ostasien und Amerika; danach Landwirt in Utersum Nr. 13 (heute Johann Faltings); Gemeindevorsteher von ca. 1902–ca. 1910; Johann war ein Sohn von Volkert F. Faltings (vgl. Abb. 25) und insofern ein Vetter von Juchem; GRL 727, 236 526.

Es gibt darüber hinaus ein paar junge Leute, die nach Nordschleswig fahren, um dort als Knecht oder Dienstmädchen zu arbeiten. Das geschah aber doch mehr in den ersten Nachkriegsjahren; jetzt ist das wesentlich schwieriger geworden. Am leichtesten haben es noch die jungen Mädchen; ich war in dieser Sache sechs bis acht von ihnen behilflich. Zunächst muß das Mädchen nachweisen, daß der Bauer, bei dem es seinen Dienst antreten will, die Hilfskraft wünscht, danach braucht der Bauer einen vom Amtsvorsteher beglaubigten Beleg, daß er die Hilfe benötigt, und erst dann reicht das Mädchen ihren Antrag zur Genehmigung ein.

Am 3. und 4. Juli 1921 fand in Ripen ein kulturhistorisches Fest statt, an dem acht Mädchen von Föhr teilnahmen. In einem großen Umzug sollten Volkstrachten aus allen Teilen Dänemarks, Schwedens und Norwegens gezeigt werden, wie sie in früheren Zeiten getragen wurden oder noch heute hier und da im Gebrauch sind. Bereits im Mai oder Juni hatte ich deswegen einen Brief von Cornelius Petersen (vgl. Abb. 67) erhalten, in dem er mich fragte, ob ich nicht ein paar föhringer Mädchen ausfindig machen könne, die in ihrer Tracht dorthin fahren würden. Das werde in Ripen gewiß großes Aufsehen erregen, meinte er. Da der Wunsch bestand, möglichst die verschiedenen Formen der Tracht zu zeigen, bestimmte ich, daß zwei in der gewöhnlichen Alltagstracht, zwei in der Sonntagnachmittagstracht, zwei in der Kirchentracht der verlobten jungen Mädchen und zwei in der höchsten Festtagstracht mit dem reichhaltigen und kostbaren Silberschmuck auftreten sollten. Die Kirchentracht zieht eine junge Frau zum erstenmal an dem Tage an, an dem ihre Verlobung öffentlich bekanntgemacht wird, sowie bei anderen festlichen Anlässen, etwa wenn sie bei der Taufe Patin ist, ferner beim Abendmahl oder bei Konfirmationsfeiern, bei Gratulationsbesuchen anläßlich einer Kinds-

Abb. 122: Christian und Betty Lorenzen. Christian Carl August Lorenzen (16.8.1889 in Toftum – 11.1.1968 in New York) lebte zunächst in Toftum Nr. 181 (heute E. Strickling) und wanderte 1924 nach Amerika aus; GRL 310, 215 631 2; heiratete am 23.1.1914 Betty Richardine Matzen (6.3.1895 in Oldsum, lebt noch in New York); GRL 161, 518 169 1.

taufe und schließlich beim Erntedankfest in der Kirche. Die Festtracht kommt lediglich auf hohen Festen, meist auf Hochzeiten, zur Geltung. Eine besondere Tracht der Braut gibt es nicht, aber alle weiblichen Gäste haben ihren Hochzeitsstaat angelegt.

Ich suchte daraufhin eine Reihe von jungen Frauen auf, die ich am geeignetsten hielt, an dieser Veranstaltung teilzunehmen. Auf die Frage, ob sie nicht Lust hätten mitzumachen, sagten alle zu. Obwohl höchstens fünf oder sechs von ihnen dänisch gesinnt waren, wollten sie doch alle gerne nach Ripen. Zwei kamen von Nieblum, drei von Süderende, eine von Oldsum und zwei von Toftum. Es sprach sich schnell herum, daß ich die acht gefragt hatte, und noch am selben Nachmittag erschien hier eine große Anzahl weiterer Interessenten, gewiß weit über zwanzig, die mich alle baten: „Darf *ich* mitfahren, Juchem? Darf *ich*?"

Cornelius Petersen hatte geschrieben, ich möchte versuchen, für die Gruppe einen Sammelpaß zu bekommen. Sie würde Ripen am Vorabend des Festes erreichen und am Vormittag danach wieder verlassen. Einen solchen Paß stellte mir das dänische Konsulat in Flensburg umgehend aus, und auch die Deutschen machten keine Schwierigkeiten.

Aber nachdem sie zurückgekehrt waren – allen hatte die Tour viel Spaß bereitet –, erzählten sie folgendes: Kurz vor ihrer Abreise, als der Wagen mit den drei Mädchen aus Süderende losfahren wollte, sei plötzlich Amtsvorsteher Roeloffs aufgetaucht und habe erklärt, daß sie nicht reisen dürften, denn er habe gerade einen Brief erhalten, dieses zu verhindern. Auf die Frage, ob das auch für die übrigen Mädchen gelte, antwortete er: „Ach, bevor man in Toftum und Nieblum Maßnahmen ergreift, sind sie sicher schon weg." Darauf sagte der Fahrer des Wagens, der übrigens der Pate eines der Mädchen ist, zu Roeloffs: „Ja, dann nehme ich diese drei hier auch mit, und du kannst dann machen, was du willst." In Wyk trafen sie auf die anderen fünf, und man einigte sich darauf, einzeln an Bord zu gehen, um keine Aufmerksamkeit zu erwecken.

Sie gelangten ohne Zwischenfälle nach Ripen, und auch nach ihrer Rückkehr blieben sowohl die Mädchen als auch der Mann, der die drei von Süderende gefahren hatte, unbehelligt. Es ging jedoch ein Aufschrei durch die Zeitungen, ich sei als dänischer Agitator aufgetreten, um die jungen Frauen zu einer Reise nach Dänemark zu überreden. Dabei war es mir nie in den Sinn gekommen, in dieser Angelegenheit zu „agitieren". Nach meiner Auffassung war es nur recht und billig, daß auch eine Abordnung von Föhr dabeisein sollte, wenn Nationaltrachten aus allen nordischen Ländern gezeigt wurden. Als Cornelius Petersen mich nun in seinem Brief dazu aufforderte, sah ich überhaupt keinen Grund, mich anders zu bedenken. In der *Föhrer Zeitung* stand ferner, ich selbst sei ebenfalls mitgefahren. Darauf schrieben Christian Lorenzen und ich gemeinsam einen langen Leserbrief an die *Föhrer Zeitung*, aber ihr Redakteur Krüger[306] befand, er sei zu lang. Auch der Redakteur Volkert Hinrichsen[307] von der anderen Zeitung, dem *Föhrer Lokal-Anzeiger*, an den wir uns daraufhin wandten, sagte dasselbe. Wir mußten ihn deshalb kürzen, und erst dann konnten wir ihn unter meinem Namen in der *Föhrer Zeitung*[308] unterbringen.

Ein paar Jahre später wurde ich erneut in der Zeitung angegriffen.[309] Es war 1923, wohl im Anschluß an das dänische Jahrestreffen, als der Redakteur Ernst Christiansen (vgl. Abb. 78) aus Flensburg zusammen mit vielen anderen Mitgliedern des *Schleswigschen Vereins* hier auf Föhr zu Besuch war. An dem Sonntag, an dem sie eintreffen sollten, erhielt ich von Christian Lorenzen plötzlich die Nachricht, daß sie in wenigen Augenblicken auf zwei Wagen vorfahren würden. Ich nahm darauf meinen kleinen *Danebrog* zur Hand, öffnete das Fenster und erwartete so ihre Ankunft. „Ah, dort ist ein *Danebrog*", sagte eine Frau, und da riefen sie alle hurra. Sie hatten die Absicht, in Oldsum in der Gastwirtschaft von Max Simonsen mit den Einheimischen zusammenzukommen. Ich hatte den *Danebrog* in der Tasche, als ich dorthin ging. Unterwegs sagte ich zu einer Frau, die mich oft zur Kirche begleitet: „Heute komme ich nicht mit zum Gottesdienst, denn heute gibt es eine dänische Predigt bei Max!"

Dort fand also die Versammlung statt. Als sie nachher auf die Wagen stiegen und abfuhren, stellte ich mich mit dem *Danebrog* in der rechten und dem Hut in der linken Hand an die Straße. In diesem Augenblick gingen drei unserer schlimmsten Deutschen vorüber, die diesen Vorgang in die Zeitung setzten und schrieben, dererlei Dinge dürften nicht geschehen.[309] – Mehr entwickelte sich daraus nicht. Aber nicht nur die *Föhrer Zeitung*, auch *Flensborg Avis* und *Der Schleswiger* berichteten darüber. Ich denke mir, daß Ingenieur Andersen in Kopenhagen davon in *Flensborg Avis* gelesen haben könnte und mir aus diesem Grunde einige Monate später 25 Kronen zu unserer goldenen Hochzeit schickte.

Im selben Sommer, am 16. und 17. Juli 1923, hatten wir Besuch von zwei Dutzend Studenten vom *Studenterforbundets sønderjydske Kreds* (Südjütischer Kreis des Studentenbundes), und zwar sowohl männliche wie weibliche. Christian Lorenzen und ich übernahmen die Organisation. Ich besorgte die Unterkunft, überwiegend in Toftum und Oldsum, und Lorenzen holte sie in Wyk ab. Wir freuten uns, sie bei uns zu haben. Kapitän Rickmers und ich wurden übrigens zusammen mit zwei weiblichen Studenten in Föhringer Tracht auf einer Bank fotografiert. „Ich bin fotografiert worden", sagte ich hinterher zu Ingke. „Was sagst du da, Juchem! Warst du allein?" – „Nein, ich hatte an jeder Seite ein junges Mädchen." – „Juchem, Juchem, du solltest dich etwas schämen!"

Am Abend sangen sie für uns in Lorenzens Garten, und keiner der Deutschen nahm Anstoß daran. Es war herrlich, ihnen zuzuhören, obwohl wir kein Wort davon verstanden.

Im darauffolgenden Jahr erhielten wir einen ähnlichen Besuch von einigen *Hejmdal*-Studenten[310], worüber wir uns ebenfalls sehr freuten. Diese sangen aber auf der Straße, was übel vermerkt wurde. Die *Hejmdal*-Studenten waren zahlenmäßig nicht so viele wie die anderen.

In diesem Jahr ist wiederum eine Gruppe Studenten vom *Sønderjydske Kreds* hier gewesen, dieses Mal 27 an der Zahl. Es bereitete mir einige Mühe, für sie ein Quartier zu beschaffen, denn mir geht es gesundheitlich nicht mehr so gut, daß ich in die entfernteren Dörfer Westerlandföhrs gehen kann, um dort Unterkünfte für sie zu erfragen. Dennoch bekam ich sie allesamt untergebracht. Vier oder fünf von ihnen schliefen bei mir im Stroh, der Rest fand eine Schlafstelle in der näheren Umgebung. Jeder wurde bei seinem Gastgeber verpflegt. Die Leute freuten sich über ihren Besuch und zeigten sich sehr zufrieden damit. Irgendwie machten die Studenten die Bekanntschaft von Pastor Dankleff, und eines Abends waren sie mit ihren Wirtsleuten zu Gast beim Pastor, wo sie mit ihm und seiner Familie sowie seinen Feriengästen, darunter auch einige deutsche Gymnasiasten, zusammenkamen. Die Tochter des Pastors[311] sang für uns im Garten, und wir hatten es richtig gemütlich. Während sie ein Lied vortrug, kamen einige zu mir und fragten: „Sollten die Studenten nicht auch etwas vorsingen? Sage ihnen das!" – „Ich habe sie eigentlich gebeten, das nicht zu tun", antwortete ich, „denn im vergangenen Jahr hatten wir Ärger damit." – „Aber die dänischen Lieder sind besser als *Ich weiß nicht, was soll es bedeuten* oder dergleichen", entgegneten sie. – Fräulein Dankleff sang nämlich stets so etwas Trauriges. So forderte ich die Studenten auf, etwas zum besten zu geben, und den Anwesenden gefiel das besser, denn es hörte sich viel lebhafter an. Zuletzt bedankten sich ihre Föhrer Gastgeber auf dänisch. – Als sie damals wieder abreisten, stand ich mit meinem kleinen *Danebrog* in der Hand wieder an der Straße.

Man fragt mich nach meiner Meinung über die Zukunft. Wie kann ich wissen, was diese bringen wird? Hier ist ein guter Nährboden für eine dänische Arbeit, doch es muß etwas geschehen, sonst, so fürchte ich, ziehen sich wieder alle zurück wie in der Zeit nach 1864. Die Deutschen verfügen ja über so große Machtmittel, und es ist schwer, gegen diese anzukommen. Man verliert deswegen sehr leicht den Mut und denkt, alles sei ohnehin vergeblich. Darum müssen wir uns hier unten zusammenschließen und unsere Ziele fest im Auge behalten, wenn nicht alles wieder einschlafen soll. Es ist ebenfalls notwendig, die Verbindung mit Dänemark zu verstärken und die Bevölkerung hier unten über die vergangenen Zeiten aufzuklären. Es sollte allgemein bekannt werden, daß wir auf altem dänischen Boden leben, daß Westerlandföhr 1864 und noch viele Jahre danach dänisch gesinnt war, daß es den Friesen damals unter Dänemark gutgegangen ist und daß die Dänen ein freundliches und friedliches Volk sind.

Vor dem Krieg hätte ich ja auch das eine oder andere Mal mutlos werden können, als die Zahl der dänischen Stimmen immer kleiner wurde und ständig weiter abnahm. Trotzdem konnte ich meinen Mantel nicht nach dem Wind hängen. Es kamen nämlich viele zu mir und sagten: „Warum kannst du dich nicht darin finden, Juchem, warum kannst du nicht mit uns anderen übereinstimmen? Das führt doch zu nichts!" So zu handeln, kam mir aber nicht recht vor, denn es ist doch altes dänisches Land, auf dem wir leben, und wir sind von altersher ein Teil Dänemarks gewesen und haben uns dort zu Hause gefühlt. Ob man dänisch ist oder nicht,

Abb. 123: Martin Lorenzen (10.3.1897 in Bargum – 10.8.1963 bei Apenrade); gelangte erst nach der Abstimmung zu einer prodänischen Haltung; verschiedene journalistische Tätigkeiten, u. a. bei der *Neuen Schleswiger Zeitung* (1922 und 1925–30) und bei dem Minderheitenorgan *Kulturwehr* in Berlin (1930–32); war im *Friesisch-schleswigschen Verein* hauptsächlich für die Sprachpflege zuständig; 1932–37 u. a. auch als Friesischlehrer in Dänemark tätig; vgl. Foriining for nationale Friiske 1923–1983; S. 12 f., und Steensen, Die friesische Bewegung in Nordfriesland, S. 196.

gehört meines Erachtens kaum zu den Dingen, über die man selbst bestimmt. Da ich nun eben dänisch bin, kann ich meine Gesinnung, wie es ja vielfach geschieht, nicht einfach abstreifen.

Ich bin mir völlig bewußt, daß ich in erster Linie Friese und erst dann Däne bin, das heißt, ich weiß sehr wohl, daß ich von friesischem Blut bin. Natürlich gibt es hier auf der Insel eine größere Anzahl eingewanderter Jüten, aber doch nicht annähernd so viele wie auf dem Festland. In meiner Familie kommt nicht ein einziger vor, selbst wenn wir 200 Jahre in der Zeit zurückgehen. Meine Abstammung ist daher zweifellos friesisch, und ihre friesische Herkunft ist auch den übrigen Föhringern durchaus bekannt. Meine Gesinnung ist jedoch von jeher dänisch gewesen, und Föhr ist, wie man weiß, altes dänisches Land, und die Dänen sind ein Volk, das wir verstehen und dem wir uns verwandt fühlen. Die Friesen ähneln den Dänen mehr als den Deutschen, denn die Dänen sind in ihrem Wesen ruhiger als die Deutschen.[312]

In den letzten Jahren ist ja eine Menge für die friesische Sprache und friesische Sitten und Gebräuche getan worden. Ein Friese, Martin Lorenzen (vgl. Abb. 123), hat mir einmal erzählt, er wolle die Bibel in unsere Muttersprache übersetzen. Ich antwortete ihm: „Ja, dein Name paßt ja gut zu dieser Arbeit, du heißt ja Martin genau wie Martin Luther." Wenn man es ermöglichen könnte, unsere Muttersprache zu unserer heiligen Sprache zu machen, so würde das ein großes Glück sein. Die Muttersprache liegt uns doch am nächsten, und sie ist leichter zu verstehen. Außerdem liegt uns die Muttersprache mehr am Herzen als die deutsche Sprache. Daher wäre es für uns eine große Freude, eine friesische Bibel zu besitzen und Friesisch in der Kirche zu hören sowie das Abendgebet auf friesisch zu sprechen statt auf deutsch, in einer Sprache also, die wir sonst nicht gebrauchen. Das ist im Grunde genommen merkwürdig. Es wäre sicher besser für mich gewesen, wenn ich diese Dinge auf friesisch gelernt hätte. Insofern wäre es den kommenden Geschlechtern wirklich zu wünschen, daß sich hier etwas ändern möge.³¹³

Wenn dieser Wunsch denn Wahrheit werden sollte! Ich befürchte allerdings, es könnte bereits zu spät sein – hundert Jahre zu spät, sagt Pastor Ketels, und zwar sowohl in der Kirche als auch in der Schule. Das friesische Sprachgebiet ist ja nicht groß, und selbst innerhalb Nordfrieslands, ja selbst hier auf den Nordfriesischen Inseln, gibt es örtliche Mundartunterschiede. Die Syltringer sprechen zum Beispiel ganz erheblich anders als wir. Auch die friesischen Beiträge in der *Föhrer Zeitung* können nur wenige lesen. Obwohl Friesisch die allgemeine Umgangssprache ist, kann es doch kaum einer lesen, denn das haben wir in der Schule nicht gelernt.

So, wie sich die Verhältnisse jetzt darstellen, können sich die Dänischgesinnten gut darin finden, unter den Deutschen zu leben, nicht nur, weil sie es *müssen*, sondern auch, da Deutsche und Dänen im großen und ganzen friedlich Seite an Seite zusammenleben. Ab und zu schreiben sie etwas Häßliches über uns in den Zeitungen, aber das nehmen wir uns nicht allzu sehr zu Herzen. Ansonsten treten sie uns nicht zu nahe. Von Gewalttätigkeiten und ökonomischen Benachteiligungen wissen wir hier nichts. Trotzdem bleibt der Wunsch nach einem möglichen Wiederanschluß an Dänemark bestehen. Die Dänen sagen hier oft: „Wir hoffen dennoch, daß der Paragraph 5 noch nicht nicht ganz in Erfüllung gegangen ist."³¹⁴ Sollte gar ein neuer Krieg ausbrechen, so dürfen wir auf einen Ausgang hoffen, bei dem etwas Gutes für uns herauskommt. Wir haben nicht das Recht, uns einen neuen Krieg zu wünschen, denn dann müßten ja viele Leute ihr Leben verlieren, und viele würden arme Leute werden wie ich. Das können und wollen wir nicht wünschen. Aber *sollte* das geschehen, so kann ich nicht aufhören zu hoffen, daß dieser Krieg zu einem guten Ende für uns führen möchte.

Solche Dinge sollte man möglicherweise nicht einmal denken. In der verbleibenden Zeit, die ich noch zu leben habe, besteht nicht die geringste Hoffnung auf eine Wiedervereinigung mit Dänemark. Ich werde es nicht erleben, so gerne ich es möchte. Und später? – Ja, das weiß niemand. Es kann ja sein, daß die dänische Arbeit Früchte trägt, denn für das Dänentum besteht auf Föhr trotz allem immer noch ein guter Nährboden, wie die Abstimmungsergebnisse von 1920 zeigten. Wir sollten uns für die Zukunft eine ruhige und gründliche Arbeit wünschen.

Harte Zeiten.
Es öffnet sich immer ein Weg!

Während des Krieges und in der Zeit danach vollzogen sich auch große Veränderungen in meinem familiären Lebensbereich. Während Ingke und ich davor zu den wohlgestellten Leuten gehört hatten, wurden wir nun von Tag zu Tag ärmer. Am schlimmsten war das Jahr 1923. Vor Ausbruch des Krieges wog ich 188 Pfund, 1923, nach Krieg und Inflation, nur noch 152. Mittlerweile habe ich 180 Pfund wieder erreicht.

Die Kriegsjahre mit ihren Rationierungen trafen alle hart. In der schlimmsten Zeit erhielten wir für zwei Personen 1440 Gramm Brot und 90 Gramm Butter in der Woche. Es gab jeden Sonnabendnachmittag um vier Uhr neue Lebensmittelmarken, und das Brot ging bereits jeden Freitagabend aus. Daher mußten wir am Sonnabend Kohlrabi essen. Alle vier Wochen bekamen wir fünf Pfund Fleisch zugeteilt, das ich in Nieblum holen mußte.

Kartoffeln waren nicht rationiert. Diese konnte man sich auch beschaffen, wenn man über die nötigen Mittel verfügte. Ein wenig Gemüse pflanzten die meisten selbst. Auch wir bauten davon ein bißchen in unserem kleinen Stückchen Garten an. An Zucker erhielten wir beide zusammen wohl jede vierte Woche ein Pfund. Die Milch war ebenfalls rationiert; es gab pro Person jeden zweiten Tag einen halben Liter Vollmilch, in der letzten Zeit allerdings nur alle drei Tage. Das eine oder andere konnte man gelegentlich auch ohne Lebensmittelmarken erstehen. Ganz selten einmal wurde bekannt, daß der Kaufmann Erbsen zu verkaufen hatte, von denen er aber nur ein halbes bis ein ganzes Pfund pro Kunde abgab. Ich erinnere mich, als bei einer anderen Gelegenheit der Schlachter unsere Fleischration vorbeibrachte und mir zu einem schrecklich hohen Preis ⅛ Pfund Talg anbot. Ich weiß nicht mehr, wieviel er verlangte, und ich möchte keine Angaben machen, die nicht der Wahrheit entsprechen.

Bevor der Verfall der Mark ernste Züge annahm, konnte man es aushalten. Viel erhielten wir aufgrund der Rationierungen nicht zu essen, aber die Lebensmittelpreise waren festgesetzt, und das Leben ließ sich auf diese Weise bewältigen. Dann jedoch stürzte die Mark ins Bodenlose, und alles verteuerte sich in unvorstellbarem Maße. Mein Land hatte ich ja bereits verkauft. Ich besaß also nur noch das Haus, von dem wir nicht leben konnten, sowie 30 000 Mark, die *Landmandsbank*-Aktien im Wert von 2400 Kronen und den jährlichen Ehrensold der Veteranen über 100 Kronen. Wenn man allerdings für ein Schwarzbrot acht Millionen Mark zahlen muß, so sind 30 000 Mark, wie man sich leicht vorstellen kann, nur wenig wert. Eine Zeitlang hielten uns die *Landmandsbank*-Aktien über Wasser. Einen Teil davon verkaufte ich Anfang 1923 für 400 Kronen, um mich dafür mit Feuerung und anderen notwendigen Dingen des täglichen Bedarfs einzudecken. Kurz darauf brachen die Banken zusammen, und die restlichen 2000 Kronen wurden auf 200 abgewertet. Seitdem haben sie keinen Gewinn mehr abgeworfen. Übrig blieb also nur noch der Ehrensold der Veteranen. Für die jährlichen 100 Kronen mußten wir uns beide einkleiden sowie Brennmaterial und Lebensmittel kaufen. Mit der Kleidung ging es noch, denn meine Frau ist damit immer sehr vorsorglich umgegangen, und so hatte sie, als die schlimme Zeit begann, noch lange etwas zum Anziehen vorrätig. In anderen Dingen mußten wir uns dagegen nach bestem Vermögen durchschlagen.

Das schwerste Jahr war 1923. Nachdem die Bauern ihre Kartoffeln geerntet hatten, durften wir auf den Äckern die liegengebliebenen Kartoffeln nachlesen, und einige waren ja immer zu finden. Ansonsten ernährten wir uns fast ausschließlich von Schwarzbrot mit Margarine. Dazu gab es für jeden von uns ein halbes Ei. Wir hielten uns nämlich drei Enten, die draußen in der Marsch in den Gräben herumschwammen und die jeden Abend nach Hause kamen. Ab und zu brachte uns einer der Nachbarn ein wenig Milch, und gelegentlich kam ein Geschenkpaket aus Dänemark. In diesem Zusammenhang entsinne ich, daß wir drei- oder viermal ein solches „Liebespaket" aus Århus erhielten – wie ich meine, vom *Sønderjydsk Hjælpeforening* (Süderjütischer Hilfsverein). Bei einer anderen Gelegenheit schickte uns eine Frau Cold aus Kopenhagen sogar zwei Pakete gleichzeitig. Auch die anderen Föhrer Veteranen wurden von ihr bedacht. So traf auch einmal zu Weihnachten – das dürfte 1922 gewesen sein – ein Paket ein, und eine Frau aus der Nachbarschaft hatte gesehen, wie es der Postbote brachte. Sie fragte mich: „Darf ich die Sachen sehen, Juchem?" – „Ja, das darfst du gerne", entgegnete ich. Ich hatte alles ausgepackt und auf dem Stubentisch aufgestellt und obendrauf meinen kleinen Zimmer-*Danebrog* gesteckt. „Was ist nun das Beste, Juchem?" fragte sie. – „Nun, für mich ist der *Danebrog* das Beste", war meine Antwort.

Hin und wieder erhielt ich aus Dänemark auch Geldgeschenke, und zwar von Leuten, die von mir gehört oder über mich in der Zeitung gelesen hatten, als ich beispielsweise hier in Toftum mit dem *Danebrog* in der Hand an der Straße gestanden und gewunken hatte. Doch ist es mir gar nicht recht, daß über diese Dinge so viel bekannt wird; es könnte ja den Eindruck erwecken, als ob ich betteln wollte. Jetzt geht es uns wesentlich besser. Es wendete sich nach dem 12. Oktober 1923 überhaupt alles zum Besseren. An diesem Tage feierten wir nämlich unsere goldene Hochzeit. Damals wußten die Leute hier auf Föhr von der Not, die wir litten, und jeder schenkte uns etwas, der eine etwas Roggen, der andere Kartoffeln, der dritte Weißkohl und so weiter. Uns erreichten auch Briefe mit Geld aus Kopenhagen. Der Schwiegersohn von Kapitänleutnant Hammer, Kommandeur Maegaard[315], hatte unter seinen Freunden und Verwandten 70 Kronen gesammelt. – Von diesen Herrschaften ist mir Rørd Regnar Hammer (vgl. Abb. 124), einer von Hammers Söhnen, am besten bekannt. Seinen friesischen Vornamen erhielt er nach einem alten Bauern in Oldsum (vgl. Abb. 125). Ein weiterer, mir nicht bekannter Mann, Ingenieur Andersen aus Kopenhagen, schickte mir 25 Kronen. Auch Niels Skrumsager (vgl. Abb. 94) hatte Spenden für mich eingesammelt, ja, aus ganz Dänemark traf Hilfe für uns ein, darunter auch ein Geschenk der kirchlichen Kranken- und Armenpflege in Flensburg. Als ich anschließend Niels Skrumsager einen Brief schrieb, um mich zu bedanken, sagte Ingke: „Du solltest schreiben: Nächst Gott müssen wir ganz Dänemark für all die Güte danken." Einigen Spendern hatte ich eine persönliche Nachricht zukommen lassen. Zu diesem Zweck bat ich verschiedene Leute aus Dänemark, denen ich hier auf Föhr begegnete, meine Gönner aufzusuchen und ihnen meinen Dank auszusprechen. Anderen konnte ich mich leider nicht erkenntlich zeigen. Wenn man alt wird, vergißt man leicht Namen und Personen, die man nur ein einziges Mal gesehen hat, und ich erinnere mich in weit besserem Maße an Ereignisse vergangener Tage als an Vorkommnisse der letzten Jahre, und im Alter fallen einem die Dinge nicht mehr so leicht ein. Jeder Brief kostete darüber hinaus mehrere Millionen Mark, und selbst wenn wir viel Geld zugeschickt bekamen, so mußten wir doch äußerst sparsam damit umgehen. Dennoch möchte ich an dieser Stelle gerne zum Ausdruck

Abb. 124: Rørd Regnar Johannes Hammer (25.2. 1855 in Wyk – 16.5.1930 in Kopenhagen); Kapitän zur See; vgl. Topsøe-Jensen, Personalhistoriske Oplysninger om Officerer af det Danske Søofficerskorps, S. 146.

Abb. 125: Jung Rörd Matzen (6.9.1788 in Oldsum – 26.6.1871 in Oldsum); Landwirt und Viehhändler in Oldsum Nr. 36 (heute E. Braren/J. Ketelsen); Gangfersmann; Jung Rörd, der sich später nur Rörd nannte, war für seine Zeit ein weitblickender, erfolgreicher Landwirt; welche besonderen Verbindungen zwischen ihm und Hammer bestanden, ist nicht klar; GRL 161, 518 1.

bringen, daß ich nicht undankbar bin, obwohl ich nicht allen danken konnte, die uns bedacht haben. Insgesamt erhielten wir 321 Kronen. Damit waren wir unserer gröbsten Sorgen enthoben. „Nun sind wir schwerreiche Leute", sagte Ingke, „so daß wir vielleicht sogar einen Hund nötig haben werden, der den ganzen Reichtum bewacht."

Das geschah ungefähr zu derselben Zeit, als Kommandeur Maegaard mich in einem Brief um eine kurze Lebensbeschreibung oder, besser gesagt, um eine Darstellung meiner Kriegserlebnisse von 1864 bat. Kapitän Hammer sei sein Schwiegervater, schrieb er, und er möchte gerne etwas über die damaligen Ereignisse erfahren. Ich sandte ihm darauf die gewünschte Schilderung, die er in der kleinen Broschüre *„Marineveteraner fortæller"* (Marineveteranen erzählen)[316] veröffentlichte. In einem der folgenden Briefe fragte mich Maegaard, ob ich mir etwas aus einer Auszeichnung machen würde. Ich lehnte dankend ab, denn das hätte ja auf der Insel einen ziemlichen Staub aufgewirbelt, und besonders Ingke wollte ein Leben so still und unbemerkt wie möglich führen.

In diesen Jahren wurde mir gelegentlich Geld beziehungsweise Kleidung und Lebensmittel zur Verteilung an die Notleidenden anvertraut. Christian Lorenzen hier in Toftum und Jan Richard Nickelsen in Oldsum sowie einmal auch Ernst P. Rolufs haben mir bei dieser Aufgabe geholfen. Sie meinten, ich selbst müsse auch etwas davon in Anspruch nehmen, aber ich antwortete stets: „Soweit ist es noch lange nicht." Dann jedoch, im Dezember 1923, trafen

Abb. 126: Juchem und Ingke vor ihrem Haus ca. 1923.

400 Kronen ein, die Christian Lorenzens Frau[317] in Niebüll abholte, da ich selbst verhindert war, und Lorenzen und Jan Richard Nickelsen beharrten darauf, daß ich von diesem Geld 50 Kronen erhalten sollte. Mir behagte das gar nicht, denn eine solch große Summe pflegte man an einen einzelnen gewöhnlich nicht auszuzahlen. Dazu hatte ich noch einen höheren Geldbetrag von der goldenen Hochzeit übrig. Andererseits war damals meine Frau krank. Ihren ersten Schlaganfall erlitt sie zwar erst am ersten Weihnachtstag, aber bereits in der Vorweihnachtszeit bemerkte ich, wie sie mit jedem Tag schwächer wurde und selbst die Dinge, die ihr vorher keine Schwierigkeiten bereiteten, nicht mehr bewältigen konnte. Überdies herrschte ein ausgesprochen strenger Winter, und es mangelte uns an Brennmaterial. Wenn sich in dieser Lage das Befinden meiner Frau verschlechtert hätte, wären wir ja leicht in Bedrängnis geraten. Deshalb antwortete ich: „Für dieses Mal werde ich wohl nicht nein sagen." Trotzdem hätte ich das Geld ausschlagen sollen, denn ich wäre auch aus eigener Kraft mit dieser Situation fertig geworden. Bei anderer Gelegenheit bekam ich nochmals 10 Kronen, als man uns nämlich 80 Kronen schickte, die unter den acht Föhrer Veteranen verteilt wurden. Schließlich erhielt ich auch noch ein Paar Hosen.

Abb. 127: Dr. Peter Meinert Ketelsen (18.10.1860 in Oldsum – 7.7.1931 in Wyk); Arzt in Oldsum Nr. 72 (heute Bernhard Tadsen); GRL 106, 134 584.

Ingke hatte, wie gesagt, ihren ersten Schlaganfall am ersten Weihnachtstag, und danach folgten noch weitere, öfter zwei- bis dreimal am Tag. „Ja, ich könnte sie leicht zur Ader lassen", meinte der Arzt (vgl. Abb. 127), „doch sammelt sich das Blut bei einem solch alten Menschen von 75 Jahren gewiß nicht mehr so schnell." Ingke wollte sich daraufhin kein Blut abnehmen lassen; viel Blut konnte sie ja auch nicht entbehren. Ein paar Tage vor ihrem Tod, als sie noch bei vollem Bewußtsein war, fragte sie der Arzt noch einmal, ob er sie zur Ader lassen solle, aber da war sie gerade ein wenig eingenickt. Dennoch zapfte er ihr an diesem Abend eine kleinere Menge Blut ab. Unmittelbar danach fiel sie in einen tiefen Schlaf und schlief vier Tage hindurch, bis sie am 26. Januar 1924 starb.

Bevor sie zur Ader gelassen wurde, befand sie sich noch im Vollbesitz ihrer geistigen Kräfte. Sie wußte sehr wohl, daß sie sterben sollte, und mehrmals hatten wir bereits den Pastor[318] im Hause gehabt. Häufig sagte sie zu mir: „Ja, nun muß ich sterben, und du bleibst ganz allein zurück. Was soll nur aus dir werden, Juchem?" Das waren schließlich auch ihre letzten Worte. „Ach", antwortete ich dann, „es wird sich schon ein Weg finden." Und so geschah es: Es öffnet sich stets ein Weg. Als es mit Ingke zu Ende gegangen war, erschien eine Nachbarsfrau[319] bei mir und sagte: „Juchem, wir würden dich gerne bei uns in Kost nehmen. Meinst du nicht, daß wir uns darüber einigen könnten?" So kamen wir zu folgender Übereinkunft: Sie sollten für mich sorgen und als Gegenleistung mein Haus erben. Auf diese Weise öffnete sich auch hier ein Weg. Wir verstehen uns gut miteinander. Insofern war das ja die beste Lösung, denn ich wollte so gerne in meinem eigenen Hause wohnen bleiben. Hier habe ich meine Kindheit verbracht, und hier habe ich all die Jahre mit Ingke gelebt.[320]

Ja, nun geht es mir gut. Ich weiß allerdings nicht, wie ich ohne die 321 Kronen zu meiner goldenen Hochzeit und die 50 Kronen, die ich einige Monate später erhielt, zurechtgekommen wäre. Hätte ich nicht über das Geld für den Arzt, das Begräbnis und den Leichenstein verfügen können, hätte es zweifellos sehr schwarz für mich ausgesehen. Jetzt mangelt es mir an nichts. Im November 1924 teilte mir der Gemeindevorsteher (vgl. Abb. 128) mit: „Wir sind uns alle darin einig, daß du gut sechs bis acht Kronen[321] im Monat bekommen könntest, ohne daß es sich hier um Armenunterstützung handelt." Ich antwortete ihm jedoch: „Bis heute habe ich das nicht nötig gehabt, aber ich danke dir für den Antrag im Gemeinderat." So verlief die Angelegenheit im Sande. Solange ich es entbehren kann, werde ich keine öffentliche Hilfe annehmen.

Ich hab es nicht so gern, wenn über diese Dinge so viel bekannt wird, sonst glauben die Leute noch, ich wollte betteln. Es sollte nicht der Eindruck entstehen, als litte ich Not. Ich muß mir selbst ja lediglich Brennmaterial, Kleidung und Tabak kaufen. Auf das Rauchen kann ich nur schlecht verzichten, seitdem ich die meiste Zeit allein zubringe. Allerdings kostet mich das kaum etwas, denn man überläßt mir die Zigarrenstummel, die die Leute bei Max Simonsen in der Gastwirtschaft liegenlassen, und die ich dann in meiner Zigarrenspitze rauche. Für diese Ausgaben stehen mir ja alljährlich die 100 Kronen aus dem Ehrensold der Veteranen zur Verfügung. Ja, ich bin im Augenblick sogar im Besitz von 150 Kronen – Geld, das teils noch von der goldenen Hochzeit, teils vom letzten Ehrensold übriggeblieben ist, und gerade neulich schickte mir ein Mann aus Amerika fünf Dollar. Möglicherweise sollte ich auch meine *Landmandsbank*-Aktien verkaufen, von denen ich hoffe, daß sie noch etwas einbringen. Auf diese Weise kann ich mir dafür vielleicht ein paar Wintersachen kaufen. Ja, ich komme schon zu-

Abb. 128: Cornelius Georg Lorenzen (7.7.1886 in Toftum – 11.11.1974 in Toftum) ca. 1914; nach Amerika-Aufenthalt Landwirt in Toftum Nr. 207 (z. Z. nicht bewohnt); ab 1924 Gemeindevorsteher in Toftum; GRL 1037, 22.

recht. Falls mir nicht ein längeres Krankenlager bevorsteht, dürfte ich die Kosten für mein Begräbnis selbst aufbringen können. Das einzige, was mich gelegentlich richtig bedrückt, ist die Frage, ob ich durch die Armenkasse begraben werden muß oder ob ich mir das Geld für die Beerdigung selbst zusammensparen kann.[322]

Im Sommer 1925 ist mir etwas widerfahren, an dem Ingke gewiß wenig Freude gehabt hätte: Ich wurde zum *Danebrogs*-Mann ernannt!

Es begann damit, daß eines schönen Tages im April oder Mai der dänische Wanderlehrer Kjems (vgl. Abb. 132) aus Harrislee und ein anderer Mann hier bei mir in Toftum auftauchten und mich fragten, ob es mir möglich sei, am 13. Juni eine Reise nach Århus anzutreten. Johannes Oldsen würde mit drei weiteren Personen dorthin fahren. „Ja", antwortete ich, „wenn meine Gesundheit wiederhergestellt ist, mag das wohl angehen, aber nicht zum gegenwärtigen Zeitpunkt." Damals fühlte ich mich etwas unpäßlich; ich hatte die üblichen Magenbeschwerden. Mehr entwickelte sich daraus nicht. Ich erfuhr in diesem Zusammenhang keine näheren Einzelheiten über den eigentlichen Anlaß der geplanten Reise nach Århus, doch im nachhinein vermute ich, daß es etwas mit meiner Ernennung zum *Danebrogs*-Mann zu tun hatte.[323]

Schließlich traf eines Tages – wenn ich nicht irre, am 25. Juni – ein Brief in einem großen, gelben Umschlag ein. Er enthielt eine Menge Papiere, aus denen hervorging, daß der König (vgl. Abb. 129) mich – „Herrn Joachim Hinrichsen, Veteran des Krieges von 1864" – zum *Danebrogs*-Mann ernannt habe, und nun bat man mich, auf einem Formular meinen Lebenslauf niederzuschreiben und dieses zusammen mit einem Foto von mir nach Kopenhagen zu senden.

Ich glaube, ich wurde zum *Danebrogs*-Mann ernannt, weil ich mich damals freiwillig bei Hammer gemeldet hatte und weil ich derzeit noch so jung war, auf jeden Fall der jüngste Kriegsteilnehmer der Insel Föhr und einer der jüngsten des Krieges überhaupt.[324]

Abb. 129: Christian X. (26.9.1870 auf Schloß Charlottenlund – 20.4.1947 auf Schloß Amalienborg); König von 1912–47; vgl. Nielsen, Danmarks konger & dronninger, S. 128–130.

Abb. 130: Das königliche Schloß *Amalienborg* in Kopenhagen vor 1920

In der Nacht fand ich keinen Schlaf. Das Ganze war ohne mein Zutun über mich hereingebrochen. Eigentlich hätte ich mich ja freuen sollen, aber eine rechte Freude wollte sich anfänglich gar nicht einstellen. Das rührte daher, daß ich in meinen Gedanken Zwiesprache mit Ingke hielt und sagte: „Ingke, wenn du wüßtest, was in diesen Tagen um mich herum geschieht, dann würdest du dich, falls du könntest, in deinem Grabe umdrehen." Obwohl Ingke und ich uns in völliger Übereinstimmung als Dänen fühlten und auch nichts anderes als Dänen sein wollten, so war sie die Dinge doch stets leid, bei denen wir die Aufmerksamkeit der Leute erregten. – Dann aber bedachte ich mich sogleich. „Das hättest du niemals sagen sollen!" sinnierte ich, denn ich empfand es als eine Sünde, solche Gedanken zu äußern. Statt dessen mußte ich darüber doch glücklich sein, zumal in der „Anordnung"[325], die der Ernennung beigefügt war, hervorgehoben wurde, daß jeder in Bedrängnis geratene *Danebrogs*-Mann unter gewissen Voraussetzungen eine kleine Unterstützung erhalten könne. Unter Umständen wird diese Bestimmung ja auch einmal für mich in Kraft treten und mir ein Begräbnis ermöglichen, ohne der öffentlichen Hand zur Last zu fallen, selbst wenn ich bei meinen Tode kein Geld hinterlassen sollte.[326] Diese Dinge dürfte ich jedoch gar nicht erwähnen, damit die Leute nicht meinen, ich würde betteln.

Am nächsten Tag besuchte mich Jan Richard Nickelsen. Wir unterhielten uns über die Angelegenheit, worauf ich schließlich zu ihm sagte: „Ich habe mir die Sache heute nacht durch den Kopf gehen lassen und deswegen kein Auge zugetan, aber ich bin zu dem Ergebnis gekommen, daß ich den Orden mit Dank entgegennehmen sollte, denn dann bleibt es mir vielleicht erspart, auf Kosten der Armenkasse beerdigt zu werden."

„Na, na", entgegnete Jan Richard, „du wärst auch so in allen Ehren unter die Erde gekommen. Wir können dich ja schlecht über der Erde stehen und stinken lassen."

Ich schickte einen Brief nach Amalienborg (vgl. Abb. 130), worin ich mich für die Auszeichnung bedankte. In dem beigefügten Formular berichtete ich unter anderem von den 30 000 Mark, die ich einst besessen hätte, und für die mir heute niemand auch nur 30 Pfennig geben wollte. Ich berichtete ferner darüber, daß ich jetzt Kostgänger bei einem Nachbarn sei, und ich fügte hinzu: „Darüber hinaus stehen mir jährlich 100 Kronen aus dem Ehrensold für Kleidung, Brennmaterial und Tabak usw. zur Verfügung, die allerdings oft schon verbraucht sind, ehe das Halbjahr um ist. Wenn ich nicht hin und wieder von anderen Hilfe bekäme, könnte ich es nicht schaffen. Doch Gott hat mir 80 Jahre hindurch geholfen, und er wird mich gewiß auch in Zukunft nicht im Stich lassen." – Ich hoffe, man legt es mir nicht als Bettelei aus. Insofern ist es mir gar nicht genehm, wenn darüber so viel berichtet wird. Bislang hat es ja immer gereicht, und ich werde auch fortan mit dem zurechtkommen, was ich habe.

Eines Tages erhielt ich von Kjems einen Brief. Er fragte, ob es mir möglich wäre, nach Flensburg zu kommen und meinen *Danebrog*-Orden in Empfang zu nehmen; die Reise würde man mir sicher bezahlen. Ich fühlte mich körperlich dazu aber nicht in der Lage und lehnte ab.

Nach einer Woche kam eines Abends Jan Richard wieder bei mir vorbei und sagte: „Ich habe gerade einen Brief aus Flensburg gekriegt. In ein paar Tagen muß ich in Wyk ein paar Dänen abholen, die dir das *Danebrog*-Kreuz überreichen wollen. Sorge bitte dafür, daß dein Haus mit dänischgesinnten Friesen voll wird, wenigstens aus jedem Dorf der Insel einem." – „Das ist wohl eine Angelegenheit, die ich selbst zu entscheiden habe!" – „Nein, du hast gar nichts zu melden! Hier bestimme einzig ich. Du mußt am Ende lediglich bezahlen." – „Nun gut, dann sollen an diesem Tage meinetwegen einige Verwandte und Bekannte dabeisein." – „Na also! Doch brauchst du niemanden mehr aus Oldsum einzuladen; dort habe ich bereits acht Personen Bescheid gegeben."

Wenige Tage darauf, an einem Abend, kamen sie schließlich bei mir zusammen. In meiner kleinen Wohnstube hatten elf Föhringer Platz genommen, daneben die drei angereisten Gäste Kjems, Oldsen und Søgaard[327].

Zuerst ergriff Oldsen (vgl. Abb. 131) das Wort. Er sprach viel von Ingke, die er sehr gut gekannt habe und die eine tüchtige Frau gewesen sei. – Es fiel mir außerordentlich schwer,

Abb. 131: Johannes Oldsen (13.4.1894 in Klockries – 30.9.1958 in Legerade); zunächst Redakteur der minderheitenorientierten Zeitung *Der Schleswiger*; Vorsitzender des 1923 gegründeten *Friesisch-schleswigschen Vereins*, der sich an die Organisation der dänischen Minderheit anlehnte; 1925–33 Mitglied des Kreistages Südtondern über eine eigene *Liste Friesland*; nach 1945 bis zu seinem Tode Vorsitzender der *Foriining for nationale Frashe* und Fraktionsvorsitzender des SSW im Niebüller Kreistag (1946 sogar kurzfristig Landrat); Mitglied des provisorischen und ersten gewählten Schleswig-Holsteinischen Landtages 1947; vgl. Dansk Biografisk Leksikon, Bd. 10, S. 663 f., und Steensen, Die friesische Bewegung in Nordfriesland, S. 186 ff.

diesem Teil der Rede zuzuhören. – Anschließend kam er auf mich zu sprechen. Ich hätte als einer der jüngsten Freiwilligen am Krieg von 1864 teilgenommen, nur 17 Jahre und drei Monate alt. Später sei ich hier für viele Jahre dänischer Vertrauensmann gewesen, dann aber durch den Krieg in ärmliche Verhältnisse geraten. Stets hätte ich mich für Gerechtigkeit eingesetzt und dabei treu zur dänischen Fahne gestanden.

Darauf hielt Kjems (vgl. Abb. 132) eine Rede. Bevor er anfing, fragte er, ob alle Anwesenden Dänisch verstehen könnten, denn er beherrsche die deutsche Sprache nicht so gut. „Ja", antwortete ich, „die meisten dürften es verstehen." Es waren zwei eingewanderte Jüten unter den Anwesenden, nämlich Nicolai Bennedsen und August Jensen, ferner zwei ehemalige Grönlandfahrer.

Abb. 132: Niels Nielsen Kjems (26.5.1888 auf Kjemsgård b. Sønder Hygum – 29.4.1975 in Harrislee); Wanderlehrer; vielfältiges Wirken im dänischen Schulwesen in Südschleswig; vgl. Dansk Biografisk Leksikon, Bd. 7, S. 683.

Als erstes heftete Kjems mir den Orden an die Brust. In seiner folgenden Ansprache führte er auf dänisch aus, daß ich immer für das Dänentum eingetreten sei, ja, ich hätte hier auf Föhr am meisten für die dänische Sache geleistet. Alles habe bereits damit begonnen, als ich 1864 mit in den Krieg gezogen sei, trotz meines jugendlichen Alters. Der dritte Gast sagte gar nichts. Ich fragte ihn nach seinem Namen, und er antwortete: „Ich heiße Søgaard und bin ein *Lusangel*[328], und der Ort, an dem ich lebe, wird *Lusmark* genannt." Angeln ist ja ansonsten ein fruchtbares Land, aber weiter westlich auf der schleswigschen Geest, dort, wo Søgaard wohnt, sind die Böden leicht und die Wiesen mager. Deshalb sagt man von den Bauern in dieser Gegend, sie seien so arm wie eine Laus.

Bei den Deutschen erregte die Ordensverleihung ziemliches Aufsehen. Ein einzelner neckte mich – in aller Freundschaft – ein wenig. Der Gärtner Lind, der auf der Veranstaltung in Oldsum aufgetreten war und nach der Abstimmung in die Vereinigten Staaten auswanderte, hielt sich gerade in den Tagen, in denen ich die Mitteilung von meiner Ernennung bekam, zu Hause auf. Er traf etwa um den 1. Juli herum auf Föhr ein, und als wir uns zum erstenmal wieder über den Weg liefen, fragte er: „Na, Juchem, bist du immer noch dänisch gesinnt?" – „Ja, mehr als jemals zuvor", antwortete ich, „ich bin nämlich mit dem *Danebrog*-Kreuz ausgezeichnet worden." – „Ja, du bist doch ein verrückter Kerl!" sagte er und zog mich ein wenig damit auf, aber ich kann ihn trotzdem gut leiden. Es war, wie gesagt, das einzige Mal, daß mich jemand wegen des Ordens zum besten haben wollte. Die hiesige Bevölkerung hat mir die Sache nicht übelgenommen, denn sie wissen ja, wo ich stehe, und sie sagen mir: „Mit dir kann man sich gut vertragen; du nimmst alles so ruhig." Jan Richard Nickelsen dagegen fährt leicht aus der Haut. Bei den Zeitungen jedoch löste die Anwesenheit von Kjems, Oldsen und Søgaard geschäftiges Treiben aus. Sie schrieben,[329] alle dänischgesinnten Personen Westerlandföhrs seien zusammengekommen, um der Ordensverleihung beizuwohnen, aber sobald die drei Überbringer mein Haus verlassen hätten, sollte ich auf plattdeutsch zu den übrigen dänischen Föhringern gesagt haben: „'n paar hunnert Kronen weern mi lewer wesen!" In *Flensborg Avis* wurde das umgehend dementiert. Alles sei frei erfunden, hieß es. Und ich habe es *nicht* gesagt! Es stimmt einfach nicht, daß ich so etwas meine oder denke! Wem in Dänemark einer begegnet, der davon in den deutschen Zeitungen gelesen hat, der mag ihm sagen, diese Geschichte sei unwahr. Die Leute dürfen solches nicht von mir glauben. Dabei hätte ich nicht einmal die Gelegenheit gehabt, derlei Dinge zu äußern, denn zwei unserer Gäste waren noch anwesend, als die Föhringer sich bereits auf dem Heimweg befanden. Kjems und Oldsen blieben nämlich in meinem Hause über Nacht, während Søgaard bei Jan Richard Nickelsen untergebracht war. Bei ihrer Abreise am nächsten Tag stand ich in meiner Haustür und winkte ihnen zum Abschied mit dem *Danebrog* zu.

Eine meiner ersten Handlungen nach der Ordensverleihung war, Lorenz Jepsens Tochter (vgl. Abb. 133) aufzusuchen. Sie hat das *Danebrog*-Kreuz ihres Vaters noch liegen, das er für seine Unterstützung der dänischen Truppen während der Schleswig-Holsteinischen Erhebung erhielt. Hier fand sich die Möglichkeit, die Orden (vgl. Abb. 134) miteinander zu vergleichen.

Lorenz Jepsen ist nicht der einzige Föhringer, der vor mir zum *Danebrogs*-Mann ernannt worden ist. Ich kam darüber mit meinem Vetter Ernst Ketels aus Altona ins Gespräch, der mich vor etwa einem Monat besuchte. „Soweit ich weiß, hat es bislang auf Westerlandföhr drei *Danebrogs*-Männer[330] gegeben", sagte ich zu Ketels. – „Hast du sie gekannt?" fragte er. – „Ja,

Abb. 133: Caroline Louise Faltings geb. Jepsen (6. 9. 1846 in Oldsum – 24. 2. 1930 in Oldsum) ca. 1928; GRL 868, 31; vgl. Anm. 17.

AVERS   REVERS

Abb. 134: Das sogenannte Silberkreuz des *Danebrog*-Ordens 5. Klasse, mit dem Juchem am 18.6.1925 ausgezeichnet wurde.

zwei von ihnen habe ich persönlich gekannt, sogar recht gut. Der eine war Lorenz Jepsen, der andere Christian Diedrich Roeloffs. Der dritte ist bereits vor meiner Zeit gestorben. Es handelt sich um Broder Riewerts[331], der sich nach der großen Flut von 1825[332] sehr um die Wiederinstandsetzung der Deiche verdient gemacht hat. – Das war ein Kleeblatt! Warum mußte es jetzt ein vierblättriges werden?" – „Darüber brauchst du dir keine Gedanken zu machen", meinte Ketels, „du solltest diese Ehrung in Dankbarkeit entgegennehmen." – „Ja, ja, das habe ich ja auch getan", gab ich zur Antwort.

Nun habe ich gewiß genug über den *Danebrogs*-Orden berichtet. Er hat mir viel Sorgen bereitet. Ich konnte überhaupt nichts dafür, daß ich ihn erhielt; die Ernennung flatterte mir sozusagen geradewegs ins Haus. Dennoch freue ich mich sehr darüber. Es war ein schöner Gruß aus Dänemark, obwohl ich dabei oft an Ingke denken muß, die es ja stets vorzog, wenn wir unser Leben so unbemerkt wie möglich führten.[333]

Das tue ich denn für gewöhnlich auch. Der eine Tag verläuft wie der andere. Gelegentlich kommt der Pastor[334] hier vorbei. Sein letzter Besuch ist noch gar nicht lange her.

„Na, Juchem, wie geht es?" fragte er. „Ja, vielen Dank für die Nachfrage, es geht mir gut." – „Höre einmal, Juchem, wie kann es angehen, daß du immer so zufrieden und vergnügt bist, wo du doch einst ein wohlhabender Mann warst und heute in Armut leben mußt, noch dazu, wo du deine Frau verloren hast? So zufrieden kann ich nicht sein." – Er hat nämlich genau wie ich sein gesamtes Vermögen zugesetzt.

Ich antwortete auf hochdeutsch: „Ja, Herr Pastor,
>   *Ich gehe dankbar und zufrieden*
>   *den Weg, den Gott mir hat beschieden.*"

Daran pflege ich mich ja auch selbst bei passender Gelegenheit zu erinnern, und es fällt mir wahrlich nicht immer leicht, dieses zu sagen. Wenn man die meiste Zeit allein zubringt, tauchen leicht sündige und schlimme Gedanken in einem auf, verbunden mit Unzufriedenheit und Undankbarkeit. Aber da es mir nun einmal vorherbestimmt ist, so zu leben, wie ich lebe, kann und muß ich mich darin finden und lernen, „den Weg, den Gott mir hat beschieden", zu gehen. Diesen Weg müssen wir gehen, ohne zu murren, denn er scheint für uns auch der beste zu sein.

Noch ein paar Bemerkungen zu den 50 Kronen, die ich im Dezember 1923 erhielt! Ich kaufte dafür Ingkes Grabstein (vgl. Abb. 136). Er kostete zwar 94 Mark, aber die 50 Kronen deckten den größten Teil dieser Summe. Auch der fehlende Betrag stammte ja aus Dänemark. Insofern denke ich oft, wenn ich dort oben auf dem Friedhof davor stehe: „Der Stein kam wohl aus Dänemark." – Schließlich habe ich bereits meinen Namen und mein Geburtsdatum in den Stein meißeln lassen; es fehlt nur noch der Sterbetag, und ich hoffe, daß dieser Tag nicht allzu ferne liegt.

Abb. 135: Nachbarn und Bekannte auf der Bank vor Juchems Haus um 1927; *hinten v. l. n. r.:* Friederike Josine Bohn geb. Brodersen (5.7.1861 in Klintum – 2.11.1940 in Toftum), GRL 968, 6; Göntje Rolufs geb. Nickelsen (15.6.1853 in Toftum – 12.1.1935 in Toftum), GRL 161, 757, 48; Margarethe Olina Andresen geb. Rolufs (28.8.1848 in Oldsum – 28.12.1933 in Süderende), GRL 125, 124 155; Ingke Tückis geb. Lorenzen (26.3.1839 in Hedehusum – 13.9.1929 in Toftum), GRL 512, 456, 45; *vorne v. l. n. r.:* Julius Nickelsen (19.3.1856 in Toftum – 12.4.1939 in Toftum), GRL 161, 757 49; Joachim Hinrichsen; Boy Cornelius Bohn („Boy Aaris") (10.9.1845 in Toftum – 8.2.1936 in Toftum), GRL 191, 263 143; Erich Tönis Andresen, genannt „Erich Dörtig-Paning" (vgl. Anm. 74); Ocke Erich Rolufs (4.11.1840 in Toftum – 25.11.1927 in Toftum), GRL 125, 124 153.

Nachwort

Nachdem Iver Nordentoft seine Aufzeichnungen im August 1925 abgeschlossen hatte, vergingen noch fast fünf weitere Jahre, bis Joachim Hinrichsen am 7. Juni 1930 starb. Obwohl Juchem nach dem Tode seiner Frau Ingke (1924) sehr zurückgezogen lebte und seine Verrichtungen sich zunehmend auf die persönlichen Dinge seiner engeren häuslichen Umgebung beschränkten, geriet er wegen seiner Ernennung zum *Danebrogs*-Mann im Juni/Juli 1925 ungewollt ein weiteres Mal ins öffentliche Rampenlicht, das er so sehr verabscheute. Die daraufhin von einigen deutschen Zeitungen in Gang gesetzte Verleumdungskampagne traf den alten Mann hart. Doch es sollte noch schlimmer kommen! Als nämlich die Ordensverleihung höheren Orts ruchbar wurde, entspann sich zwischen Dänemark und dem Deutschen Reich ein längeres diplomatisches Scharmützel.[335] Das preußische Innenministerium in Berlin sah in der ganzen Angelegenheit eine provokatorische „Rücksichtslosigkeit... umsomehr, als der Beliehene in der Abstimmungszeit sich als [dänischer] Agitator hervorgetan hat".[335] Die preußische Provinzialregierung in Schleswig ersuchte schließlich Amtsvorsteher Brar Roeloffs, umgehend dafür zu sorgen, daß Juchem den Orden zurückgeben möchte. Dieses Ansinnen lehnte der Betroffene jedoch standhaft ab.

Wie sich die Ereignisse aus Juchems Sicht darstellten, können wir einigen seiner Briefe an I. Nordentoft entnehmen, die im folgenden auszugsweise wiedergegeben werden. Am 15. November 1925 schreibt er in einem eigentümlichen, mit englischen und deutschen Brokken versetzten Dänisch: „[Übersetzung] Vor ungefähr zwei Monaten erhielt ich von Amtsvorsteher Roeloffs eine Vorladung, in der ich aufgefordert wurde, mich binnen zwei Tagen samt Orden und Begleitschreiben bei ihm einzufinden. Ich begab mich also zu ihm hin. Er präsentierte mir zunächst einen Brief, in dem der Niebüller Landrat Hans Skalweit anfragte, ob ich preußischer Untertan sei. Ich antwortete auf friesisch mit ‚Ja, leider!' Daraufhin holte er einen zweiten Brief, abgesandt vom Regierungspräsidenten Johanssen[336] aus Schleswig, sowie einen Ausschnitt einer deutschen Zeitung hervor.[337]... Auf seine erste Frage, ob es wahr sei, daß ich den Orden angenommen habe, antwortete ich mit Ja, aber daß ich gesagt haben sollte, ein paar hundert Kronen wären mir lieber gewesen, das sei eine Lüge. Schließlich las er mir den Brief vor. Ich hätte gegen die Bestimmung der Weimarer Verfassung verstoßen, hieß es, wonach es einem deutschen Staatsbürger nicht erlaubt sei, weder einen deutschen noch einen ausländischen Orden entgegenzunehmen. Wer das tue, mache sich strafbar. Könnte ich mich jedoch entschließen, ihm den Orden auszuhändigen, würde er davon ausgehen, daß ich straffrei bleibe. Ich entgegnete ihm, falls die dänische Ordenskanzlei, die mir den Orden zugesandt habe, mich dazu auffordern würde, wäre ich bereit, dem Folge zu leisten, keineswegs jedoch würde ich den Orden an eine deutsche Behörde abliefern. Er antwortete mir, ich könnte den Regierungspräsidenten ja bitten, mir den Orden zu lassen, da ich nicht gewußt habe, daß es verboten sei, einen Orden anzunehmen. ‚Versetze du dich in meine Lage', sagte ich: ‚Einige Zeit nach meiner Rückkehr aus Amerika wurde ich ausgewiesen, da ich amerikanischer Bürger war, und als ich dennoch in meine Heimat zurückkehrte, verurteilte man mich zu vier Tagen Gefängnis in Niebüll, und jetzt bin ich infolge des Krieges ein armer Mann geworden. Wenn du nun glaubst, ich würde vor dem Regierungspräsidenten einen Kniefall machen, dann kennst du den alten Juchem noch nicht!' Anschließend mußte ich, so gut ich konnte, ins Deutsche übersetzen, daß ich den Orden für meine Kriegsteilnahme 1864 und nicht für die ‚Agitation' bekommen habe. Er aber gab mir zu verstehen, daß die Ordensverleihung nach dem Besuch der *Hejmdal*-Studenten und derer vom *Sønderjydsk Kreds* [vgl. S. 140f.] als Agitation angesehen würde. Darüber hinaus wollte er die Namen der drei [Überbringer des Ordens] wissen, und ob sie dänische Staatsbürger seien. Ich verweigerte ihm darüber die Auskunft. Seitdem habe ich in der Angelegenheit nichts mehr gehört; sollte ich jedoch zu einer Strafe verurteilt werden, werde ich es dich wissen lassen…"

In einem Brief vom 10. Februar 1926 teilte Juchem die weitere Entwicklung in dieser Angelegenheit mit: „Wegen den Dannebrogsorden kann ich Dir mittheilen, das ich vor 2 Wochen zum Amtsvorsteher geladen wurde, wo er mir folgendes Mitzutheilen hatte, der Minister des Auswärtigen, liese mir wissen, das es eine strafbare Handlung meiner seits gewesen sei und den Orden in Empfang zu nehmen, doch würde zur Zeit davon abgesehen falls ich jedoch damit vor der öffentlichkeit Anstoss erregen sollte, oder Agitation betreiben thäte, wie bisher, solte der Amtsvorsteher solches beim Lanrath [Hans Skalweit] in Niebüll an melden, für die von mir früher gelegentlichen Quartiere von Vereinen Heimdal und Studenten Verein sollte ich mich enthalten, das wurde auch als Agitation angesehen, als Strafe dafür würden sie beantragen das ich den Orden abgeben sollte, u.s.w., ich antwortete das ich kein Anlass geben würde, zur Strafe, doch würde ich ohne mein Zuthun als Agitator, er doch wohl mir die Erlaubnis zu Theil werden lassen das ich von den genannten Vereinen, einige Nachtquartier gewähren dürfte, es liese ja doch in der Bibel *Herberget gerne*. Von einer Nacht Unterkunft würde er keinen Aufsehen erregen, doch gewähren könnte er mir das nicht, somit mus ich denn ja wohl selbst dafür aufkommen… Ich habe vor einiger Zeit die Worte hören müssen, du bist immer ein sonderbarer *Kauz* gewesen, sonst wärest Du auch nicht Dannebrogsmand geworden, solche Äußerungen thun mir sehr Leid, ich bemühe mich mit allen Menschen in gutem Einvernehmen zu Leben, welches aber nicht immer möglich ist, doch mit der großen Mehrzahl stehe ich auch in Achtung."

Schließlich bemerkt er in einem Brief vom 2. April 1926: „Ich werde mich darnach richten und keinen Anlass zu Klagen geben auch ist der Amtsvorsteher für mich sehr entgegenkommend, wurde ich doch persönlich von ihm eingeladen zur Beerdigung seiner über 100 ½ Jahre alten Mutter, welches ich denn auch befolgte." – Danach ließ man Juchem in Ruhe. Am 6. November 1926 konnte er unter großer Anteilnahme seiner Föhrer Freunde und von Dänen nördlich und südlich der Grenze seinen 80. Geburtstag feiern.[338]

Im folgenden soll noch auf ein Ereignis hingewiesen werden, das Juchem mit einem Schlage aller seiner existentiellen Sorgen der voraufgegangenen Kriegs- und Inflationsjahre enthob: Nachdem man auf dänischer Seite auf Juchems materielle Not aufmerksam geworden war, bewilligte ihm der *Sønderjysk Fond* (Südjütischer Fond) kurz vor Weihnachten 1925 eine Unterstützung von 500 Kronen. Dieses Geld kam wie ein Weihnachtsgeschenk für Juchem völlig unerwartet, und es löste in ihm ein Gefühl der Dankbarkeit aus, das schlicht keine Grenzen kannte. Gleichzeitig begann er nun, da er sich nicht mehr dem Verdacht der „Bettelei" ausgesetzt sah, sich in seinen Briefen darüber zu äußern, wie peinlich ihm bis dahin seine Armut gewesen sei, vor allem bei der Aussicht, auf Kosten der Armenkasse begraben zu werden. Seinen Briefen an Iver Nordentoft, die hier in Auszügen wiedergegeben werden, ist auch zu entnehmen, mit welcher Gewissenhaftigkeit und Umsicht er seinen neuen „Reichtum" verwaltete, um ja nicht sein angestrebtes Ziel eines „ehrenhaftes Begräbnisses" zu gefährden. Die kleinen Ungenauigkeiten in den Zahlenangaben sind dabei wohl auf seine fortschreitenden Altersbeschwerden zurückzuführen, die sich – seinen Briefen nach zu urteilen – besonders seit dem Herbst 1925 in zunehmendem Maße bemerkbar machten.

Am 26. Dezember 1925 schreibt er: „Einen so erhabenen Trost ist mir Zeitlebens nicht zu Handen gekommen, jetzt sind alle meine Sorgen dich ich mich *täglich* gemacht habe, total verschwunden, und ich sehe die kurze Zukunft, die ich noch auf der Erde zubringen muss, mit großer Geduld entgegen, der Mensch solte sich eigentlich keine *Sorgen* machen, denn einer sorgt für uns, aber unsere Schwachheit hat zu viel Macht über uns, deshalb sorgt der Mensch ja täglich gegen seinen Willen. Ich habe die große Summe von 520 Mark in 3 Raten von der Flensburger Volksbank dankend erhalten, habe davon 400 Mark auf der Sparcasse belegt zum Eventuellen Krankenlager, sowie zum Begräbnis, wenn ich wie ich hoffe das Geld nicht zum täglichem Unterkunft und Kleider gebrauchen werde, für die letzten 100 Mark habe ich einen Anzug sowie für wollene Unterkleider die ich nötig war verbraucht, habe auch 1 Pfund Taback sowie sonstige Kleinigkeiten verausgabt, so das ich ein fröhliches Weihnachtsfest, jedoch ohne meine liebe Ingke verlebt habe, wofür ich Gott von ganzem Herzen danke... Die schweren Sorgen, die sich öfters bei mir einstelten kenne ich jetzt nicht mehr und kan ruhig schlafen..."

Am 10. Februar 1926 schreibt er: „So habe ich denn erreicht, was die meisten Menschen vergeblich erstreben, von nichts habe ich mehr zu sorgen, meine Zukunft ist sicher gestelt für mein ganzes Leben, und die Frage nach dem was werde ich essen und trinken, womit mich kleiden, diese grose Frage die das Menschenvolk fortwährend in Bewegung hält, hat für mich alle Bedeutung verloren, sie wird mir nie mehr Kummer und Sorgen bereiten wie vorhin. ... Am meisten freue ich mich darüber das ich nach meinem dereinstigen Ablebens, welches ja doch nur eine kleine Weile dauern kan, ein angemessenes Begräbnis zu erhalten werde von den 500 Kronen, die ich erhalten habe, es waren für mich immer schwere Gedanken das ich wohl auf Kosten der Gemeinde bestattet werden sollte. Ich... mache noch öfters kurze Spaziergange und wenn das Wetter es zuläßt, jeden Sonntag in die Kirche, habe mir auch einen neuen Anzug gekauft, so das ich nicht mehr in die schäbigen Kleider zur Kirche gehe, auch das machte mir vorher schwere Gedanken sonst wäre ich auch mit Dir an dem Sonntag wohl hingegangen. Von den 520 Mark habe ich 450 in die hiesige Sparcasse belegt, nebst den Anzug Kleider, habe ich Steinkohlen, so wie verschiedene kleine Sachen, als da sind 25 Cigarren 2 Pfund Taback (die Pfeife schmeckt noch immer gut) u.d.g. gekauft und habe ein schönes und dankbares Weihnachtsfest gefeiert, das beste seit Anfang des Krieges, hatte bald vergessen ihnen zu schreiben, auf dem Grabe meiner lieben Ingke einen Kranz für 2 Mark gelegt, zu haben, *es ist von mir der erste*..."

In den folgenden Briefen beziffert Juchem die Höhe seines „Sterbefonds" mit 450 Mark. Für die Zinsen dieses kleinen Kapitals konnte er, zusammen mit dem Ehrensold der Veteranen von 1864, sich mit allem Lebensnotwendigen versorgen, ohne jemals die 450 Mark antasten zu müssen. Es kam sogar vor, daß er die Zinsen stehenlassen konnte, als ihm nämlich Amtsvorsteher Brar Roeloffs zu einer „Beihülfe zum Ehrensold aus der Kreis Casse in Niebüll" verhalf (Brief vom 3. Juli 1927), einer offenbar sehr bescheidenen Summe, die aber später auf 8,75 Mark monatlich erhöht wurde (Brief vom 20. Dezember 1928). Zur selben Zeit scheint auch die Nieblumer Sparkasse, bei der er über 30 Jahre Aktionär gewesen war, ihn auf die eine oder andere Art mit kleinen finanziellen Zuwendungen unterstützt zu haben. Je älter Juchem wurde, desto unverständlicher wurden seine Briefe und seine Schrift undeutlicher. Mit Sicherheit geht aber aus seinen letzten Briefen hervor, daß sein „Sterbefond" beständig anwuchs und daß er „überaus zufrieden" war.

Am 7. Juni 1930 ist Juchem in aller Stille im Alter von 84 Jahren gestorben und wenige Tage später unter großer Anteilnahme der Westerlandföhrer Bevölkerung zu Grabe getragen worden, wo er neben seiner sechs Jahre zuvor verstorbenen Frau Ingke die letzte Ruhe fand. Der kleine, bescheidene Leichenstein der beiden (vgl. Abb. 136) über dem mittlerweile von Rasen und Feldblumen bedeckten Grab steht noch heute auf dem heimatlichen Friedhof von St. Laurentii.

Abb. 136: Der schlichte Grabstein von Joachim und Ingke Hinrichsen auf dem Kirchhof St. Laurentii, ein wenig nördlich des Kirchturms und unmittelbar neben dem stattlichen Grabstein von Juchems Großeltern Erk und Johanna Ketels aus Klintum (vgl. Abb. 3).

Anmerkungen

1. griech. *symmakos* = „Mitstreiter, Bundesgenosse".
2. An dieser Regelung ist festgehalten worden. Die Fußnoten Iver Nordentofts sind in der Regel unverändert übernommen oder stillschweigend auf den neuesten Wissensstand gebracht worden (vgl. Hinweise an den Leser).
3. Vgl. Lüden, „Redende Steine", Grabsteine der Insel Föhr (1984), und Quedens, Die alten Grabsteine auf dem Amrumer Friedhof (1984), mit weiterführenden Literaturangaben.
4. *Deutscher* hier im Sinne von schleswig-holsteinisch gesinnter oder deutsch gesinnter Föhringer.
5. Ocke Johann Hinrichsen (auch Hayen) (22.8.1818 in Oldsum – 30.9.1851 in Savannah); lebte in Toftum Nr. 192 (heute abgebrochen); GRL 731, 313 65.
6. Dorothea Ketels (13.9.1822 in Klintum – 29.9.1891 in Schleswig); GRL 219, 233 341.
7. Johann Hayen (21.11.1787 in Oldsum – 16.11.1827 in Oldsum); Seemann; lebte in Oldsum Nr. 45 (heute M. Pedersen); GRL 731, 313 6.
8. *Schleswig-Holsteiner* hier und im folgenden eine Person, die auf der Seite der *Schleswig-Holsteinischen Erhebung* 1848–50 steht oder schleswig-holsteinisch gesinnt ist.
9. *Liinsand* ist eine große Sandbank zwischen Föhr und der Südspitze Sylts (vgl. Kartenanhang).
10. *Kanonenjollen* (oder Kanonenboote) sind mit Kanonen ausgerüstete Ruderboote, meist unter dem Kommando eines Reserveleutnants, 2 Unteroffizieren und 20 Mann Besatzung; die Jollen wurden gerudert oder von einem kleinen Dampfschiff gezogen. Die 6 Kanonenboote und der Schlepper *Vildanden* standen unter dem Kommando von Kapitänleutnant Emil Andreas Wulff (1811–1890), mit dem L. Jepsen am 16.9.1850 auf Liinsand in Verbindung trat. Der dänische Befehlshaber der Seestreitkräfte an der Westküste, Kommandeur Ellbrecht, hatte bis dato vergeblich versucht, Föhr zu besetzen; vgl. Den dansk-tydske Krig i Aarene 1848–50, S. 1366ff., R. Hammer, Kaptajnløjtnant O.C. Hammer, S. 80–81, 95ff., und Topsøe-Jensen, Personalhistoriske Oplysninger om Officerer af det Danske Søofficerskorps, S. 426.
11. Nickels Rickmers (29.11.1791 in Oldsum – 24.4.1878 in Oldsum); lebte in Oldsum Nr. 35 (heute A. Flor-Steffen); Kapitän von Antwerpen; GRL 334, 212 42.
12. Bei dieser Familie handelt es sich wohl um Jürgen und Hardine Vollert geb. Olesen und Kinder, die später nach Boldixum gezogen sind; GRL 1235, 1.
13. Aus den *Geschlechterreihen St. Laurentii* (GRL) geht nicht hervor, daß um 1850 eine Nachbarstochter Friedericke in der näheren Umgebung wohnte, was aber nicht heißt, daß Juchem sich irrt; möglicherweise hielt sich die Familie nur vorübergehend dort auf.
14. Das Schmaltief führt in das Föhrer und Amrumer Fahrwasser und hatte daher eine wichtige strategische Bedeutung (vgl. Kartenanhang).
15. Ernst Friedrich Brix (8.11.1837 in Kappeln – 2.6.1889 in Wyk); Besitzer der *Börsenhalle* (später *Zur Börse*) und führender Schleswig-Holsteiner in Wyk; bei ihm fanden auch die Versammlungen der maßgeblichen Schleswig-Holsteiner statt; über die von ihm ausgelöste Kanonade vgl. auch Haeberlin, Chronik des Seebades Wyk-Föhr, S. 65.

16 E. Brix' und Lorenz F. Jepsens Darstellung stimmt im wesentlichen überein mit den offiziellen Angaben des dänischen Generalstabs in „Den dansk-tydske Krig i Aarene 1848–50", S. 1363 ff., nur, daß an dem von Brix erwähnten Gefecht auf dänischer Seite nicht die Kanonenjollen teilnahmen (diesen gelang es nicht, den flüchtenden Schleswig-Holsteinern den Weg abzuschneiden), sondern das armierte Dampfschiff *Gejser*, das vor der Hevermündung lag, um das feindliche Dampfschiff mit seinen Kanonenbooten daran zu hindern, in die Eider zu entkommen. Übrigens berichtet weder der dänische Generalstab, a.a.O., noch R. Hammer, Kaptajnløjtnant O.C. Hammer, S. 96, davon, daß bei dem Gefecht ein schleswig-holsteinisches Kanonenboot versenkt wurde; eine recht ausführliche Schilderung des Gefechts gibt Hansen, Chronik der Friesischen Uthlande, S. 274–277.

17 Caroline Louise Jepsen (vgl. Abb. 133) heiratete am 6.11.1874 Friedrich Faltings (27.3.1847 in Oldsum – 21.8.1935 in Oldsum); Kapitän und später Landwirt in Oldsum Nr. 35 (heute F. Vogel); GRL 727, 236 523; er war ein Vetter von Juchem. – Über die Erlebnisse von Carolines Vater vgl. H. Faltings [Hrsg.], Die vornemsten Lebensumstenden von Lorens Fr. Jepsen, S. 108; darin wird allerdings als Datum der Besetzung Föhrs der 16.9.1850 genannt (vgl. Anm. 10); so auch Hansen, Chronik der Friesischen Uthlande, S. 272–274 (seine Darstellung und Interpretation der Vorgänge ist allerdings ziemlich tendenziös); vgl. ferner Mungard, Der Friese Jan, S. 17.

18 Über die verwickelten politischen und rechtlichen Verhältnisse in der reichsdänischen Enklave Westerharde Föhr und Amrum vgl. Roeloffs, Von der Seefahrt zur Landwirtschaft, S. 327 ff. Föhr hatte 1860 ca. 5300 Einwohner, davon etwa 1500–1600 Seefahrer.

19 Ein Steuerfestsetzungsverfahren, bei dem ursprünglich das englische Pfund Sterling (Silber) als Berechnungsgrundlage diente.

20 *Langdorf* (föhr. *lungtaarep*) = Oldsum, Klintum, Toftum.

21 *Übersetzung:* Arfst Jürgens ist betrunken, Peter Lütgens hat einen Rausch, und Volkert Adys führt das Wappen für die deutsche Rasselbande.

22 Hier irrt J.H. Sowohl Volkert Adys Hinrichsen als auch Peter Lütgens sind auf Föhr geboren und entstammen alten föhringischen Familien. Daß sie Plattdeutsch sprachen, rührte wohl von ihren Müttern her, die beide aus einem plattdeutschen Hause kamen. Das Plattdeutsche hatte um die Mitte des 19. Jahrhunderts vor allem auf Osterlandföhr bereits in zahlreichen eingesessenen Familien – vielfach neben dem Friesischen – als Umgangssprache Fuß gefaßt. – J.H.s Versuch, das Schleswig-Holsteinertum in den Dörfern Föhrs (hauptsächlich Osterlandföhrs) ausschließlich als ein Fremdelement darzustellen, ist ohne Zweifel falsch, auch wenn gewiß die Mehrheit der aus Südschleswig und Holstein zugewanderten Familien schleswig-holsteinisch gesinnt war. Aber ebensowenig wie man das Dänentum auf Westerlandföhr und Amrum als Ausdruck eines wirklichen dänischen Nationalgefühls werten darf, kann das Schleswig-Holsteinertum Osterlandföhrer Prägung in jenen Jahren als ein „Bekenntnis zum deutschen Vaterlande" angesehen werden, das sich nach „Befreiung vom dänischen Joche" sehne, wie es fälschlicherweise oft hieß und heißt. Beide, die dänischgesinnten wie die schleswig-holsteinischgesinnten Föhringer, sahen in ihrer Mehrheit den dänischen Gesamtstaat als eine Staatsform an, die ihrer anationalen, vielfach überstaatlichen Einstellung durchaus entsprach. Als nationalliberale Kreise in Dänemark nach 1830 zunehmend die Eingliederung des Herzogtums Schleswig in das Königreich Dänemark betrieben, geriet die alte gesamtstaatliche Ordnung durcheinander. In den Auseinandersetzungen um die Erbfolge in den Herzogtümern nach Christians VIII. Tod 1848 ergriffen die Bewohner der reichsdänischen Enklave Westerlandföhr Partei für „ihren" König (Glücksburger Linie), während die herzoglichen Osterlandföhringer natürlich „ihren" Herzog (Augustenburger Linie) favorisierten. Diese Auseinandersetzungen sind auf Föhr jedoch nicht so sehr unter nationalen als vielmehr dynastischen Aspekten geführt worden.

23 Volkert Adys Hinrichsen (19.6.1819 in Alkersum – 29.1.1886 in Alkersum); lebte als Landwirt auf der väterlichen Stelle am südlichen Dorfrand von Alkersum.

24 Frederik VI. (28. 1. 1768 in Kopenhagen – 3. 12. 1839 in Kopenhagen); König von 1784 bis 1839.
25 Der ungewöhnlich schnelle Wiederaufbau Wyks war in erster Linie wohl das Verdienst eines Unterstützungskomitees, in dem neben mehreren Wyker Persönlichkeiten und den beiden Vögten Trojel (vgl. Abb. 42) und Lendrop (vgl. Anm. 49) vor allem auch Otto C. Hammer (vgl. Abb. 20) mitwirkte; vgl. Bericht und Rechnungsablage des Comitees zur Unterstützung der Abgebrannten in Wyk auf Föhr; vgl. ferner Haeberlin, Chronik des Seebades Wyk, S. 68 f., Petersen, Wyk, S. 18 f., Weigelt, Die nordfriesischen Inseln vormals und jetzt, S. 57 f., und Hansen, Das schleswigsche Wattenmeer, S. 133.
26 Peter Hansen, Schmied in Wrixum, wanderte 1870 nach Amerika aus. Sein Vater stammte aus Lindholm; vgl. Nerong, Das Dorf Wrixum, S. 59, 120.
27 Diese Tochter war Keike Roeloffs (8. 5. 1842 in Süderende – 24. 2. 1874 in Utersum); GRL 125, 125 18; sie heiratete 1863 Erich Peters, Utersum, GRL 111, 624 66.
28 Man speiste nicht im Dorfkrug, sondern im Pastorat in Nebel (freundl. Mitteil. G. Quedens, Norddorf). Dieses geschah am 27. 7. 1860. Nachdem man dem Wein des Pastors kräftig zugesprochen hatte, wurde Mechlenburg „auf der Stelle" von Frederik VII. zum Ritter des *Danebrog*-Ordens (4. Klasse) ernannt; vgl. Quedens, Tagebücher aus dem alten Amrum, S. 80, und Roeloffs, Von der Seefahrt zur Landwirtschaft, S. 344.
29 Richard Friedrich Mechlenburg (19. 4. 1847 in Nebel – 3. 6. 1913 auf Amrum); Pastor in Sachsenhausen (anscheinend Sachsen-Anhalt); als Emeritus wieder auf seiner Heimatinsel (freundl. Mitteil. G. Quedens, Norddorf).
30 Über Hinrich vgl. Abb. 82, über seinen jüngeren Bruder Ernst vgl. Abb. 116.
31 Friedrich August Eduard Mechlenburg (25. 10. 1881 in Sachsenhausen – gefallen am 9. 9. 1914); freundl. Mitteil. G. Quedens, Norddorf.
32 In dem seit 1809 bestehenden Schuldistrikt St. Laurentii gab es 1861 drei Schulen: 1. die *Toftumer* Schule in Toftum Nr. 158 (heute H. Roland) für Toftum und Klintum, Lehrer: Jessen (vgl. Anm. 34); 2. die *Oldsumer* Schule am südlichen Dorfausgang (1940 abgerissen, stand neben dem heutigen „Haus Wiking") für Oldsum, Süderende und Klein-Dunsum, mit dem Hauptlehrer J. Rickmers (vgl. Abb. 14) und Elementarlehrer B. Braren (vgl. Abb. 15); 3. die *Utersumer* Schule in Utersum Nr. 50 (heute Dorfgemeinschaftshaus) für Utersum, Groß-Dunsum und Hedehusum, mit dem Lehrer O. Jappen (vgl. Anm. 37) und bald darauf mit seinem Nachfolger B. Braren (s. o.); vgl. Roeloffs, Von der Seefahrt zur Landwirtschaft, S. 306 ff.
33 Die Dorfschaften Borgsum, Witsum, Goting und der südliche Teil von Nieblum gehörten zwar zur reichsdänischen Enklave Westerlandföhr, fielen aber als Teil des Kirchspiels St. Johannis in Schul- und Kirchenangelegenheiten unter die herzoglich-gottorfische Verwaltung in Schleswig; diese hatte die partielle Einführung des Dänischen in Kirche und Schule für die Schulbezirke St. Johannis und St. Nicolai abgelehnt; vgl. Jensen, Nordfriesland in den geistigen und politischen Strömungen des 19. Jahrhunderts, S. 254 f.
34 Christian Toft Jessen (24. 7. 1807 Seeth b. Tondern – 19. 9. 1886 in Toftum) war von 1841 bis zu seiner Pensionierung 1863 an der Toftumer Schule tätig; er hat sich sehr um den Föhrer Obstbau verdient gemacht; GRL 277.
35 Der Einführung des Dänischunterrichts in St. Laurentii wurde indessen nicht uneingeschränkt zugestimmt. Sowohl Pastor Johnsen (vgl. Anm. 203), dem die Schulaufsicht über das Kirchspiel oblag, als auch sein Vorgesetzter, Bischof Jacob Brøgger Daugaard (1796–1867) in Ripen, sprachen sich dagegen aus; vgl. Jensen, Nordfriesland in den geistigen und politischen Strömungen des 19. Jahrhunderts, S. 255 f. Ablehnend verhielt sich ebenfalls Pastor Mechlenburg auf Amrum (vgl. Abb. 12), der ansonsten loyal dänisch, d. h. gesamtstaatlich, gesinnt war.
36 Nickels Matthiesen war ein Sohn von Jes Lauritz Matthiesen (28. 5. 1800–9. 9. 1861), der als Arbeiter mit seiner Familie zugezogen war und einige Zeit in Toftum Nr. 222 (heute R. I. Brodersen) wohnte; GRL 1042.
37 Er meint gewiß Ocke Jappen (21. 1. 1793 in Oldsum – 6. 11. 1870 in Utersum), Utersum Nr. 8

(heute „Kramladen"), der von 1821–61 Lehrer an der Utersumer Schule war; GRL 124, 4233. Da er 1861 in den Ruhestand trat, wird er nicht mehr, wie J. H. meint, an einem Kursus zur Erlernung der dänischen Sprache teilgenommen haben. Der Dänischunterricht wird statt dessen erst durch seinen Nachfolger Brar C. Braren (vgl. Abb. 15) eingeführt worden sein.

38 1769–88 auf Osterlandföhr, 1777 im Westerlandföhrer Teil von Nieblum, 1791 in Goting, 1799–1804 in der restlichen Westerharde Föhr; vgl. Roeloffs, Von der Seefahrt zur Landwirtschaft, S. 129 ff.

39 Über das jütische Bevölkerungselement im Kirchspiel St. Laurentii vgl. Braren, Geschlechter-Reihen St. Laurentii, Teil I, S. 16 und 29 ff.; vgl. ferner Weigelt, Die nordfriesischen Inseln, S. 100 f.

40 11. November.

41 Die für damalige Verhältnisse recht stattliche Landwirtschaft wurde hauptsächlich durch Hammers alten, aber rüstigen Vater Frits Abel Hammer (1792–1878) und einen Knecht bewirtschaftet; vgl. R. Hammer, Kaptajnløjtnant O. C. Hammer, S. 125.

42 Über Hammers Wirken in dieser Zeit vgl. R. Hammer, Kaptajnløjtnant O. C. Hammer, S. 72–120.

43 Vgl. Nerong, Die Insel Föhr, S. 89. Daß Hammer ganz gewiß kein Land und Leute tyrannisierender Wikinger war, als den viele seiner Widersacher ihn in ihrem antidänischen Nationalismus gerne hinstellen wollten (so u. a. Baudissin, Schleswig-Holstein Meerumschlungen, S. 170 ff., Hansen, Chronik der Friesischen Uthlande, S. 299 ff., und *Insel-Bote* vom 16.3.1892), sondern ein tüchtiger Beamter und höchst ehrenhafter Offizier, der viel für die Nordfriesischen Inseln geleistet hat, das bescheinigt auch sein ehemaliger Kriegsgegner, der österreichische Generalstabsoffizier v. Wiser, in: Die Besetzung der nordfriesischen Inseln, S. 22 f.; vgl. ferner *Insel-Bote* vom 19.3.1892 und Muuss, in: Nordfriesland, Heimatbuch für die Kreise Husum und Südtondern, S. 206 ff. Vgl. auch Stolz, Die „Eroberung" der nordfriesischen Inseln im Jahre 1864, S. 10 ff., der jedoch ebenfalls der Person Hammers nicht immer gerecht wird.

44 Die weitaus ausführlichste – und übrigens sehr sachlich gehaltene – Schilderung der Kriegsereignisse gibt Hammer selbst in seinem Buch „Vesterhavsøernes Forsvar i Aaret 1864", die mit einer kleinen Ausnahme ziemlich genau mit der weniger detaillierten Darstellung des dänischen Generalstabes in „Den dansk-tyske Krig 1864", Bd. 3, übereinstimmt; vgl. ferner „Der deutsch-dänische Krieg 1864", Bd. 2, hrsg. vom großen Generalstabe, und R. Hammer, Kaptajnløjtnant O. C. Hammer, S. 139–191. (Letzteres aber lediglich ein Auszug aus dem Buch des Vaters.) Siehe auch Stolz, Die „Eroberung" der nordfriesischen Inseln im Jahre 1864, dessen Ausführungen im einzelnen aber nicht immer korrekt sind.

45 Zollkreuzassistent Niels Christian Viborg war bereits seit den fünfziger Jahren in Wyk im Zollkreuzwesen tätig.

46 *Zollkreuzer* sind kleine, unbewaffnete Segelschiffe mit drei bis fünf Mann Besatzung, die man im Zolldienst als Inspektionsschiffe einsetzte.

47 Vgl. Hammer, S. 19, und R. Hammer, Kaptajnløjtnant O. C. Hammer, S. 146 ff.

48 Gemeint ist der *Kniephafen* auf dem *Kniepsand* westlich vor Norddorf (mittlerweile zugesandet).

49 Christian Ludvig Lendrop (23.9.1823 in Kopenhagen – 4.3.1904 auf Frederiksberg); nach Jurastudium 1852 Amtssekretär in Tondern, 16.2.1853 Ernennung zum Landvogten von Osterlandföhr und Gerichtsvogten von Wyk; 23.7.1864 Entlassung durch den österreichischen Zivilkommissar v. Revertera; danach verschiedene Aufgaben im dänischen Staatsdienst; 19.12.1893 *Danebrogs*-Mann; 21.7.1899 Ernennung zum Etatsrat (freundl. Mitteilung H. Worsøe; Landsarkivet Åbenrå).

50 Nach R. Hammer, Kaptajnløjtnant O. C. Hammer, S. 147, wurde Lendrop mit dem Kutter *Neptun* nach Amrum gebracht.

51 Ketel Tede Brodersen (24.8.1816 auf Hallig Nordmarsch-Langeneß – 26.10.1902 auf Amrum); (freundl. Mitteilung G. Quedens, Norddorf).
52 Besonders auf Sylt, in weit geringerem Umfang auch auf Osterlandföhr und in Wyk; auf Westerlandföhr und Amrum gelang es jedoch nicht, eine einzige Huldigungsadresse zu bekommen; vgl. Jensen, Nordfriesland in den geistigen und politischen Strömungen des 19. Jahrhunderts, S. 280 u. 283, und Huldigungs-Adressen an Se. Hoheit Herzog Friedrich VIII.
53 Entgegen J. H. traf Hammer nicht am 14.2, sondern erst am 21.2. auf Amrum ein; vgl. Hammer, S. 20, und Quedens, Tagebücher aus dem alten Amrum, S. 97.
54 Meinert Lorenz Hinrich Oldis (geb. 30.10.1826 in Alkersum); nach 1864 mit Frau Elena geb. Holm und Sohn Hinrich in die USA ausgewandert.
55 Eine *Bake* (föhr. *baag*) ist ein an Land stehendes Holzgerüst oder ein an einem Pfahl befestigtes Holzsymbol als Wegweiser für die Seefahrt; als *Bake* bezeichnet man auch eine lange, mit einem Reisigwisch gekrönte Stange, mit der das Fahrwasser im Watt abgesteckt ist, und sonstige Seezeichen im Fahrwasser.
56 Nach Hammer, S. 26, am 1.3. und an den darauffolgenden Tagen.
57 Also insgesamt vier Zollkreuzer. Das stimmt mit Hammer, S. 27, überein, während in „Den dansk-tyske Krig", Bd. 3, S. 310, lediglich drei Kreuzer erwähnt werden.
58 Carl Frederik Gylsen war bereits seit den fünfziger Jahren unter Hammer als Zollkontrolleur an der Westküste tätig. Die Namen der übrigen Zollkontrolleure in „Den danske Hof- og Statscalender 1864".
59 *Nösse* = die Ostspitze Sylts (vgl. Kartenanhang).
60 Über dieses dramatische Ereignis um die Mittagszeit des 3.3., bei dem es nur durch die Besonnenheit Hammers nicht zu Blutvergießen kam, vgl. Hammer, S. 19, 25 u. 28–31, Hansen, Chronik d. Friesischen Uthlande, S. 300, sowie Jensen, Nordfriesland in den geistigen und politischen Strömungen, S. 280.
61 Arfst Boh Jürgens (2.9.1824 in Utersum – 20.5.1887 in Utersum); lebte in Utersum Nr. 28 (heute O. Knudsen); Kapitän und Landwirt, Kirchenjurat 1871–75; GRL 508, 317 37.
62 Diese Darstellung stimmt nicht mit J. H.s früherer Schilderung des Vorfalls, in „Marineveteraner fra 1864 fortæller", überein. Danach wurde Hammer damals, als der Kreuzer die neun Sylter Gefangenen nach Wyk brachte, „so zornig, daß Gylsen einen Schlag an den Kopf bekam". Diese Passage soll nach J. H.s Aussage später ohne sein Zutun eingefügt worden sein; möglicherweise habe es sich so verhalten, er könne sich aber in dieser Form nicht daran erinnern. Eindeutig falsch sei es aber, wenn dort berichtet würde, der Kreuzer sei zum Proviantieren nach Wyk eingelaufen.
63 Vgl. Hammer, S. 36–37.
64 Vgl. Hammer, S. 26–27, 31–33.
65 Vgl. Hammer, S. 42–43, 74–75; danach waren es lediglich 100 Infanteristen vom 11. Linien-Regiment; später trafen noch 60 Mann Infanterie auf Fanø ein.
66 Vgl. Hammer, S. 43; allerdings trifft diese Aussage sicher nicht uneingeschränkt für Osterlandföhr und Wyk zu, ganz abgesehen von Sylt.
67 Friedrich Wilhelm Cordsen (auch Kortzen) lebte noch um 1900 in Wyk. Eine Abbildung von ihm (Gruppenfoto) befindet sich im Museum, Wyk.
68 Boy Cornelius Ketelsen (12.11.1817 in Oldsum – 14.5.1899 in Oldsum); lebte in Oldsum Nr. 120 (ehemals Jürgen Ketelsen); Kapitän auf verschiedenen Schiffen von Antwerpen; Kirchenjurat 1868–72; GRL 106, 134 57.
69 Vgl. Hammer, S. 48.
70 Simon Simonsen (5.7.1834 in Frøslev – 8.1.1905 in Wyk); er betrieb eine Gastwirtschaft in der Wyker Hafenstraße.
71 Franz Christian Sörensen (geb. 16.1.1831 in Skats b. Hadersleben); Landwirt in Toftum und Gastwirt in Oldsum; wanderte nach 1864 mit seiner Familie in die USA aus; GRL 1079.

72 Vgl. Hammer, S. 25, 34, 36f.
73 Der aus Skandinavien stammende Rechtsbegriff *Birk* bezeichnet in Dänemark einen Verwaltungsbezirk mit besonderen, vom allgemeinen Recht abweichenden Rechts- und/oder Verwaltungsstrukturen. Die Westerharde Föhr und Amrum wurde 1697 offiziell in ein Birk umgewandelt, obwohl in der Harde bereits davor eigentümliche Rechtstraditionen gegolten hatten. Die *Gangfersmänner*, föhr. *goongfersmaaner*, bildeten seit 1697 das 40köpfige Repräsentationskollegium im Birk Westerlandföhr und Amrum. Über die ursprüngliche sprachliche Bedeutung des nur von Westerlandföhr und Amrum bezeugten Ausdruckes und seine Verwendung herrschen z. Z. noch unterschiedliche Auffassungen. J. H. äußert sich über die Aufgaben des Gangfersmannes im 19. Jahrhundert folgendermaßen: „Besonders befähigte Männer, die gemeindeweise gewählt wurden. Die Anzahl richtete sich nach der Einwohnerzahl. In Oldsum wurden zwei gewählt, in Toftum nur einer. Ich selbst war [in Toftum] der letzte und wurde durch denselben Landvogten [Hollesen, vgl. Anm. 194] eingesetzt, der mich einst des Landes verwiesen hatte, worüber ich nachher mehr erzählen werde. Der Gangfersmann mußte in den Dörfern die Steuern einfordern. Ein Teil der Steuern war für die Seezeichen zwischen Föhr und Amrum bestimmt. Auch der Landschaftsarzt, der verpflichtet war, die Armen gratis zu behandeln, erhielt 600 Mark jährlich, und ein weiterer Teil ging an die Apotheker, die ihre Arzneimittel ebenfalls gratis an die Armen ausgaben. Der Birkvogt – der ja in erster Linie Richter war – wurde ebenfalls von diesem Geld besoldet; darüber hinaus standen ihm mehrere Fuder Heu zu, und er verdiente wohl auch etwas Geld nebenher, vor allem als Auktionator. (Trojel [vgl. Abb. 42] beherrschte die deutsche Sprache übrigens nur unzulänglich. Auf einer Auktion habe ich ihn sagen hören: ,Wer bietet auf das grüne Tisch?' anstatt ,auf den grünen Tisch'.) Vielleicht gab es auch noch weitere Besoldungsaufgaben. Die restliche Summe der jährlich auf Westerlandföhr und Amrum erhobenen Steuern wurde an den Staat abgeführt. – In deutscher Zeit änderte sich an diesem Verfahren zunächst einige Jahre lang nichts, nur daß die Gangfersmänner nun keine staatlichen, sondern ausschließlich noch landschaftliche Gelder einsammelten. Anstelle der Summe, die der Staat einst erhielt, wurde jetzt die Einkommens- und Vermögenssteuer eingeführt. 1890 schaffte man das Amt des Gangfersmannes ab."
74 Erich Tönis Andresen (3.6.1842 in Toftum – 25.2.1930 in Toftum); lebte in Toftum Nr. 188 (heute abgebrochen); nach 1864 längere Zeit in USA; nach seiner Rückkehr betrieb er eine kleine Landwirtschaft und Gelegenheitsarbeiten, vornehmlich Kesselflickerei; er wurde *Erich Dörtig-Paning* genannt, weil er für seine Arbeiten immer nur 30 Pf. verlangte; er war in vielerlei Hinsicht ein Original; GRL 963, 7; (vgl. Abb. 135, Gruppenfoto).
Tönis Ingwert Andresen (geb. 8.2.1846 in Toftum); Seefahrer; wanderte nach 1864 mit Frau und Sohn in die USA aus, wo er bald starb; GRL 963, 9. Der Vater der beiden Brüder, Niels Andersen aus Gravlund, war als jütischer Erntearbeiter zugewandert.
75 Gerhard (genannt Gerret) Cornelius Ludwigsen (16.1.1832 in Nieblum – 23.1.1890 in Wittdün); er lebte seit Mitte der fünfziger Jahre auf Amrum; verunglückte bei Bauarbeiten an der Wittdüner Mole tödlich (freundl. Mitteil. W. Blechenberg, Süddorf).
76 Alle Kanonenjollen kamen von Fanø; die letzten vier trafen am 20.3. in Wyk ein; vgl. Hammer, S. 38.
77 Vgl. Anm. 14 und Hammer, S. 41.
78 Vgl. Hammer, S. 46ff.
79 Vgl. Hammer, S. 55f.
80 Vgl. Hammer, S. 63.
81 Eine derartige Vorgehensweise ist zulässig, es sei denn, daß ein Land, dessen Flagge man dazu benutzt, solches nicht gestattet.
82 Es handelt sich sehr wahrscheinlich um Nommen Friedrich Nommensen (1825–72), den Schwager von Friedrich Lorenzen (vgl. Abb. 31).

83 Vgl. Hammer, S. 62.
84 Vgl. Hammer, S. 4 f.
85 Heinrich Gottlieb Clausen (geb. 1796); vgl. Anm. 117.
86 Vgl. Hammer, S. 63.
87 Dieser bestand vom 12. 5. bis 26. 6. 1864.
88 Vgl. Hammer, S. 68–71, und Hansen, Die Friesischen Uthlande, S. 303, sowie Jensen, Nordfriesland in den geistigen und politischen Strömungen, S. 282; demnach fand die Audienz der Sylter Delegation (7 Personen) bei Bismarck am 3. 6. statt; vgl. auch Stolz, Die „Eroberung" der nordfriesischen Inseln im Jahre 1864, S. 28 und 35 (Foto).
89 Vgl. Hammer, S. 71.
90 Vgl. Hammer, S. 57–61.
91 Nach Hammer, S. 44 f., und R. Hammer, Kaptajnløjtnant O. C. Hammer, S. 157 ff., wurde er bereits am 3. 4. mit dieser Mission betraut; dabei wäre er im mittlerweile besetzten Ripen beinahe von den Österreichern abgefangen worden, nachdem ihn offenbar der dort anwesende Kapitän und Kaufmann Cornelius Jürgen Lornsen (1818–1865) aus Keitum, ein Stiefbruder Uwe Jens Lornsens, erkannt und verraten hatte. (C. Lornsen wurde 1864 übrigens Hammers Nachfolger im Kreuzzoll- und Betonnungswesen). Schon bei Kriegsausbruch war Lind von Hammer in einer besonders vertraulichen Angelegenheit als Unterhändler eingesetzt worden; vgl. Hammer, S. 6.
92 Im folgenden vermengt J. H. zwei Vorgänge miteinander: a) Hammers Eingabe an das Marineministerium vom 19. 5., die er dann persönlich mit allem Nachdruck weiterverfolgte – er war am 16. 5. nach Kopenhagen abgereist –, in der es ihm aber nicht gelang, die geforderte Verstärkung (ein Dampfkanonenboot) zu bekommen; bis dato hegte Hammer noch immer die Hoffnung, das siegreiche dänische Nordseegeschwader vom 9. 5. würde wieder vor der Westküste und in der deutschen Bucht Flagge zeigen; vgl. Hammer, S. 57–61; b) Hammers erneuten und wesentlich bescheideneren Vorstoß vom 10. 6. (nachdem er wieder nach Wyk zurückgekehrt war), in dem er einen „veränderten Plan" vorlegte, der die „Hauptverteidigung auf ihre wichtigste Position beschränkt[e], nämlich Amrum-Föhr-Schmaltief", da er meinte, die Verteidigung dieser Stellung würde von großer Bedeutung für die dänische Nordseeflotte sein, auf deren Erscheinen er weiterhin hoffte; vgl. Hammer, S. 64–67.
93 Von diesen Positionen aus hätte er mit einigen weitreichenden Feldgeschützen leicht die feindlichen Kriegsschiffe aus dem strategisch wichtigen *Schmaltief* im Süden und dem *Lister Hafen* im Norden fernhalten können; vgl. R. Hammer, Kaptajnløjtnant O. C. Hammer, S. 171.
94 Vgl. Hammer, S. 59, 73 f.
95 Ca. 60–70 Mann Infanterie und sechs 24pfündige, glattläufige Kanonen; vgl. Hammer, S. 73 f.
96 Die *Limfjord* war auf offener See für den Truppentransport völlig ungeeignet; vgl. Hammer, S. 60, 75. Trotzdem hatte das Marineministerium ihn zunächst in den mündlichen Verhandlungen (vgl. Hammer, S. 59) und dann noch einmal in einem Schreiben vom 18. 6. (vgl. Hammer, S. 73 f.) ausdrücklich angewiesen, die Rückzugslinie nach Fanø unter allen Umständen offenzuhalten.
97 Vgl. Hammer, S. 60, 75.
98 Vgl. Hammer, S. 71.
99 Vgl. Hammer, S. 76.
100 Zur Sicherung der Artillerie, die nach schriftlicher Ankündigung des Ministeriums nach Fanø gesandt werden sollte; die ebenfalls dorthin beorderte Infanterieeinheit war laut dieses Schreibens für diese Aufgabe nicht stark genug; vgl. Hammer, S. 75.
101 Vgl. im Hinblick auf das folgende v. Wiser, Die Besetzung der nordfriesischen Inseln im Juli 1864, und v. Fischer, Der Krieg in Schleswig und Jütland im Jahre 1864, zwei kleine, inhalt-

lich mehr oder weniger identische Schilderungen, die die dänischen Darstellungen in einzelnen Punkten durchaus vervollständigen können; vgl. ferner Koops, Die Österreicher auf Föhr 1864, und Stolz, Die „Eroberung" der nordfriesischen Inseln im Jahre 1864.

102 Nach Hammer, S. 79 f., am 11.7.; Hansen, Chronik der Friesischen Uthlande, S. 306, berichtet, daß der Sylter Kapitän Hinrich Meinert Matthiesen aus Keitum nach Cuxhaven gereist sei und sich dort als Lotse angeboten habe, woraufhin er die vereinigten österreichischen und preußischen Streitkräfte (ein Linienschiff, zwei Fregatten, vier Dampfkanonenboote) in das Lister Tief hineingeführt habe.

103 Vgl. Hammer, S. 81, und v. Wiser, S. 10.

104 Dieses geschah nach Hammer, S. 81, am 12.7.; v. Wiser, S. 8–11, gibt eine von Hammers Ausführungen abweichende Darstellung des Übergangsversuches nach Sylt und parallel dazu – von J. H. hier unerwähnt – nach Föhr; vgl. auch Hansen, Chronik der Friesischen Uthlande, S. 306.

105 Schiff, auf dem die Mannschaften schliefen und verpflegt wurden.

106 Nach R. Hammer, Kaptajnløjtnant O. C. Hammer, S. 176 f., und v. Wiser, S. 11, wurde Sylt am 13.7., nach Nerong, Die Insel Föhr, S. 88, am 12.7. besetzt. Letzteres ist falsch; vgl. auch Hansen, Chronik der Friesischen Uthlande, S. 306 f.

107 Nach v. Wiser, S. 12, und Nerong, Die Insel Föhr, S. 88, am 13.7.

108 Nach Hammer, S. 82, und v. Wiser, S. 11, am 12.7.

109 Vgl. Hammer, S. 82.

110 Nach Hammer lediglich 21 Boote.

111 Vgl. v. Wiser, S. 13 u. 15.

112 Nach dem gelungenen Coup, den v. Wiser übrigens verschweigt, ließ Hammer 18 Kanonenschüsse abfeuern; vgl. Quedens, Tagebücher aus dem alten Amrum, S. 99.

113 Dieser Sandwall, föhr. *Kümsun* genannt, war seinerzeit ca. 25 m breit und lag gleichsam als Querriegel vor dem Oldsumer Vorland (vgl. Kartenanhang).

114 Vgl. Hammer, S. 85.

115 Vgl. Hammer, S. 85–86.

116 Johann Ludwig Conrad Becker (29.6.1825 in Erfurt – 8.9.1902 in Wyk); Barbier in Wyk; besaß auch heilpraktische Kenntnisse im Aderlassen und im Setzen von Schröpfköpfen; Teile seines Instrumentariums befinden sich im Friesen-Museum, Wyk; vgl. Haeberlin/Roeloffs, Bunte Bilder aus der Föhrer Kulturgeschichte, S. 45; vgl. auch Hammer, S. 37.

117 Vgl. Hammer, S. 85 f.; diese Strafmaßnahmen dauerten jedoch selten länger als ein bis zwei Tage; der Reeder H. Clausen (vgl. Anm. 85) und seine beiden Söhne Anton Ethleff und Heinrich Gottlieb mußten vom 16.–17. Juli Dienst auf dem Feuerschiff tun, das seine Position am nördlichen Eingang zur *Föhrer Ley* hatte (vgl. Kartenanhang); Darstellung und Abbildung dieses Vorganges bei Baudissin, Schleswig-Holstein Meerumschlungen, S. 198, und nach diesem bei Stolz, Die „Eroberung" der nordfriesischen Inseln, S. 53, sind völlig aus der Luft gegriffen.

118 Im Hinblick auf die folgenden Ereignisse des 17. und 18. Juli vgl. Hammer, S. 87–90, und hinsichtlich des Kreuzers, der in die Hände der Österreicher fiel, Hammer, S. 96–97, sowie v. Wiser, S. 16–19.

119 v. Wiser, S. 116, nennt lediglich 3 Dampfkanonenboote (die preußische *Blitz* sowie die österreichischen *Wall* und *Seehund*) und den österreichischen Kriegsdampfer *Elisabeth*.

120 Während der österreichische Rittmeister Prinz Louis d'Arenberg als Parlamentär zur nächsten Telegraphenstation in Tondern (nach R. Hammer, s. u., zunächst offenbar nach Hoyer) unterwegs war, um die Frage zu klären, ob Waffenstillstand herrsche, traf spät abends ein vom 17.7. datiertes Telegramm des alliierten Geschwaders in Cuxhaven an den befehlshabenden österreichischen Offizier vor Ort, Oberstleutnant Schidlach, ein, das ernste Zweifel an der Genauigkeit von Hammers Depesche hervorrief. Darauf gab Schidlach den Befehl zum Landgang, ohne – wie mit Hammer vereinbart – die Antwort des Parlamentärs abzuwarten;

121 vgl. v. Wiser, S. 16f., und R. Hammer, Kaptajnløjtnant O. C. Hammer, S. 179f.; vgl. ferner den *Insel-Boten* vom 19. 7. 1884.
121 Fregattenkapitän Kronowetter, Kommandant des Dampfkanonenbootes *Seehund*, hatte zugleich auch den Oberbefehl über die anderen Kanonenboote; vgl. v. Wiser, S. 17.
122 Um 5.30 Uhr, also eine halbe Stunde vor der von Schidlach festgesetzten Frist; vgl. Hammer, S. 89.
123 Nach Hammer, S. 99, war das Gewehrfeuer der österreichischen Jäger von ihren Stellungen auf dem Deich bei Nishörn keineswegs ungefährlich, während der Beschuß der *Blitz* keine ernsthafte Bedrohung darstellte.
124 Vgl. Hammer, S. 90, und R. Hammer, Kaptajnløjtnant O. C. Hammer, S. 181.
125 Eine sehr detaillierte Darstellung über die Besetzung Föhrs durch die Österreicher gibt Koops in seiner Artikelserie „Die Österreicher auf Föhr im Jahre 1864", erschienen im *Insel-Boten* zwischen dem 4. und 30. 11. 1978.
126 Hier liegt zweifellos eine Verwechslung vor: Kronowetter war der Kapitän des Kanonenbootes *Seehund* (vgl. Anm. 121). Der vor Nieblum ankernde Flottenverband bestand aus den in Anm. 119 genannten Schiffen.
127 Es handelte sich um 150 Infanteristen vom 9. steirischen Feldjägerbataillon und 120 Marinesoldaten; vgl. v. Wiser, S. 17.
128 Nach Nerong, Die Insel Föhr, S. 89, marschierten die österreichischen Soldaten am Strand entlang nach Wyk.
129 Vgl. S. 23.
130 Über Landvogt Lendrop vgl. Anm. 49.
131 Diese Datumsangabe stimmt nicht; er wurde am 1. 12. 1866 entlassen. Daß er zunächst im Amt blieb, geschah wohl mit Rücksicht auf die weiterhin dänisch gesinnte Bevölkerung Westerlandföhrs und Amrums, bei der die anfangs geplante Vereinigung mit Osterlandföhr großen Unmut auslöste. Man argwöhnte wohl nicht ganz zu Unrecht, daß der neue, schleswig-holsteinisch-augustenburgisch gesinnte Landvogt auf Osterlandföhr, W. C. Forchhammer (vgl. Abb. 52), und gleichgesinnte Beamte im Amt Tondern sich repressiv gegenüber den Westerlandföhrern und Amrumern verhalten könnten; vgl. Jensen, Nordfriesland in den geistigen und politischen Strömungen, S. 283 f.
132 Das „befreite" schleswigsche Osterlandföhr zahlte im Gegensatz zum besetzten dänischen Westerlandföhr keine Requisitionen; dementsprechend zahlte auf Sylt auch nur die reichsdänische Enklave List.
133 Über die Lage und die folgenden Ereignisse am 19. und 20. 7. vgl. Hammer, S. 23 f., 83 f., 90–97.
134 Dadurch sollte Hammer der Rückzug nach Nordwesten abgeschnitten werden.
135 Nach Hammer, S. 92, bestand der Kriegsrat aus ihm selbst, Leutnant Holbøll (vgl. Abb. 33) und den Führern der Kanonenjollen. Nach J. H.s Darstellung müssen auf jeden Fall auch einige Zollkontrolleure daran teilgenommen haben.
136 Vorher hatte der Landschaftsarzt für Osterlandföhr und Wyk, Dr. Georg Ludwig Hitscher (1825 in Husum – 1887 in Nieblum), der seinerzeit in Nieblum im heutigen Hause H. Bohn wohnte (freundl. Mittei. H. Bohn), die Mannschaften der Flottille medizinisch versorgt. Erstaunlicherweise wurde während des gesamten Krieges um die Nordfriesischen Inseln auf dänischer Seite nicht ein einziger Soldat verwundet, obwohl die Besatzungen der Kanonenjollen viele Male unter heftigem Beschuß standen; vgl. Hammer, S. 24.
137 Nach J. H. waren das acht Kanonenjollen à 23 Mann, die übriggebliebenen zehn Zollkreuzer à drei bis fünf Mann, das Feuerschiff mit sechs bis acht Mann, die *Limfjord* mit gewiß acht Mann und die *Augusta* mit wohl fünf Mann. R. Hammer, Kaptajnløjtnant O. C. Hammer, S. 185, gibt die Zahl der Gefangenen mit neun Offizieren und 236 Mann an; ebenso v. Wiser, S. 23.
138 *Föhrer Ley* = ein schmales und seichtes Fahrwasser im Nordosten Föhrs (vgl. Kartenanhang).

139 So Hammer, S. 94, und v. Wiser, S. 22; nach R. Hammer, Kaptajnløjtnant O. C. Hammer, S. 185, jedoch am Morgen des 21.7., was aber offensichtlich nicht richtig ist.
140 Nerongs Mitteilung in „Die Insel Föhr", S. 89, daß Hammers Mannschaft in der Nacht nach Wyk eingelaufen sei, ist falsch, wie auch andere Punkte seiner Darstellung über die Schlußphase des Krieges (s. 88 f.) nicht immer zutreffend sind.
141 Hammer befand sich zweifellos in *Schweidnitz* / Schlesien in Gefangenschaft; vgl. R. Hammer, Kaptajnløjtnant O. C. Hammer, S. 186 ff. Dorthin wurden auf jeden Fall auch die meisten anderen Gefangenen aus Hammers Mannschaft deportiert; vgl. Hammer, S. 95, Nerong, Die Insel Föhr, S. 90. Ein kleinerer Teil mag auch nach *Thorgau* in preußisch Sachsen gekommen sein.
142 Nach Hammer, S. 96, waren es 10.
143 Nach Hammer, S. 96, 4 Stück.
144 Vgl. Hammer, S. 96.
145 Adolph Cornelius Peters (2.9.1846 in Oldsum – 25.3.1929 in Oldsum); nach 1864 in Amerika und darauf Landwirt in Oldsum Nr. 76 (zuletzt Zierke); GRL 171, 326 613.
146 Peter Riewert Peters (6.11.1817 in Oldsum – 14.6.1888 in Oldsum); Seefahrer und Landwirt in Oldsum Nr. 66 (heute Cornelia Rickmers); GRL 171, 326 61.
147 Arfst Oluf Volkerts (21.4.1814 in Wrixum – 14.4.1887 in Wrixum); führte die Mühle nach seinem Vater von 1845 bis 1874; er heiratete am 5.11.1852 Tesje Gardina Friedrichs (19.6.1830 in Oldsum – 7.3.1890 in Wrixum); GRL 644, 576 4, die jedoch entgegen J. H. nicht eine Schwester von Peter R. Peters' Frau Dorothea war, sondern eine Cousine.
148 Während der Schleswig-Holsteinischen Erhebung brannte die Mühle am 25.10.1850 ab. Es hieß damals, ein dänischer Soldat habe die Mühle angesteckt, aus Ärger über den Müller, der offen für die schleswig-holsteinische Sache Partei ergriffen hatte. Insofern wird die heftige Reaktion des Müllers gegenüber Peter R. Peters' Äußerung etwas begreiflicher; vgl. Nerong, Das Dorf Wrixum, S. 111, und R. Arfsten, Die Mühlen Föhrs, S. 9.
149 Die Tradition der Föhrer Grönlandfahrt, die nach 1750 ihren Zenit sehr bald überschritten hatte, lebte im 19. Jahrhundert in den Diensten des *Königlich Grönländischen Handels* fort. Besonders Westerlandföhr stellte – auch nach 1864 – viele seiner Offiziere und Mannschaften. Diese Seefahrer, die von Kopenhagen aus die dänischen Besitzungen in Westgrönland anliefen, nannten sich *Straat-Davis-Fahrer*.
150 Diese Schiffe standen über lange Jahre unter dem Kommando von Juchems beiden Onkeln, Kommandeur Volkert F. Faltings (vgl. Abb. 25) und Kapitän Johann E. Ketels (vgl. Abb. 17). Es war üblich, daß die Kommandeure und Steuerleute Teile der Mannschaft bereits auf Föhr rekrutierten und dabei natürlich Personen aus der näheren Verwandtschaft und Bekanntschaft bevorzugten bzw. in ihrem Fortkommen protegierten.
151 Johann E. Ketels (vgl. Abb. 17) war 1865/66 1. Steuermann auf der *Lucinde* und 1879–82 ihr Führer.
152 Hans Peter Bonde führte die *Lucinde* von 1864–78.
153 Die *Davis-Straße* = Passage zwischen Westgrönland und Baffinland (Kanada).
154 *Kryolith*, ein Mineral, das in der Glasindustrie verwendet wird.
155 Nach Oesau, Schleswig-Holsteins Grönlandfahrt, S. 168, wurde *Die Jungfrau Lucia* lediglich bis 1862 in der Grönlandfahrt (Robbenschlag) eingesetzt; danach soll sie als Kohlenschiff nach England gefahren sein. Wenigstens 1866 scheint sie aber doch nach Grönland unterwegs gewesen zu sein.
156 Um sie zum Gruß auf- und niederlaufen zu lassen.
157 Ein Brett, auf dem man mit Kreide Angaben über Länge und Breite etc. machte.
158 Ein Hafen an der mittleren Westküste Grönlands, ein wenig oberhalb des nördlichen Polarkreises.
159 Ein Hafen an der südlichen Westküste Grönlands, etwa 600 km von Holsteinborg entfernt.
160 Wörtl.: „Erhebe dich aus deinem Quartier!"; vgl. engl. *to rise* ‚sich erheben'.

161 Das stimmt so nicht. Das dänische Wachtlied ist mehr oder weniger wörtlich identisch mit dem niederdeutschen; vgl. Abb. 50.
162 Heinrich Lorenz Friedrichs, patronymisch auch Peters (29.11.1824 in Toftum – 30.1.1870 in Oldsum); Schneider in Oldsum Nr. 55 (heute Fr. Cornelßen); GRL 984, 1.
163 Boy Faltings (6.10.1819 in Oldsum – 25.8.1875 in Oldsum); Kapitän des *Königl. Grönländischen Handels*, später Landwirt in Oldsum Nr. 59 (heute H. Sievertsen); GRL 727, 236 53.
164 Da Trojel erst zum 1.12.1866 entlassen wurde, wird der Vorladungstermin der 28.1.1867 gewesen sein.
165 Vgl. Anm. 180 und Abb. 56, 126.
166 Die privaten Navigationsschulen Föhrs wurden bereits im 17. Jahrhundert gegründet und genossen weit über die Grenzen der Insel hinaus einen hohen Ruf. Sie trugen wesentlich zur Hebung des Lebensstandards in der seefahrenden Bevölkerung bei; vgl. u. a. Nerong, Die Insel Föhr, S. 37ff., Oesau, Schleswig-Holsteins Grönlandfahrt, S. 271ff., Falk, Ricardus Petri og Jesper Ørum – navigationsundervisning på Føhr og Rømø, in: Sønderjysk Månedsskrift, Nr. 4, 1987, S. 97–104.
167 Rörd Rörden (1807–61) aus Süderende, GRL 413, 118 11, kann es nicht mehr gewesen sein. Er führte bis zu seinem Tode die Navigationsschule seines Vaters weiter.
168 Dieses gewiß törichte Verbot, das nicht gerade von tiefem Einblick in die gewachsenen sozialen Strukturen der insularen Bevölkerung zeugt, trug neben der langen Militärdienstzeit von drei Jahren seinen Teil zum Niedergang der Föhrer Seefahrt bei und förderte zudem noch die Auswanderung in die USA. Als die preußischen Behörden schließlich 1886 mit der Gründung einer Navigationsschule in Wyk gegensteuerten, war es bereits zu spät; vgl. auch Evers, Die Insel Föhr, S. 24.
169 Über die geplante Gründung dieser Schule vgl. *Insel-Bote* vom 21.11.1885.
170 Über die sogenannte Militärfreiheit vgl. Roeloffs, Von der Seefahrt zur Landwirtschaft, S. 30ff.
171 Über die Entwicklung des Föhrer Deichbaus vgl. Roeloffs, Von der Seefahrt zur Landwirtschaft, S. 287ff.
172 Die Familie Heymann war seinerzeit die einzige ansässige jüdische Familie auf Föhr. Der Vater des Konsuls war via Altona aus dem südlichen Preußen zugewandert und besaß seit 1812 das Wyker Bürgerrecht; (alle Angaben aus dem Familienarchiv A. Heymann, Wyk); über den Konsul Heymann vgl. Abb. 57.
173 Vgl. Abb. 6.
174 Bereits am 13.10.1866 wurde in den Herzogtümern die preußische Militärpflicht eingeführt, und ab Januar 1867 fanden die ersten Musterungen statt. Die bis dahin geltende Militärfreiheit für die Nordfriesischen Inseln (vgl. auch Anm. 170) wurde aber erst Anfang 1867 aufgehoben; vgl. Simonsen, Værnepligtsforholdene, in F. v. Jessen, Haandbog i det nordslesvigske Spørgsmaals Historie, S. 338–339.
175 Wenn Braren, Geschlechter-Reihen St. Laurentii-Föhr, Teil I, S. 14f., meint, die Annexion der Herzogtümer durch Preußen und die Einführung der dreijährigen Militärpflicht sei *keine* wesentliche Ursache für die verstärkte Auswanderung der militärpflichtigen Männer in jener Zeit gewesen, so irrt er. Diese Auswanderung löste einen Schneeballeffekt aus, da durch sie bald auch andere Personen, insbesondere junge Frauen, nachgezogen wurden; vgl. Nerong, Die Insel Föhr, S. 70f. und 97f. Nach dem I. und II. Weltkrieg sind ebenfalls vermehrt Inselfriesen nach Amerika gegangen, auf Westerlandföhr gelegentlich nahezu ganze Konfirmationsjahrgänge; vgl. Evers, Die Insel Föhr – Volksgliederung und soziale Ordnung, und Hinrichsen, Beiträge zur Auswanderung von Föhr und Amrum nach Amerika, in: Friesisches Jahrbuch 1961, S. 225–243, ferner Sievers, Schleswig-Holstein im Rahmen der deutschen Überseewanderung des 19. Jahrhunderts, in: Zeitschrift der Gesellschaft für Schleswig-Holsteinische Geschichte, Bd. 101 (1976), S. 285–307, und Kortum, Sozialgeographische Aspekte der Auswanderung von den Nordfriesischen Inseln in die USA unter beson-

176 Vgl. Anm. 276.
177 Hinrich Cornelius Hinrichsen (27.8.1848 in Toftum – 2.10.1910 in New York); Kaufmann in New York; GRL 731, 313 652.
178 Nach Braren, Geschlechter-Reihen, Teil II, Sp. 929, nicht 1916, sondern 1910.
179 Ida Elene Hinrichsen geb. Braren (30.10.1854 in Süderende – 11.5.1945 in Oldsum); lebte nach dem Tode ihres Mannes in Oldsum Nr. 60b (heute F. Grundmann); GRL 142, 151 272.
180 Ingke Gardina Riewerts (20.5.1848 in Dunsum – 26.1.1924 in Toftum); GRL 195, 872 132. Sie heiratete Juchem am 12.10.1873 in New York.
181 Ihre Eltern waren Riewert Cornelius Riewerts (26.6.1816 in Dunsum – 10.12.1901 in Dunsum), Seefahrer in Dunsum Nr. 18 (heute R. Quedens), GRL 195, 872 13, und Anna Maria Hinrichs (29.10.1820 in Dunsum – 11.2.1894 in Dunsum), GRL 319, 112 212.
182 George Bancroft (3.10.1800 in Worcester/Massachusetts – 17.1.1891 in Washington); bedeutender amerikanischer Historiker und Staatsmann; 1845 Marineminister, 1846–49 Gesandter in London, 1867–74 Gesandter in Berlin, wo er die Verträge zur Regelung der Staatsangehörigkeit der Auswanderer, die sogenannten *Bancroft*-Verträge, ausarbeitete; diese wurden 1868 zwischen den USA und dem Norddeutschen Bund und 1869 zwischen den USA und den süddeutschen Staaten abgeschlossen; vgl. Brockhaus, Bd. 2, S. 272.
183 Jürgen Wilhelm Lorenzen (13.11.1842 in Toftum – 14.1.1913 in Toftum); nach Amerika-Aufenthalt Landwirt in Toftum Nr. 181 (heute E. Strickling); GRL 310, 215 631.
184 Über den *Friesisch-schleswigschen Verein* von 1923 vgl. Anm. 297.
185 Vgl. Abb. 122.
186 Dabei handelte es sich gewiß um einen Sohn von Peter Nahmen Petersen (1807 in Norddorf – 25.10.1870 in Altona). Dieser war zwischen 1842 und 1852 Kapitän in Altona und danach dort Hafenmeister. Inselnordfriesische Seeleute oder Schiffspassagiere (hauptsächlich Amerika-Auswanderer) nahmen seine Dienste bei der Einschiffung gerne in Anspruch; er besorgte auch den Postverkehr zwischen den Seefahrern und ihren Angehörigen auf den Inseln; vgl. E. Schlee, Lebensbeschreibung des Brar V. Riewerts, S. 4, und Quedens, Tagebücher aus dem alten Amrum, S. 54 u. 60.
187 In *Hoboken* (New Jersey) landeten die Auswandererschiffe des *Norddeutschen Lloyd* in den dortigen Docks bis ca. 1914. (Historische Fotos befinden sich in der Hoboken Public Library; diese konnten aber vom Herausgeber nicht mehr rechtzeitig vor der Drucklegung beschafft werden.)
188 Vgl. Abb. 54.
189 Forchhammer; vgl. Abb. 52.
190 Die deutsche evangelische *St. Johannis-Kirche* (St. John's Evangelical Lutheran Church) liegt an der Ecke der 3. Straße und der Bloomfield Street. (Historische Fotos befinden sich in der Hoboken Public Library; vgl. Anm. 187.)
191 Dieser Vers steht nicht in der Bibel.
192 Verkürzt aus Epheser, Kap. 4, Vers 3.
193 Ein *store* ist ein Lebensmittelgeschäft mit Straßenverkauf von Sandwiches, Kaffee etc. – der traditionelle Broterwerb der US-Föhrer in New York auch heute noch.
194 Thomas Hollesen (geb. 22.9.1845 in Hülsenhain, Kr. Eckernförde); kommissarischer Land- und Birkvogt auf Föhr vom 1.5.1884–1.4.1889; danach Versetzung nach Borkum als Hilfsbeamter des Landrats in ortspolizeilichen Angelegenheiten (freundl. Auskunft K. Wenn, Landesarchiv Schleswig).
195 Gustav Hansen (23.9.1831 in Wilster – 28.7.1904 in Dresden); Teilnahme an der Schleswig-Holsteinischen Erhebung, 1855–57 Amtssekretär bei der Landvogtei in Heide, danach beim Ministerium für Holstein u. Lauenburg in Kopenhagen; 1862 Polizeimeister in Wandsbek; 1867 oldenburgischer Hofrat; 1877 freikonservativer Abgeordneter im Preußischen Landtag

und Ernennung zum Geheimen Regierungsrat; nach Bleickens (vgl. Abb. 59) Tod Landrat des Kreises Tondern 1883–1901; vgl. v. Jessen, Haandbog i det nordslesvigske Spørgsmaals Historie, S. 568; Biographisches Jahrbuch und Deutscher Nekrolog, Bd. 10, Anhang, S. 43; Foto bei Andresen, Von der schleswigschen Amtsverwaltung zur preußischen Kreisverwaltung in Tondern, nach S. 208.

196 Nickels Nickelsen; vgl. Abb. 54.
197 Dabei war der Land- und Birkvogt, in diesem Falle Hollesen, auch gleichzeitig Amtsrichter.
198 J. H. meint Konsul Levi Heymann. Er war jedoch niemals amerikanischer Konsul, und seine Tätigkeit als amerikanischer Konsularagent mußte er bereits 1872 aufgeben. Heymann wurde hier in seiner Eigenschaft als preußischer Amtsanwalt hinzugezogen.
199 Sinngemäß etwa: „Jetzt ist es aus mit mir!" Diese Redewendung bezieht sich auf das Matthäusevangelium, letztes Kapitel.
200 Römerbrief, Kap. 13, Vers 1.
201 Nach Braren, Geschlechter-Reihen, Teil II, Sp. 929, starb der Bruder 1910; vgl. auch Anm. 178.
202 Frieda Janette Lorenzen; sie heiratete 1918 John W. Nickelsen aus Nieblum; GRL 310, 215 631 3.
203 Johann Carl Friedrich Johnsen (24. 10. 1807 in Husum – 21. 9. 1896 in Glücksburg); 1837–44 Pastor in Stedesand, 1844–64 an St. Laurentii in Süderende, 1864 bis zu seiner Emeritierung 1888 in Munkbrarup; vgl. Koops, Die Kirchengeschichte der Insel Föhr, S. 72; vgl. auch *Föhrer Nachrichten* vom 29. 9. 1896.
204 Das nordfriesische Kirchspiel Stedesand liegt ca. 4 km südwestlich von Leck.
205 Der verstorbene Pastor war Richard Simon Petersen (eigentlich Jung Rörd Jung Sönken) (31. 8. 1768 in Klintum – 8. 6. 1843 in Süderende); 1798–1808 Katechet an St. Nicolai/Föhr, 1808–43 Pastor an St. Laurentii; GRL 213, 411 3; vgl. Koops, Kirchengeschichte der Insel Föhr, S. 72.
206 Jan Hinrichs (7. 3. 1796 in Witzwort, Eiderstedt – Sept. 1873); zunächst Privatlehrer in Eckernförde; 1848–50 Pastor auf Hallig Hooge, 1850–64 in Koldenbüttel, 1864–65 konstituierter Pastor an St. Laurentii; vgl. Koops, Kirchengeschichte der Insel Föhr, S. 73; vgl. ferner Bruhn, Nachrichten über und aus Coldenbüttel, S. 80, wo der Verfasser über die Reibereien berichtet, die Hinrichs aufgrund seiner dänischen Gesinnung mit der Koldenbütteler Gemeinde hatte.
207 Richtig: Amtmann von Tondern und Lügumkloster, denn Landrat wurde er erst, nachdem durch Verordnung vom 22. 9. 1867 die Provinz Schleswig-Holstein in 20 Kreise eingeteilt worden war. Bleicken war übrigens nicht der erste preußische Amtmann von Tondern; vor ihm amtierte Etatsrat Christian Otto Michael le Sage de Fontenay, der am 12. 3. 1864 durch den damaligen preußischen Zivilkommissar Konstantin Freiherr von Zedlitz-Neukirch konstituiert worden war, von demselben aber bald wieder aufgrund seiner augustenburgischen Haltung entlassen und durch den „nationalen" Bleicken ersetzt wurde. Seit Mitte 1864 ging Zedlitz auf Weisung Bismarcks daran, den Einfluß der augustenburgisch gesinnten Beamten in der Verwaltung zurückzudrängen, da die schleswig-holsteinische Volksbewegung des Augustenburger Herzogs Friedrich VIII. (vgl. Abb. 23) dem Ziel Bismarcks, nämlich der Einverleibung der Herzogtümer in Preußen, im Wege stand; vgl. Franz, Einführung und erste Jahre der preußischen Verwaltung in Schleswig-Holstein, 1. Teil, S. 164 f.
208 Die Friedenspredigt wurde am Sonntag, dem 4. 12. 1864, gehalten. In einem Hirtenbrief zum Reformationstag 1864 hatte der Schleswiger Generalsuperintendent Bertel Pedersen Godt (1814–1885; vgl. Arends, Gejstligheden i Slesvig og Holsten) angeordnet, daß an jenem Sonntag in allen Kirchen des Herzogtums eine im Wortlaut festgelegte Friedenspredigt gehalten werden sollte, welche sich auf den Psalm 85, Vers 9–14, bezog; Jan Hinrichs scheint sich darüber hinweggesetzt zu haben. – Übrigens kann Bleicken am 4. 12. 1864 noch nicht in

209 1. Petrusbrief, Kap. 5, Vers 6.
210 Im folgenden muß eine Verwechslung vorliegen, da Schrödter zu diesem Zeitpunkt bereits gestorben war. Simon Adolph Schrödter (13.1.1804 in Ernsthausen, Oldenburg i. H. – 22.9.1862 in Nieblum) war von 1854–62 Hauptpastor an St. Johannis; vgl. Koops, Kirchengeschichte der Insel Föhr, S. 52 f. Von 1862–66 vertrat die vakante Stelle der Diakon an St. Johannis, J. Sievert (vgl. Abb. 60). Möglicherweise besuchte Bleicken am Nachmittag Frerks (vgl. Abb. 58) in St. Nicolai, so daß er Sieverts Predigt versäumte und sich folglich mit Sieverts Loyalitätserklärung zufriedengeben mußte.

seiner Eigenschaft als vereidigter Amtmann auf Föhr gewesen sein, da seine Ernennung offiziell erst am 1.1.1865 erfolgte (vgl. Abb. 59 und Anm. 207).

211 Dieser (vgl. Anm. 70) war jedoch niemals Besitzer der Oldsumer Gastwirtschaft. Möglicherweise war zu diesem Zeitpunkt Franz C. Sörensen (vgl. Anm. 71) dort Wirt.
212 Diese Angabe stimmt nicht. Bei der Wahl zum konstituierenden Reichstag des Norddeutschen Bundes am 12.2.1867 wurden im Kirchspiel St. Laurentii 4 deutsche Stimmen (= 4%) und 95 dänische Stimmen (= 96%) abgegeben, bei einem Anteil von 134 Nichtwählern (= 57,5%). In St. Johannis war das Verhältnis von 88 deutschen (= 55,3%) zu 71 dänischen Stimmen (= 44,7%) ziemlich ausgeglichen; die auffallend hohe Zahl der 270 Nichtwähler (= 63%) deutet auf eine große Unentschlossenheit der dortigen Wählerschaft hin. In St. Nicolai entfielen auf die deutschen Kandidaten 129 Stimmen (= 98,5%), auf den dänischen lediglich 2 (= 1,5%), bei 75 Nichtwählern (= 36,4%); vgl. Afstemningen i Slesvig ved Valget til den nordtyske Rigsdag den 12te Februar 1867, S. 14, sowie Lassen, Valg mellem tysk og dansk, S. 54 u. 337, und Steensen, Die Insel Föhr in der Abstimmungszeit, S. 113.
213 Nikolaus Christian Schmidt (16.12.1804 in Bovenau – 6.8.1880 in Nieblum); 1837–66 Diakon in Landkirchen/Fehmarn, 1866–77 Pastor an St. Laurentii; vgl. Koops, Kirchengeschichte der Insel Föhr, S. 73.
214 Durch das Besitzergreifungspatent vom 12.1.1867.
215 Vgl. Muuss, in: Nordfriesland, Heimatbuch für die Kreise Husum und Südtondern, S. 208 f.
216 Hans Simon Hansen (26.8.1826 in Klintum – 15.10.1904 in Klintum), lebte in Klintum Nr. 145 (heute F. Sönnichsen); Kapitän auf verschiedenen Schiffen von Antwerpen; lange Jahre Gemeindevorsteher in Oldsum-Klintum; GRL 354, 126 144. – Hans Hansen war neben Volkert F. Faltings (vgl. Abb. 25) einer jener Männer, mit denen H. P. Hanssen (vgl. Abb. 84), der spätere Vertreter der dänischen Minderheit im Deutschen Reichstag, im Februar 1890 in Verbindung trat. Nach der Gründung des *Nordschleswigschen Wählervereins* im Sommer 1888 versuchte H. P. Hanssen als dessen Sekretär „das Dänentum so weit südlich als irgend möglich zu organisieren", indem er Vertrauensmänner für den Verein zu gewinnen versuchte, was ihm auf Westerlandföhr zum Teil auch gelang. Allerdings wurde er dabei von seinem Kutscher ausspioniert und verraten, der ein eifriges Mitglied des Wyker Kriegervereins war. Fortan folgte ihm auf Schritt und Tritt ein Gendarm, um festzustellen, mit wem er Kontakt aufnahm. Nach seiner Rückkehr warf ihm die deutsche Presse in heftigen Attacken vor, die dänische Agitation nach Föhr ausgedehnt zu haben. Auf seine Föhrer Verbindungsleute wurde anschließend ein sehr starker Druck ausgeübt, der seine Wirkung offenbar nicht verfehlte: Bei der Reichstagswahl am 20.2.1890 konnte der dänische Kandidat lediglich 9 Stimmen auf sich vereinigen; vgl. Hanssen, Et Tilbageblik, Bd. 2, S. 27 ff. und 80. Damit verliefen sich die Bemühungen des enttäuschten H. P. Hanssen im Sande, wohl nicht zuletzt auch deshalb, weil das am alten dänischen Gesamtstaat und seinen Monarchen ausgerichtete „altertümliche" Dänentum der Westerlandföhringer wenig mit H. P. Hanssens nationaldänischen Zielen gemein hatte; vgl. Steensen, Die Insel Föhr in der Abstimmungszeit, S. 114.
217 Linksliberale.
218 Peter Christian Hansen (geb. 1874 in Smedager bei Apenrade) war Elementarlehrer in Oldsum vom 1.4.1902 bis zum 1.4.1906. Er war vorher Lehrer in Schobüll bei Husum gewesen, wohin er von Röm wegen seiner dänischen Gesinnung – „im Interesse des Dienstes" – ver-

setzt worden war (P. Hansen in einem Brief an I. Nordentoft vom 19.4.1935). Er war später bis zu seiner Pensionierung 1934 Lehrer in Apenrade.

219 Über seine vierjährige Tätigkeit in Oldsum berichtet Hansen in demselben Brief: „Ich stand auf einem freundschaftlichen Fuß mit der Bevölkerung, die sehr wohl wußte, daß ich dänisch gesinnt war, was jedoch wohl beinahe als ein Kuriosum angesehen wurde. Einige Male kam es zu einer kleinen politischen Diskussion, unter anderem auch, wie von J. H. dargestellt, anläßlich einer Wahl. Den Vorfall mit den Stimmzetteln erinnere ich sehr gut. Mir wurden die Stimmzettel vom jetzigen Amtsschulkonsulenten Svendsen zugeschickt, der seinerzeit Redakteur bei *Hejmdal* war." Bei dieser Wahl erhielt der dänische Kandidat auf Westerlandföhr 6 Stimmen, darunter die Hansens.

220 Vgl. Abb. 62.

221 Bei diesem Nachbarn handelte es sich wahrscheinlich um Thomas Eduard Paulsen (geb. auf Pellworm), Schuster in Toftum Nr. 201 (heute F. Lassen); GRL 1239, 2. Bei Thomas wurde nahezu täglich heftig diskutiert und politisiert. Zu der Gruppe, die wie Juchem den politischen und militärischen Verhältnissen in Preußen und im übrigen Reich negativ gegenüberstand, gehörten die meisten Rückwanderer aus den USA. Als diese sich während des II. Weltkrieges wiederholt kritisch gegen den Nationalsozialismus äußerten und dabei immer wieder vernehmlich den deutschen „Endsieg" anzweifelten, kam es zu Verwicklungen mit der Gestapo. Thomas mußte daraufhin an seinem Hause ein Schild anbringen mit der Aufschrift: „In diesem Haus darf nicht über Politik geredet werden!" (mündl. Auskunft M. Koops, Wyk, und J. Arfsten, Oldsum).

222 Im § 5 des Prager Friedensvertrages vom 23.8.1866 zwischen Österreich und Preußen verzichtete der Kaiser von Österreich zugunsten des preußischen Königs auf seine 1864 erworbenen Rechte an den Herzogtümern „mit der Maßgabe, daß die Bevölkerung der nördlichen Distrikte, wenn sie durch freie Abstimmung den Wunsch zu erkennen geben, mit Dänemark vereinigt zu werden, an Dänemark abgetreten werden sollen". Am 13.4.1878 hoben die beiden Vertragspartner diesen Passus jedoch auf. Erst durch den Versailler Vertrag vom 28.6.1919 kam dann die Abstimmung tatsächlich zur Durchführung; vgl. Fink, Da Sønderjylland blev delt, Bd. 1, S. 12f.

223 In „Slesvig delt", hrsg. von L. P. Christensen, S. 148f., behauptet N. Skrumsager, der im übrigen Föhr in der Abstimmungszeit genau kennengelernt hat, das Gegenteil: „Alle glaubten, das Land würde ohne weiteres und ohne Abstimmung an Dänemark zurückgegeben werden. Für viele war es eine große Enttäuschung, daß eine Abstimmung stattfinden sollte."

224 Peter Sönke Petersen (geb. 8.6.1893 in Klintum); lebte bis ca. 1903 in Klintum Nr. 150 (heute E. Nickelsen); nach 1920 zu seinen Geschwistern in die USA ausgewandert; GRL 1245, 7.

225 Nach einer Mitteilung von N. Skrumsager an I. Nordentoft wurde er jedoch erst Leiter dieser Reisen, nachdem er Föhr im Dezember 1919 als Vertrauensmann des Mittelschleswigschen Ausschusses besucht hatte.

226 Friedrich Christian Moritz Schmidt (20.7.1871 in Oldsum – 9.1.1937 in Oldsum); Dachdecker in Oldsum Nr. 21 (1945 abgebrannt); war lange Jahre Kojenwärter; GRL 1072, 3.

227 Riewert Cornelius Jensen (27.6.1896 in Dunsum – ca. 1930 in der psychiatrischen Anstalt in Schleswig); Arbeiter in Dunsum Nr. 18 (heute R. Quedens); Riewert war Juchems Neffe; GRL 1210, 1.

228 Sören Peder Pedersen (1849 in Brøndum/Nordschleswig. – 4.11.1943 in Hedehusum); Landwirt in Hedehusum Nr. 17 (1923 abgebrannt), dann in Nr. 8 (heute Lohbeck); GRL 1242.

229 Gustav Peter Lorenz Matthiesen (16.5.1894 in Borgsum – 28.2.1972 in Hedehusum); lebte in Hedehusum Nr. 9 (heute Märtz); GRL 1325, 1.

230 Über Duhm vgl. Grænsevagten, Nr. 6, S. 459ff.

231 *Sommersted*, eine kleine Bahnstation nordwestlich von Hadersleben.

232 *Skodborg*, ein Grenzübergang an der Königsau im damaligen Kreis Hadersleben.

233 Über diese Grenzüberschreitung vgl. Grænsevagten, Bd. 4,2, S. 30ff., unter dem Signum N. S. (= Niels Skrumsager).
234 *Vejen*, ein Dorf nördlich der ehemaligen deutsch-dänischen Grenze.
235 I. Nordentoft, der die nordfriesische Reisegruppe durch Århus führte, erinnert sich deutlich daran, welch großen Eindruck der Besuch im Armenhaus auf einige Teilnehmer hinterließ; vgl. Grænsevagten, Bd. 6, S. 461f. (Fußnoten).
236 N. Skrumsagers Angabe in Grænsevagten, Bd. 4,2, S. 31, die Reise habe im Juli stattgefunden, ist falsch.
237 Der Schuhfabrikant Jørgen Petersen war Vorsitzender des *Sønderjysk Kreds af 1918*, der sich dem Fortfall der 3. Zone energisch zu widersetzen versuchte; vgl. Fink, Da Sønderjylland blev delt, Bd. 1, S. 40.
238 Bertel Thorvaldsen (1770–1844); dänischer Bildhauer von Weltrang; Meister der Klassizistik.
239 *Glyptothek* = Sammlung von (antiken) Skulpturen.
240 Vgl. Anm. 150.
241 Staatsminister Zahle war wie sein Minister für südjütische Angelegenheiten, H. P. Hanssen (vgl. Abb. 84), gegen die 3. Abstimmungszone. Das löste bei der dänischgesinnten Bevölkerung in der 2. und 3. Zone, vor allem aber bei der sogenannten „*Dannevirke*-Bewegung", die sich für einen Anschluß Schleswigs bis zur Linie Schlei-Danewerk-Eider einsetzte, heftigen Protest aus; über die „*Dannevirke*-Bewegung" vgl. Fink, Da Sønderjylland blev delt, Bd. 1, S. 127; über den Streit um die 3. Zone vgl. a.a.O., Bd. 2, S. 11–98, sowie verschiedene Beiträge in „Slesvig delt", hrsg. von L. P. Christensen; zur Zoneneinteilung vgl. Abb. 65.
242 In *Christianshavn*, einem Stadtteil Kopenhagens, war der Sitz des *Königl. Grönländischen Handels*; dort lagen auch seine Schiffe.
243 Die Reisegruppe passierte lediglich den dänischen Zoll, um dann heimlich am deutschen Grenzposten vorbeizuschlüpfen (N. Skrumsagers Mitteilung an I. Nordentoft).
244 Die Dänemark-Fahrt löste in der *Föhrer Zeitung* – z.T. auch im *Föhrer Lokal-Anzeiger* – über Wochen (4.7.–23.9.1919) eine ganze Serie von Leserbriefen aus. Als Hauptkontrahenten traten dabei auf seiten der Fahrtteilnehmer Christian Lorenzen (vgl. Abb. 122), auf prodeutscher Seite – nicht selten unsachlich und übertrieben polemisch – der Oldsumer Lehrer Julius Will (25.11.1876–1.1.1951) auf, der kein gebürtiger Föhrer war (GRL 1259, 1).
245 Zwischen Juni 1919 und März 1920 hat B. Rickmers keinen Leserbrief in der *Föhrer Zeitung* geschrieben. Es ist anzunehmen, daß der Beitrag im *Föhrer Lokal-Anzeiger* erschien.
246 Vgl. *Föhrer Zeitung* vom 4.7.1919; Ketels, der in der Abstimmungszeit unzweifelhaft prodänische Sympathien zeigte, weist darauf hin, daß Westerlandföhr bis 1864 reichsdänisches Staatsgebiet gewesen sei. Eine dänische Gesinnung sei deshalb bei vielen seiner Bewohner etwas Natürliches, das es zu respektieren gelte. Diese Ansicht wurde durchaus auch von vielen deutschgesinnten Westerlandföhringern geteilt; vgl. z. B. die Leserbriefe in der *Föhrer Zeitung* vom 19.9. und 9.12.1919. Der zunehmend scharfe, unversöhnliche Ton, der eine sachliche Argumentation weitgehend verhinderte, wurde von außen hineingetragen, und zwar sowohl von deutscher wie von dänischer Seite. Auf große Teile der eingesessenen Westerlandföhrer Bevölkerung, gleich welcher Einstellung, wirkten diese nationalen „Schlammschlachten" eher abstoßend. Derlei war der föhringer Mentalität fremd.
247 Vgl. Abb. 17.
248 Da Steinmann bereits am 31.3.1897 in Pension ging, muß das Gespräch vordem stattgefunden haben; vgl. Abb. 83.
249 Ketels bezog sich dabei auf die preußische Sprachenverordnung vom 18.2.1888, wonach in ganz Nordschleswig, auch in rein dänischsprachigen Gebieten, der gesamte Unterricht ausschließlich auf deutsch zu erfolgen habe. Die dänischen Privatschulen waren zu diesem Zeitpunkt bereits verboten. Der Unterricht in dänischer Muttersprache beschränkte sich dort auf vier wöchentliche Religionsstunden, aber lediglich in solchen ländlichen Kirchspielen, in

denen noch dänische Kirchensprache herrschte (1890 in 69 von ehemals 102 Gemeinden); vgl. v. Jessen, Haandbog i det slesvigske Spørgsmaals Historie, Bd. 1, S. 65 ff., Skautrup, Det danske Sprogs Historie, Bd. 4, S. 42, und Blatt, Die rechtliche Behandlung der dänischen Minderheit in Schleswig-Holstein von 1866 bis 1914, S. 24 ff.; über die rigorose preußische Germanisierungspolitik in Nordschleswig vgl. Hauser, Preußische Staatsräson und nationaler Gedanke, und Japsen, Den fejlslagne germanisering.

250 Vgl. Anm. 246.

251 Peter Damgaard stammte aus der Gegend von Sommersted, Kreis Hadersleben (vgl. Anm. 231), und war bis Ende des I. Weltkrieges Gutsverwalter in Mecklenburg; danach lebte er in Bramstedt bei Ladelund. 1918 wurde er Sekretär des *Bestyrelsen for Grænsespørgsmaalet i den dansktalende Del af Tønder Kreds i Mellemslesvig*, der sich als Ausschuß für die dänischsprachige Bevölkerung in der Karrharde/Südtondern verstand; vgl. Fink, Da Sønderjylland blev delt, Bd. 1, S. 103.

252 Aufgabe der *Internationalen Kommission* war es laut § 109 des Versailler Friedensvertrages vom 28.6.1919, das Plebiszit in den Abstimmungszonen vorzubereiten und durchzuführen. Zu diesem Zweck sollte das Deutsche Reich seine Souveränität über das betreffende Gebiet an die Kommission abtreten und ihm die gesamte Administration übertragen. Nach der Ratifizierung des Versailler Vertrages am 10.1.1920 trat die Kommission mit einigen Tagen Verspätung definitiv am 25.1.1920 in Funktion. Sie bestand aus den Kommissaren P. Claudel (Frankreich), C. Marling (Großbritannien; er war auch ihr Vorsitzender), T. Heftye (Norwegen) und O. v. Sydow (Schweden). Sitz der Kommission war das Hotel *Flensburger Hof* in Flensburg. Die Kommissare beendeten ihre Arbeit erst Anfang Juli 1920; vgl. Fink, Da Sønderjylland blev delt, Bd. 2, S. 163 ff., 185 ff., 195 ff.; vgl. auch *Föhrer Zeitung* vom 10.1.1920 ff., darin enthalten die verschiedenen Proklamationen und Verordnungen der Kommission.

253 Das Südjütische Ministerium unter H. P. Hanssen arbeitete seit dem 28.6.1919 eng mit der *Internationalen Kommission* an den vorbereitenden Maßnahmen zur bevorstehenden Abstimmung zusammen, u. a. auch an der Ausarbeitung von Kandidatenlisten für die verschiedensten Verwaltungsaufgaben; vgl. Fink, Da Sønderjylland blev delt, Bd. 2, S. 163, 185 ff.

254 Die *Internationale Kommission* ernannte den dänischen Polizeihauptmann Daniel Bruun zum Polizeipräsidenten im Abstimmungsgebiet. Ihm unterstand die reguläre Polizei und ein neuaufgestelltes, 250 Mann starkes Gendarmeriekorps, das sich aus ehemaligen deutschen Soldaten dänischer Gesinnung zusammensetzte; vgl. Fink, Bd. 2, S. 186 f.; nach einer Mitteilung N. Skrumsagers an I. Nordentoft wurden auf Föhr R. Rolufs und Chr. Lorenzen (vgl. Abb. 64 u. Abb. 122) die beiden Nordschleswiger Hartung (später Polizist in Hoyer) und Hübschmann (später Polizist in Bredebro) zur Seite gestellt.

255 Bürgermeister Coenen.

256 Diese auswärtige Familie ist fortgezogen.

257 Pastor Dankleff schrieb in der Abstimmungszeit unter seinen Initialen J. D. zwei Artikel im *Föhrer Lokal-Anzeiger* (10.12. u. 19.12.1919), in denen er unter dem Eindruck der vorausgegangenen Tumulte auf der dänischen Veranstaltung am 3.12. in Oldsum (vgl. Anm. 263 u. 264) die Föhringer in einem eindringlichen Appell dazu aufrief, sich in den nationalen Auseinandersetzungen zu mäßigen und den politisch Andersdenkenden nach dem Gebot der christlichen Nächstenliebe zu respektieren; vgl. auch Kirchenchronik St. Laurentii, S. 319. Das genügte, um ihn in den Verdacht der politischen Unzuverlässigkeit zu bringen, ja, man beschuldigte ihn versteckter dänischer Wühlarbeit, so daß schließlich sogar die Behörden gegen ihn intrigierten und seine Entlassung aus dem Amt betrieben; vgl. Steensen, Föhr in der Abstimmungszeit, S. 123 und 134 f.

258 Über das Dienstmädchen Guste konnte nichts in Erfahrung gebracht werden.

259 17.8.1925.

260 Erk D. Roeloffs liebte zwar die gesellige Runde und den Teepunsch (vgl. Roeloffs, Von der

Seefahrt zur Landwirtschaft, S. 230), aber ein notorischer Trinker war er deshalb nicht. Juchem war dagegen ein eingefleischter Nichttrinker, der den Alkohol verabscheute. Insofern ist sein hartes Urteil über Erk in gewisser Weise verständlich. Juchems tiefe Abneigung gegen den Branntwein war möglicherweise seit frühester Jugend durch seinen Onkel Johann E. Ketels (vgl. Abb. 17) beeinflußt, der auch öffentlich der Trunksucht sehr entgegenarbeitete.

261 Martha Elisabeth Dankleff geb. Irion (1881–1955) besuchte ihren Mann im Sommer 1925.

262 J. H. berichtet in einem Brief vom 16.11.1925 an I. Nordentoft: [Übersetzung] „Pastor Dankleff ist im September abgesetzt worden", und in einem weiteren Brief vom 26.12.1925: „Pastor Dankleff ist ohne Ruhegehalt aus der Landeskirche ausgetreten, hat die Insel verlassen und Niemand weis wohin, sein schönes Haus neben der Kirche stet leer." Die Amtsenthebung fand jedoch nicht im September, sondern am 7.10.1925 statt; vgl. Brederek, Verzeichnis der Geistlichen und Gemeinden in Schleswig-Holstein 1864–1933, S. 18.

263 Diese „Politischen Aufklärungsversammlungen" fanden am 3.12.1919 in Oldsum bei Max Simonsen im *Nordfriesischen Gasthof* (vgl. Abb. 92), am 4.12. jeweils nachmittags und abends in Paul Chr. Paulsens Gasthof in Oevenum (heute *Friesental*) und bei Justus Goltermann in Nieblum (im heutigen Café *Heck-Tick*) statt; vgl. *Föhrer Zeitung* vom 28.11.1919.

264 Cornelius Petersen gibt in seinem Aufsatz „Vore prøjsiske Modstandere", S. 139, eine von J. H. etwas abweichende – und wohl nicht ganz objektive – Darstellung des Versammlungsverlaufes in Oldsum. Demnach habe eine „alldeutsche Garde unter Führung von Dr. J. Tedsen" (vgl. Abb. 96) den Versuch gemacht, die Veranstaltung zu sprengen, aber da die Freunde in der Mehrzahl gewesen seien, hätten die „Wyker Kulturhelden" sich nicht durchsetzen können. In Oevenum und Nieblum sei den Veranstaltern der Saal zwar nicht verwehrt worden, aber dort hätten die Wyker unter der Leitung des Goldschmieds Georg Hansen (Sandwall) die Anwesenden so aufgehetzt, daß die Versammlung schließlich abgebrochen werden mußte. Als man Nann Mungard, einem der verdientesten Förderer des Nordfriesischen vor 1914, gar das Recht absprach, sich als Friese zu bezeichnen, verzichtete dieser gekränkt auf das Wort; vgl. Mungard, Der Friese Jan, S. 15 ff. Die *Föhrer Zeitung* vom 5.12.1919 feierte indessen die Veranstaltungen als einen glänzenden Sieg des Deutschtums, dem es gelungen sei, die dänische Agitation in die Schranken zu verweisen.

265 Friesischer Wahlverein
Motto: Wer nicht für uns ist, der ist gegen uns,
darum wollen wir uns sammeln zur rechten Zeit!
Zweck des Friesischen Wahlvereins ist es:
alle Friesen im Abstimmungsgebiet zu sammeln, um Friesentum und Muttersprache zu bewahren und ein einkömmliches Leben führen zu können. Da wir dieses in der gegenwärtigen Lage einzig und allein durch einen Anschluß an Dänemark für möglich halten, so schließen wir uns dem Nordschleswigschen Wählerverein an und übernehmen seine Statuten als die unsrigen.
Falls man eine Grenze durch Nordfriesland zöge, wäre dieses eine bleibende Wunde für das Friesentum; wir hoffen jedoch, daß unsere Schwestern und Brüder, die auf der anderen Seite zurückbleiben müßten, später einmal die Gelegenheit erhalten mögen, sich mit uns wiederzuvereinen.
Föhr, im Januar 1920.

266 Er löste sich jedoch erst am 20.11.1920 auf; vgl. v. Jessen, Haandbog i det slesvigske Spørgsmaals Historie, Bd. 2, S. 175.

267 Wohl eher von N. Skrumsager, der zum Vertrauensmann des *Mittelschleswigschen Ausschusses* für Föhr und Amrum ernannt worden war, nachdem er am 16.1.1919 an einem besonderen Kursus teilgenommen hatte; vgl. Christiansen, Dagbogsblade fra Afstemningstiden, S. 172.

268 Die Versammlung wurde nicht am 28.1., sondern am 13.2.1920 abgehalten; vgl. Christiansen, Dagbogsblade fra Afstemningstiden, S. 282, und Skrumsager, Før og Amrum i Afstem-

ningstiden, S. 151. Dem waren am 12.2. Veranstaltungen in Oevenum und Wyk vorausgegangen; vgl. auch *Föhrer Zeitung* vom 17.2.1920.

269 N. Skrumsager hielt sich – von kleinen Unterbrechungen abgesehen – vom Dezember 1919 bis nach der Abstimmung am 14.3.1920 auf Föhr auf, wobei er allerdings nur gelegentlich in Utersum wohnte; sein Hauptwohnort war Wyk. In dieser Zeit nahm er persönlichen Kontakt zu den dänischgesinnten Föhringern auf, und er koordinierte und leitete die dänische Abstimmungsarbeit; darüber vgl. Skrumsager, Før og Amrum i Afstemningstiden, und ders., Vesterhavsøen Før i Afstemningstiden, in: Grænsevagten, Bd. 4,2, S. 30ff. u. 83ff.

270 Das Wortspiel ist nur zu verstehen, wenn man berücksichtigt, daß der offizielle Name dieses Ortes einst *Ütersum* (dän. *Ytersum*) lautete. Diese Form lebt vor allem in der älteren Generation bis heute fort.

271 Nach Skrumsager, Før og Amrum i Afstemningstiden, S. 151, war das Peter Gad aus Hejsel, einem kleinen Ort nordwestlich von Tingleff.

272 Cornelius Christian Lind (geb. 17.6.1894 in Wyk), Gärtner, war ein Enkel von Hammers Vertrautem Christian Lind (vgl. Abb. 34); in der Abstimmungszeit Mitglied des *Deutschen Ausschusses* auf Föhr; nach 1920 in die USA ausgewandert; GRL 727, 235 359 9.

273 Vgl. auch Mungard, Der Friese Jan, S. 22–27.

274 Wer die Abneigung der Föhrer Seefahrer gegen den Militärdienst kennt (vgl. Roeloffs, Von der Seefahrt zur Landwirtschaft, S. 30ff.), der mag diese Ansicht bezweifeln; vgl. dagegen Nerong, Die Insel Föhr, S. 68.

275 Vgl. auch Mungard, Der Friese Jan, S. 16.

276 Hinrich Bernhard Jacobs (28.8.1845 in Borgsum – 16.7.1867 in Alkersum); erhängte sich im Müllerhaus. Er hatte angeblich seherische Fähigkeiten.

277 S. Jacobs war mit Sophie Johanna Wilhelmine Sörensen, einer Schwester von Christinas Vater, verheiratet.

278 Nach Skrumsager, Før og Amrum i Afstemningstiden, S. 152, sprach neben seinem Bruder H.D. Kloppenborg-Skrumsager auch Christian Matthiesen aus Esbjerg. Der dänischgesinnte Matthiesen war bereits um die Jahrhundertwende Vorsitzender der SPD in Apenrade. Viele dänische Nordschleswiger suchten vor 1918 Zuflucht bei der SPD, vor allem nachdem diese 1902 das Selbstbestimmungsrecht der Nordschleswiger ausdrücklich anerkannt hatte. Gewissermaßen verband seinerzeit ja beide, die Sozialdemokraten wie die dänische Minderheit, der Makel, „Feinde des Reiches" zu sein; vgl. Fink, Da Sønderjylland blev delt, Bd. 1, S. 119.

279 Umgekehrt: Die Oldsumer Aussprache ist *ååpel*, die Toftumer *aapel*. Juchem als gebürtiger Toftumer hätte demnach *aapel*, der in Wyk gebürtige Oldsumer Wirt M. Simonsen (vgl. Abb. 76) *ååpel* sprechen müssen. – Letzterer sprach übrigens für gewöhnlich plattdeutsch.

280 Peter Christiansen (12.4.1846 in Wyk – 30.10.1921 in Wyk) war Mitinhaber der Wyker Fährgesellschaft und später Kapitän verschiedener Postdampfer der Wyker Dampfschiffs-Reederei.

281 Friedrich Christian Christiansen (12.12.1879 in Wyk – 3.12.1972 in Innien/Holstein); als hochdekorierter Marineflieger des I. Weltkrieges war er seinerzeit weit über die Grenzen Föhrs hinaus ein Idol; über seine Flugmanöver und Flugblattabwürfe in der Abstimmungszeit vgl. *Insel-Bote* vom 13.3.1970; über seine unheilvolle Rolle in der Zeit des Nationalsozialismus, insbesondere als Wehrmachtsbefehlshaber in den besetzten Niederlanden 1940–1945, vgl. Steensen, Affäre ohne Ende? Der Fall „Friedrich-Christiansen-Straße", in: Nordfriesland, Nr. 53 (1980), S. 23–24.

282 N. Skrumsager erzählte I. Nordentoft den Vorgang folgendermaßen: Nachdem Kloppenborg-Skrumsager festgestellt hatte, daß Bremer sich unbefugterweise in der 2. Abstimmungszone aufhielt, verließ Skrumsager (nicht Kloppenborg-Skrumsager) die Versammlung, um dieses der *Internationalen Kommission* zu melden, doch nicht telegrafisch – der Telegrafendienst wurde von deutschen Beamten kontrolliert –, sondern telefonisch. Vom Festland

kommandierte man nun einen Oberwachtmeister mit zwei Gendarmen der *Internationalen Kommission* nach Föhr ab, um Bremer festzunehmen. Nachdem man ihn den ganzen Tag vergeblich gesucht hatte, fand man ihn schließlich bei Amtsvorsteher B. Roeloffs in Süderende. Sehr wahrscheinlich nahmen auch die beiden Föhrer Gendarmen R. Rolufs und Chr. Lorenzen an dieser Suchaktion teil. Bremer wurde daraufhin abgeschoben. – Die Darstellung, Bremer sei mit dem Flugzeug aus dem Abstimmungsgebiet ausgeflogen worden, ist nach Skrumsager eine von vielen erfundenen Geschichten, die seinerzeit auf Föhr die Runde machten.

283 Vgl. Skrumsager, Vesterhavsøen Før i Afstemningstiden, S. 85.
284 Vgl. Skrumsager, Vesterhavsøen Før i Afstemningstiden, S. 84 f.
285 Das englische Zitat *To be or not to be, that is the question* aus Shakespeares „Hamlet" beruhte auf Cornelius Bohnitz' Vorliebe für diesen Dichter; angeblich konnte er alle seine Werke auswendig auf englisch rezitieren; über den „Grabstein-Krieg" vgl. auch Nerong, Die Kirchhöfe Föhrs, S. 15, sowie *Föhrer Nachrichten* vom 17. u. 24. 8. 1900 u. 4. 2. 1902.
286 Vgl. Anm. 253.
287 Jacob Martin Jacobs, genannt „Joope Freden", (19. 2. 1863 in Oevenum – 2. 2. 1945 in Nieblum); Kapitän; wurde wegen Alkoholprobleme seines Kommandos enthoben; lebte zeitweilig in Ostpreußen, aus dem er erst Ende des II. Weltkrieges auf der Flucht vor der Roten Armee zurückkehrte.
288 Andreas Peter Godbersen, ein Tagelöhner, wohnte nur vorübergehend in Goting.
289 Johann Bahne Jensen („Giides") (23. 12. 1902 in Goting – 1985 in Petaluma, Kalifornien); nach der Abstimmung in die USA ausgewandert.
290 Matthias Michaels, Hauptlehrer, Küster und Organist in Oldsum von 1912–1927; wurde anschließend Konrektor in Niebüll; er stammte aus Arnislund; GRL 257.
291 Vertrauensmann für Föhr und Amrum war N. Skrumsager (vgl. Anm. 267). J. H. war lediglich so etwas wie seine „rechte Hand".
292 Muuss, eine der Zentralfiguren in den deutsch-dänischen Auseinandersetzungen der zwanziger Jahre, versucht in „Nordfriesland, Heimatbuch fur die Kreise Husum und Südtondern", S. 212, die dänischen Mehrheiten als Zufallsergebnisse abzutun, fügt aber fragend hinzu: „Oder sind wir berechtigt, in ihnen einen Niederschlag der 500-jährigen Zugehörigkeit der föhringer Westerharde zu Dänemark zu sehen?" Muuss bezieht sich mehrfach – oft unkritisch – auf Thorn, Die erste Teilung Schleswigs 1918–1920. Nach Steensen, Die friesische Bewegung in Nordfriesland, S. 147, „drückte sich in diesen Ergebnissen kaum ein dänisches Nationalbewußtsein aus". Sie seien vielmehr zurückzuführen auf eine „im ganzen glückliche Erinnerung an die Zeit des dänischen Gesamtstaates". Ein ausgeprägtes Inselbewußtsein und ein gewisses Maß an Überstaatlichkeit hätten den nationalen Gedanken dort keineswegs gefördert. Hinzu kam, wie der Herausgeber auch aus der eigenen Familienüberlieferung anführen kann, in vielen eingesessenen Westerlandföhrer Familien eine tiefe Abneigung gegen den autoritären und nicht selten schikanösen Stil der preußischen Staatsmacht und ihrer Vertreter, die den insularen Eigenheiten des täglichen Lebens nur allzuoft mit Unverständnis begegneten und daher zahlreichen Menschen fremd und suspekt blieben.
293 24 der 126 Stimmberechtigten in Süderende waren von auswärts angereist.
294 Da am 14. 3. 1920 keine von C. Rickmers Tanten mehr am Leben war, wird es sich um eine andere weibliche Verwandte gehandelt haben.
295 Es handelt sich um Rørd Hammer (vgl. Abb. 124) und Frederikke Kjølsen geb. Hammer (30. 7. 1860 in Wyk – 10. 1. 1937 in Kopenhagen); Frederik VII. (vgl. Abb. 9), der sich bei ihrer Geburt gerade in Wyk aufhielt, war ihr Taufpate; vgl. R. Hammer, Kaptajnløjtnant O. C. Hammer, S. 136 f.
296 Alle Abstimmungsergebnisse teilte J. H. aus dem Gedächtnis mit, ohne sich auf schriftliche Aufzeichnungen stützen zu müssen, und sie stimmen alle exakt mit den amtlichen Angaben überein.

297　Der *Schleswigsche Verein* war die Organisation der dänischen Minderheit in Südschleswig, die nach 1920 zu Kreis- und Reichstagswahlen mit einer eigenen Liste antrat. Viele aus dem kleinen Häuflein der beiden Föhrer Ortsgruppen wechselten aber bald in den am 25.5.1923 gegründeten *Friesisch-schleswigschen Verein* über. Dieser verstand die Nordfriesen als ein eigenständiges Volk, das weder dänisch noch deutsch sei, obwohl er sich politisch und organisatorisch an den *Schleswigschen Verein* anlehnte. Zur Kreistagswahl am 29.11.1925 ging der langjährige Vorsitzende des *Friesisch-schleswigschen Vereins*, Johannes Oldsen (vgl. Abb. 131), erstmals mit der von ihm angeführten *Liste Friesland* ins Rennen. J. H. stand dabei übrigens auf Listenplatz 6. Die Resonanz dieser Liste war auf Föhr allerdings gering; vgl. Steensen, Die friesische Bewegung in Nordfriesland, S. 186ff. und 218ff., ferner ders., Die Insel Föhr in der Abstimmungszeit, S. 128f.

298　1924.

299　Nicolai Marius Bennedsen (1851 in Faaborg, DK – 30.12.1932 in Oldsum); lebte in Oldsum Nr. 7 (mittlerweile abgerissen); GRL 1151; Kriegsteilnehmer 1864 unter Hammer (über seine Erlebnisse als Kriegsgefangener vgl. Koops, Die Österreicher auf Föhr im Jahre 1864, in: *Insel-Bote* vom 8.11.1978); er gehörte zu den führenden Köpfen des Dänentums auf Westerlandföhr. In einem Schreiben an I. Nordentoft kommentiert er die Ausführungen von J. H. über das Wirken des *Friesisch-schleswigschen Vereins* folgendermaßen: „[Übersetzung] Man kann eigentlich nicht sagen, daß Chr. Lorenzen und Johann Faltings wirkliche Vertrauensleute des Vereins waren. Zwar wurden sie dazu benannt, zur endgültigen Bildung von Ortsgruppen ist es jedoch niemals gekommen. Zweifellos hat der Verein Mitglieder, und es sind in einer gewissen Weise auch Versammlungen abgehalten worden, aber einen Vorstand, Mitgliedsbeiträge, Protokolle usw. gibt es nicht, und wir haben so gut wie keinen Kontakt zum Festland."

300　*Der Schleswiger* vertrat, wie sein Untertitel *Organ für Wahrheit und Recht. Volksblatt zur Pflege schleswigscher und friesischer Volksinteressen* schon sagt, anfangs die Ziele des *Friesisch-schleswigschen Vereins*; er erschien erstmals im August 1920 in Niebüll als Nebenherausgabe der von Cornelius Petersen (vgl. Abb. 67) herausgegebenen *Tondernschen Zeitung*; als Verleger und Redakteur fungierte zunächst Johannes Oldsen (vgl. Abb. 131); wegen seiner prodänischen Richtung von November 1923 bis Januar 1924 Erscheinungsverbot, ab 1937 totales Verbot. Im November 1923 hatte das Blatt auf Föhr in Oldsum und Umgebung 31, in Nieblum und Umgebung 26, in Wyk 46 Bezieher, auf Amrum 12; danach stark abnehmende Abonnentenzahlen; vgl. Steensen, Die friesische Bewegung in Nordfriesland, S. 199.

301　*Flensborg Avis*, bereits 1868 gegründet, ist die dänischsprachige Tageszeitung der dänischen Minderheit in Südschleswig.

302　August Vika Jensen (geb. 3.3.1866 in Horsens, DK); lebte in Dunsum Nr. 18 (heute R. Quedens); August war mit Gardine Riewerts (1861 in Dunsum – 1924 in Dunsum) verheiratet, einer Schwester zu Juchems Frau Ingke; nach Gardines Tod ist August fortgezogen; GRL 1210.

303　Jan Richard Brodersen (1881–1958).

304　Andreas Andersen stammte aus Nordschleswig und war 13 Jahre im Hause Brodersen tätig, danach als Knecht in Midlum; er starb 1936, ca. 82 Jahre alt; er war mit einer Frau aus Midlum verheiratet.

305　Gemeint ist gewiß eine dänische Volkshochschule oder Nachschule (*efterskole*).

306　Emil Adolph Krüger (11.1.1866 in Greifswald – 3.8.1937 in Wyk); nach Buchdruckerlehre seit den achtziger Jahren in Wyk; erwarb am 1.1.1902 die Konkursmasse *Insel-Bote*, den er im April 1902 mit den *Föhrer Nachrichten* vereinigte und fortan unter dem Namen *Föhrer Zeitung* bis 1929 redigierte und herausgab. In der Abstimmungszeit stellte er seine Zeitung ganz in den Dienst der deutschen Abstimmungspropaganda, so daß die *Föhrer Zeitung* sich bald zu einem der Hauptkampfplätze der nationalpolitischen Auseinandersetzungen auf Föhr entwickelte; vgl. *Föhrer Zeitung* vom 4.8.1937.

307　Volkert Hinrichsen (9.3.1868 in Wyk – 14.5.1947 in Wyk); Buchdrucker und langjähriger Herausgeber des *Föhrer Lokal-Anzeigers* (1910–41); bemühte sich während der Abstimmung um eine neutrale, versöhnliche Haltung, die ihm den Vorwurf einbrachte, seine Zeitung sei ein „versteckte dänisches Werkzeug"; Versuche der Behörden, das Blatt aufzukaufen oder mundtot zu machen, scheiterten; 1936 legte man ihm nahe, die Redaktionsleitung seinem Sohn zu übertragen, wenn er nicht ein Erscheinungsverbot riskieren wollte; vgl. *Flensborg Avis* vom 23.5.1947 und Steensen, Die Insel Föhr in der Abstimmungszeit, S. 123 und 132–134.

308 *Föhrer Zeitung* vom 15.7.1921. J. H. reagierte damit auf eine massive Attacke derselben Zeitung vom 28.6.1921, in der Juchem und seine Gesinnungsgenossen als „dänische Söldlinge" bezeichnet werden, die junge Mädchen „zu vaterlandsverräterischem Tun" anhielten; die teilnehmenden Mädchen hätten „wenig Charakter". J. H. beschließt seinen Leserbrief mit einem Appell an seine Föhrer Landsleute: „Eine Mahnung aber möchte ich heute noch an Alle richten: Laßt uns doch weiter in Frieden leben und Jeden das tun, was er mit seinem eigenen Gewissen vereinbaren kann, ohne erst die Bevormundung Andersgesinnter abzuwarten, nur das allein ziemt sich einem Christen und Friesen." – An dem Fest in Ripen nahm übrigens auch Nann Mungard (vgl. Abb. 91) teil, der darüber in „Der Friese Jan", S. 38 f. und 76, berichtet.

309 Vgl. *Föhrer Zeitung* vom 7.7.1923. Zu dieser Veranstaltung vom 4.7.1923 wird spöttisch angemerkt, daß „unser alter Jochem, bekannt als überzeugter Dänenmann", sein „Danebrögchen" hervorgeholt habe, um seine Gäste, darunter auch Johannes Oldsen (vgl. Abb. 131), „mit entblößtem Haupte an sich und Dänemarks Fahne" vorüberziehen zu lassen.

310 Die dänische Studentenorganisation *Hejmdal* kümmerte sich nach 1920 vornehmlich um die Versendung von dänischer Literatur nach Südschleswig; durch Vermittlung von Ferienaufenthalten an reichsdänische Studenten versuchte sie den persönlichen Kontakt zu den dänischgesinnten Südschleswigern aufrecht zu erhalten; vgl. Sønderjyllands Historie, Bd. 5, S. 199.

311 Es handelt sich zweifellos um Dankleffs Tochter Ingeborg (1904–1975), die nach einer Gesangsausbildung an der Oper in Berlin tätig war; vgl. Koops, Kirchengeschichte der Insel Föhr, S. 75.

312 Hier zeigt sich noch einmal deutlich, daß Juchems Dänentum keineswegs nationaldänisch, sondern noch vom dänischen Gesamtstaat von vor 1864 geprägt war. Diese „altmodische", mehr an dem dänischen Monarchen als an der dänischen Nation orientierte Einstellung teilte er mit den meisten dänischgesinnten Westerlandföhringern.

313 Gerade in den zwanziger Jahren erreichten die sprachpflegerischen Aktivitäten zur Erhaltung der nordfriesischen Dialekte ihren ersten Höhepunkt, wohl nicht zuletzt auch deshalb, weil sowohl die dänische wie deutsche Seite sich durch eine verstärkte Hinwendung zum Nordfriesischen Vorteile für die eigene Position in der nordfriesischen Region erhoffte; über die Maßnahmen im einzelnen vgl. Steensen, Die friesische Bewegung in Nordfriesland, S. 333 ff.

314 Vgl. Anm. 222.

315 Christian Frydendahl Maegaard (geb. 3.7.1853 in Odense) war mit Hammers Tochter Anna Elisabeth verheiratet.

316 Vgl. Anm. 62.

317 Betty Lorenzen geb. Matzen; vgl. Abb. 122.

318 Pastor J. Dankleff; vgl. Abb. 88.

319 Christine Rolufs geb. Sörensen; vgl. Abb. 62.

320 In einem Brief vom 24.9.1927 an I. Nordentoft schreibt J. H.: „Ich bin bis jetzt dort [bei Chr. Rolufs] gut aufgehoben, ob sie es durch zu setzen vermag bis zu meinem Tode wollen wir Gott überlassen, ich habe Ihr jetzt auch mein Mobiliar und Hausstand überlassen, worüber sie sich sehr gefreut hat." Was er an barem Geld nachlassen würde, solle sie ebenfalls erben. In einem Brief vom 20.12.1928 erwähnt er noch: „Ich habe gutes Entgegen kommen von Frau Rolufs, Ihr Mann wohnt seit fast 1 Jahr in Hamburg…, Arbeitet auf der Werft als Tischler."

321 Gemeint sind sicherlich *Mark* und nicht Kronen.

322 Von dieser Sorge wurde J. H. noch vor Jahresablauf befreit, nachdem ihm im Dezember 1925 der *Sønderjysk Fond* eine Unterstüzung von 500 Kronen bewilligt hatte. (Näheres dazu im Nachwort).

323 Nach I. Nordentoft bestand offenbar der Plan, Juchem das *Danebrog*-Kreuz durch König Christian X. (vgl. Abb. 129) persönlich überreichen zu lassen, der zu dieser Zeit gerade in Apenrade weilte.

324 Die Ernennung war offiziell bereits am 18.6.1925. Zur Begründung heißt es: „*deltog som 18aarig Frivillig i Kanonbaad-Forsvaret af de slesvigske Vesterhavsøer*" (nahm als 18jähriger Freiwilliger an der Verteidigung der schleswigschen Westseeinseln durch Kanonenboote teil); freundliche Mitteilung von Major Gradbøl, Ordens Historiograf, Amalienborg / Kopenhagen.

325 Gemeint ist die königliche Anordnung vom 28.6.1808 zur Ernennung der *Danebrogs*-Männer („Königliche Urkunde über die Erweiterung des Dannebrog-Ordens, für die Herzogthümer Schleswig und Holstein", Kopenhagen 1808).

326 Vgl. Anm. 322.

327 Jørgen Søgaard aus Jarplund bei Flensburg. Ein Foto von ihm befindet sich in der *Dansk Centralbibliotek*, Flensburg.

328 *Lusangel*, wörtlich „Lause-Angeliter", ist der Spottname für einen Bewohner der schleswigschen Geest, die westlich an die Landschaft Angeln grenzt.

329 In vielen – bezeichnenderweise meist auswärtigen – deutschen Zeitungen geriet die Berichterstattung über die Ordensverleihung zu einem hemmungslosen Stück Schmutzjournalismus, so beispielsweise im *Apenrader Tageblatt* vom 22.8.1925: „In persönlicher Kleinarbeit sind die Dänen stets Meister gewesen. Auf der Insel Föhr erzählt man sich, daß vor einiger Zeit drei oder gar vier hohe Würdenträger aus dem Königreich auf die Insel gekommen sind, um dem wackren Agitator aus der Abstimmungszeit, Herrn J. Hinrichsen, den Danebrogorden für seine Verdienste zu überreichen. In aller Stille sind sämtliche dänischgesinnten Einwohner der westlichen Ortschaften zu einer erhebenden Feier versammelt und nach Rede und Gegenrede ist der Danebrog auf die Brust des verdienten Mannes geheftet worden. Aber kaum haben die hohen Herren das Haus wieder verlassen und der Ausgezeichnete befindet sich allein mit seinen Freunden in der Stube, da entringt sich der geschmückten Brust der Stoßseufzer: 'n por hunnert Kronen wern mi lewer west! – Es ist doch schade, daß der alte, materialistische Geist aus der Speckzeit unter den Anhängern des Danebrogs immer noch nicht verschwinden will." – Ungewohnt neutral und geradezu wortkarg dagegen die Mitteilung der *Föhrer Zeitung* vom 7.7.1925. In der Föhrer, speziell Westerlandföhrer Bevölkerung hatten sich die Wogen der Abstimmungszeit längst geglättet. Unvermindert schrille Töne gegen alles Dänische kamen dort in der Regel nur noch von amtlicher und halbamtlicher Seite, gelegentlich auch von der Presse.

330 Die Zahl stimmt nicht ganz; über die *Danebrogs*-Männer auf Föhr und Amrum vgl. Roeloffs, Von der Seefahrt zur Landwirtschaft, S. 343ff.

331 Broder Riewerts, bis 1814 Brar Rörden (3.10.1773 in Oldsum – 29.1.1854 in Oldsum); lebte in Oldsum Nr. 115 (im ehemaligen Haus „Fluthöhe"); zunächst sehr erfolgreicher Kapitän, später Schulpatron, Deichrichter und Gangfersmann (1815–45); für seine Verdienste um die Wiederherstellung des Westerlandföhrer Deiches nach der Sturmflut von 1825 wurde er 1830 zum *Danebrogs*-Mann ernannt; GRL 727, 235 3; vgl. Roeloffs, Von der Seefahrt zur Landwirtschaft, S. 345.

332 Vgl. Roeloffs, Von der Seefahrt zur Landwirtschaft, S. 290ff.

333 Den Frieden, den Juchem sich nach der Zeitungsaffäre so sehr wünschte, erlangte er nicht. Der Wirbel um den *Danebrog*-Orden ging weiter, da es in der Zwischenzeit wegen der Ordensverleihung zu einer regelrechten diplomatischen Verwicklung zwischen Dänemark und dem Deutschen Reich gekommen war; vgl. Näheres im Nachwort.

334 Zu diesem Zeitpunkt noch J. Dankleff (vgl. Abb. 88), der ja erst zum 7.10.1925 seines Amtes enthoben wurde.

335 Vgl. Steensen, Die Insel Föhr in der Abstimmungszeit, S. 138, Anm. 17.
336 Adolf Hermann Harald Johanssen (27. 5. 1863 auf Gut Sophienhof bei Preetz – 5. 5. 1936 in Meran); 1920–28 Regierungspräsident der preußischen Provinz Schleswig-Holstein; vgl. Biographisches Lexikon für Schleswig-Holstein, Bd. 2, S. 185–187.
337 Vgl. Anm. 329.
338 Vgl. Nordentoft, Joachim Hinrichsen. In: Grænsevagten, Bd. 8, S. 323 ff.

Verzeichnis der Abbildungen

(In Klammern werden diejenigen genannt, die die Bilder zur Verfügung stellten.)

Abb. 1: Iver Nordentoft (Foto: J. M. Nordentoft, Frederiksberg)
Abb. 2: Das Monument von 1824 zwischen Nieblum und Wyk (Foto: W. Lüden, Wyk)
Abb. 3: Siegel und Unterschrift von Erk Ketels, Klintum (Foto: Brar Roeloffs, Mielkendorf)
Abb. 4: Lorenz F. Jepsen, Oldsum (Foto: Brar Roeloffs, Mielkendorf)
Abb. 5: Königlich-reichsdänische Enklaven im Herzogtum Schleswig (Karte: Volkert Faltings, Utersum)
Abb. 6: Arfst J. Arfsten, Alkersum (Foto: Frederik Paulsen, Alkersum)
Abb. 7: Peter Lütgens, Oevenum (Foto: Christine Jacobs, Oevenum)
Abb. 8: Christian VIII. (Foto: Dansk Centralbibliotek, Flensburg)
Abb. 9: Frederik VII. und Gräfin Danner (Foto: Dansk Centralbibliotek, Flensburg)
Abb. 10: Das „Königshaus" in Wyk (Foto: H. D. Ingwersen, Wyk)
Abb. 11: Jürgen F. Jensen, Borgsum (Foto: Paul Flor, Borgsum)
Abb. 12: Lorenz F. Mechlenburg, Nebel (Foto: Georg Quedens, Norddorf)
Abb. 13: Brar V. Riewerts, Neumünster (Foto: Brar V. Riewerts, Husum)
Abb. 14: Jacob C. Rickmers, Oldsum (Foto: Wiebke Daniel, Bargum)
Abb. 15: Brar C. Braren, Utersum (Foto: Wilhelm Piening, Lübeck)
Abb. 16: Roluf M. Olufs, Toftum (Foto: H. D. Ingwersen, Wyk)
Abb. 17: Johann E. Ketels, Süderende (Foto: Irmgard Ketels, Itzehoe)
Abb. 18: Ocke und Friederike Nerong, Dollerup (Foto: Uwe Nerong, Bremen)
Abb. 19: Ingke Nerong geb. Hinrichsen, Wrixum (Foto: Uwe Nerong, Bremen)
Abb. 20: Otto C. Hammer, Wyk (Foto: Museet på Sønderborg Slot, Sonderburg)
Abb. 21: Daniel Goos Hansen, Nieblum (Foto: H. D. Ingwersen, Wyk)
Abb. 22: Königl. dänisches Postschild von Wyk (Foto: H. D. Ingwersen, Wyk)
Abb. 23: Friedrich VIII., Herzog von Schleswig-Holstein (Foto: Biographisches Lexikon für Schleswig-Holstein, Band 8)
Abb. 24: Gerret C. Gerrets, Süddorf (Foto: Wilma Blechenberg, Süddorf)
Abb. 25: Volkert F. Faltings, Oldsum (Foto: Volkert Faltings, Utersum)
Abb. 26: Christina Ketels verheir. Faltings, Oldsum (Foto: Volkert Faltings, Utersum)
Abb. 27: Seesand Bake (Foto: Georg Quedens, Norddorf)
Abb. 28: Hammers Haus auf dem Sandwall in Wyk (Foto: H. D. Ingwersen, Wyk)
Abb. 29: Edouard Suenson, dän. Marinebefehlshaber 1864 (Foto: Kongelige Bibliotek, Kopenhagen)

Abb. 30: Gefecht vor Helgoland am 9.5.1864 (Foto: Kongelige Bibliotek, Kopenhagen)
Abb. 31: Friedrich Lorenzen, Wyk (Foto: M. Volquardsen, Wyk)
Abb. 32: Die Wyker Werft ca. 1890 (Foto: H. D. Ingwersen, Wyk)
Abb. 33: Pingel J. C. Holbøll, Wyk (Foto: Topsøe-Jensen, Personalhistoriske Oplysninger om Officerer af det Danske Søofficerskorps, S. 116)
Abb. 34: Christian Lind, Wyk (Foto: H. D. Ingwersen, Wyk)
Abb. 35: Hammers Flottille 1864 auf der Wyker Reede (Foto: Landesbibliothek, Kiel)
Abb. 36: Österreichische Einheiten versuchen nach Föhr überzusetzen (Foto: Landesbibliothek, Kiel)
Abb. 37: Leutnant Holbøll beschießt die Binnendeichsboote bei Dagebüll (Foto: Landesbibliothek, Kiel)
Abb. 38: Hammer entführt die Binnendeichsboote auf Hörnum (Foto: Kongelige Bibliotek, Kopenhagen)
Abb. 39: Henriette Hammer, Wyk (Foto: H. D. Ingwersen, Wyk)
Abb. 40: Hammers militärische Lage kurz vor seiner Kapitulation (Foto: Heeresgeschichtliches Museum, Wien)
Abb. 41: Cornelius S. Braren, Borgsum (Foto: Käthe Ingwersen, Oevenum)
Abb. 42: Hans J. Trojel, Nieblum (Foto: Kongelige Bibliotek, Kopenhagen)
Abb. 43: Christian D. Roeloffs, Süderende (Foto: Brar Roeloffs, Mielkendorf)
Abb. 44: Paul M. Paulsen, Wyk (Foto: G. Deppe, Wyk)
Abb. 45: Wyker Hafen ca. 1865 (Foto: H. D. Ingwersen, Wyk)
Abb. 46: Hammer als Kriegsgefangener in Schweidnitz (Foto: Museet på Sønderborg Slot, Sonderburg)
Abb. 47: Die Wrixumer Mühle (Foto: H. D. Ingwersen, Wyk)
Abb. 48: Die Brigg *Lucinde* (Foto: Ernst Ketels, Lübeck)
Abb. 49: Hafen auf Grönland ca. 1891 (Foto: Ernst Ketels, Lübeck)
Abb. 50: Das grönländische Wachtlied (Foto: Oesau, Schleswig-Holsteinische Grönlandfahrt, S. 164)
Abb. 51: Die Birkvogtei in Nieblum (Foto: Harro Bohn, Nieblum)
Abb. 52: Wilhelm C. Forchhammer, Wyk (Foto: Harro Bohn, Nieblum)
Abb. 53: Jan J. Hinrichsen, Süderende (Foto: Berta Hinrichsen, Wyk)
Abb. 54: Nickels J. R. Nickelsen, Toftum (Foto: Miile Koops, Wyk)
Abb. 55: Joachim Hinrichsen 1882 in New York (Foto: Dansk Centralbibliotek, Flensburg)
Abb. 56: Ingke Hinrichsen geb. Riewerts 1882 in New York (Foto: Dansk Centralbibliotek, Flensburg)
Abb. 57: Levi Heymann, Wyk (Foto: Ada Heymann, Wyk)
Abb. 58: Knud A. Frerks, Boldixum (Foto: Harro Bohn, Nieblum)
Abb. 59: Matthias Bleicken, Tondern (Foto: Otto Bleicken, Hamburg)
Abb. 60: Johann K. L. Sievert, Nieblum (Foto: Harro Bohn, Nieblum)
Abb. 61: Hans O. Knudsen, Trøjborg (Foto: Sønderjyllands Historie, Bd. 5, S. 83)
Abb. 62: Ernst und Christine Rolufs, Toftum (Foto: Birte Rörden, Hedehusum)
Abb. 63: Ingwert C. Braren, Oldsum (Foto: Brar Rickmers, Oldsum)
Abb. 64: Robert C. Rolufs, Toftum (Foto: Birte Rörden, Hedehusum)
Abb. 65: Zoneneinteilung bei der Abstimmung 1920 (Karte: Volkert Faltings, Utersum)
Abb. 66: Johannes Früdden, Oldsum (Foto: Carl Rickmers, Oldsum)
Abb. 67: Cornelius Petersen, Vester Anflod (Foto: Dansk Centralbibliotek, Flensburg)
Abb. 68: Heinrich Christiansen, Toftum (Foto: Hinrich Christiansen, Toftum)
Abb. 69: Brar R. Matzen, Oldsum (Foto: Brar Lorenzen, Toftum)
Abb. 70: Julius G. Riewerts, Oldsum (Foto: Carl Rickmers, Oldsum)
Abb. 71: Friedrich C. Braren, Süderende (Foto: Cornelia Zierke, Süderende)
Abb. 72: Volkert F. Faltings, Utersum (Foto: Volkert Faltings, Utersum)

Abb. 73: Nanning C. Nickelsen, Utersum (Foto: Nickels Nickelsen, Utersum)
Abb. 74: Emil Juhl, Alkersum (Foto: Sandra Juhl, Alkersum)
Abb. 75: Andreas und Karl Thomsen, Alkersum (Foto: Karl Thomsen, Alkersum)
Abb. 76: Max Simonsen, Oldsum (Foto: Max Carlsen, Süderende)
Abb. 77: Jan R. Nickelsen, Oldsum (Foto: Julius Nickelsen, Oldsum)
Abb. 78: Ernst Christiansen, Flensburg (Foto: Dansk Centralbibliotek, Flensburg)
Abb. 79: Schloß *Christiansborg*, Kopenhagen (Foto: Kongelige Bibliotek, Kopenhagen)
Abb. 80: Carl T. Zahle, Kopenhagen (Foto: Dansk Centralbibliotek, Flensburg)
Abb. 81: St. Petri-Kirche, Kopenhagen (Foto: Kongelige Bibliotek, Kopenhagen)
Abb. 82: Hinrich C. Ketels, Kiel-Hassee (Foto: Irmgard Ketels, Itzehoe)
Abb. 83: Georg v. Steinmann, Schleswig (Foto: Landesbibliothek, Kiel)
Abb. 84: H. P. Hanssen (Foto: Dansk Centralbibliotek, Flensburg)
Abb. 85: Brar C. Roeloffs, Süderende (Foto: Brar Roeloffs, Mielkendorf)
Abb. 86: Boy Rickmers, Oldsum (Foto: Carl Rickmers, Oldsum)
Abb. 87: Johanna E. Roeloffs geb. Ketels, Süderende (Foto: Nahmen Roeloffs, Süderende)
Abb. 88: Johann Dankleff, Süderende (Foto: Klaus Dankleff, Itzehoe)
Abb. 89: Keike Roeloffs geb. Braren, Süderende (Foto: Brar Roeloffs, Mielkendorf)
Abb. 90: Erk D. Roeloffs, Süderende (Foto: Nahmen Roeloffs, Süderende)
Abb. 91: Nann P. Mungard, Keitum (Foto: Hans Hoeg, Keitum)
Abb. 92: *Nordfriesischer Gasthof*, Oldsum, ca. 1920 (Foto: Max Carlsen, Süderende)
Abb. 93: Johannes Andersen, Apenrade (Foto: Dansk Centralbibliotek, Flensburg)
Abb. 94: Niels Skrumsager, Toftlundgård (Foto: Dansk Centralbibliotek, Flensburg)
Abb. 95: Julius Momsen, Marienhof (Foto: Nordfriisk Instituut, Bredstedt)
Abb. 96: Julius Tedsen, Flensburg (Foto: Rüdiger Tedsen, Wyk)
Abb. 97: Simon A. Jacobs, Wyk (Foto: W. Lüden, Wyk)
Abb. 98: Hans Kloppenburg-Skrumsager, Københoved (Foto: Dansk Centralbibliotek, Flensburg)
Abb. 99: Conrad Hansen, Utersum (Foto: Thea Braren, Alkersum)
Abb. 100: *Knudsens Gasthof*, Utersum, ca. 1920 (Foto: Göntje Schwab, Utersum)
Abb. 101: Otto Bremer, Halle (Foto: Landesbibliothek, Kiel)
Abb. 102: Erk J. Bohnitz, Nieblum (Foto: H. D. Ingwersen, Wyk)
Abb. 103: Cornelius Bohnitz, Nieblum (Foto: H. D. Ingwersen, Wyk)
Abb. 104: Cornelius H. Daniels, Witsum (Foto: Christian Daniels, Witsum)
Abb. 105: Ocke A. Rörden, Witsum (Foto: Ocke Rörden, Witsum)
Abb. 106: Hinrich R. Rörden, Hedehusum (Foto: Ketel Nielsen, Hedehusum)
Abb. 107: Volkert Carlsen, Hedehusum (Foto: Volkert Carlsen, Wrixum)
Abb. 108: Hinrich A. Jacobsen, Utersum (Foto: Hark Jacobsen, Bredstedt)
Abb. 109: Jan F. Lorenzen, Utersum (Foto: Jan Lorenzen, Utersum)
Abb. 110: Simon W. Wögens, Utersum (Foto: Birte Rörden, Hedehusum)
Abb. 111: Johannes A. Jürgensen, Utersum (Foto: Sophie Jürgensen, Utersum)
Abb. 112: Roluf D. Hinrichsen, Dunsum (Foto: John Philipsen, Süderende)
Abb. 113: Robert E. Matzen, Dunsum (Foto: Max Matzen, Dunsum)
Abb. 114: Julius T. Arfsten, Toftum (Foto: Paula Faltings, Toftum)
Abb. 115: Johannes M. Jappen, Toftum (Foto: Sophie Roland, Toftum)
Abb. 116: Ernst J. Ketels, Hamburg (Foto: Ingke Ketels, Hamburg)
Abb. 117: Claudius J. Rickmers, Satrup (Foto: Wiebke Daniel, Bargum)
Abb. 118: Abstimmungsergebnisse auf Föhr (Karte: Rainer Kühnast, Husum)
Abb. 119: Andreas C. Bossen, Wyk (Foto: Dansk Centralbibliotek, Flensburg)
Abb. 120: Christian J. Christiansen, Wyk (Foto: Friedrich Christiansen, Flensburg)
Abb. 121: Johann E. Faltings, Utersum (Foto: Volkert Faltings, Utersum)
Abb. 122: Christian und Betty Lorenzen, Toftum (Foto: Brar Lorenzen, Toftum)

Abb. 123: Martin Lorenzen, Bargum (Foto: Dansk Centralbibliotek, Flensburg)
Abb. 124: Rørd R. Hammer, Kopenhagen (Foto: Topsøe-Jensen, Personalhistoriske Oplysninger om Officerer af det Danske Søofficerskorps, S. 146)
Abb. 125: Jung Rörd Matzen, Oldsum (Foto: Brar Lorenzen, Toftum)
Abb. 126: Juchem und Ingke Hinrichsen vor ihrem Haus ca. 1923 (Foto: Dansk Centralbibliotek, Flensburg)
Abb. 127: Peter M. Ketelsen, Oldsum (Foto: Nahmen Roeloffs, Süderende)
Abb. 128: Cornelius G. Lorenzen, Toftum (Foto: Hark Nickelsen, Toftum)
Abb. 129: Christian X. (Foto: Dansk Centralbibliotek, Flensburg)
Abb. 130: Das königliche Schloß *Amalienborg* in Kopenhagen (Foto: Kongelige Bibliotek, Kopenhagen)
Abb. 131: Johannes Oldsen, Lindholm (Foto: Nordfriisk Instituut, Bredstedt)
Abb. 132: Niels N. Kjems, Harrislee (Foto: Svend Kjems, Gravenstein)
Abb. 133: Caroline Faltings geb. Jepsen, Oldsum (Foto: Keike Thoms, Süderende)
Abb. 134: Das *Danebrog*-Kreuz 5. Klasse (Foto: Major Gradbøl, Ordens Historiograf, Amalienborg)
Abb. 135: Nachbarn und Bekannte vor Juchems Haus um 1927 (Foto: Nickels Nickelsen, Toftum)
Abb. 136: Joachim und Ingke Hinrichsens Grabstein (Foto: Wolfgang Möller, Dunsum)

Literaturliste

Afstemningen i Slesvig ved Valget til den nordtyske Rigsdag den 12te Februar 1867. Kjøbenhavn 1867.
ALNOR, Karl, Die Ergebnisse der Volksabstimmung vom 10. Februar und 14. März 1920 in der 1. und 2. schleswigschen Zone. Flensburg [1925].
ANDRESEN, Ludwig, Von der schleswigschen Amtsverwaltung zur preußischen Kreisverwaltung in Tondern. In: Festgabe für Anton Schifferer (Veröffentlichungen der Schleswig-Holsteinischen Universitätsgesellschaft, Nr. 37). Breslau 1931, S. 160–239.
ARENDS, Otto Fr., Gejstligheden i Slesvig og Holsten fra Reformationstiden til 1864. Bd. 1–3. København 1932.
ARFSTEN, Reinhard, Die Mühlen Föhrs. Flensburg [1970].
BAUDISSIN, Adelbert Graf, Schleswig-Holstein Meerumschlungen. Kriegs- und Friedensbilder 1864. Stuttgart 1865.
Bericht und Rechnungsablage des Comitees zur Unterstützung der Abgebrannten in Wyk auf Föhr [hrsg. von Reventlow, Lendrop, Frerks, Bleeg, Ingwersen, Trojel, Hammer, Lolly und Weigelt]. Flensburg 1858.
Bibliographie und Ikonographie 1864 / Bibliografi og Ikonografi 1864, hrsg. von der Schleswig-Holsteinischen Landesbibliothek in Kiel und der Königlichen Bibliothek in Kopenhagen. Neumünster 1970.
Biographisches Jahrbuch und Deutscher Nekrolog, hrsg. von A. Bettelmann. Bd. 10. Berlin 1907.
Biographisches Lexikon für Schleswig-Holstein und Lübeck. Bd. 1–8. Neumünster 1970–87.
BLATT, Lothar, Die rechtliche Behandlung der dänischen Minderheit in Schleswig-Holstein von 1866 bis 1914. Husum 1980.

BLEICKEN, Otto, Bleicken aus Keitum auf Sylt. In: Schleswig-Holsteinisches Geschlechterbuch, Bd. 3 [= Deutsches Geschlechterbuch, Bd. 186]. Limburg 1981, S. 1–66.

BORCHLING, Conrad, Otto Bremer †. In: Korrespondenzblatt des Vereins für niederdeutsche Sprachforschung, Heft 49 (1936), S. 36–37.

BRAREN, Brar C., Gnadenspuren des lebendigen Gottes in dem Leben des B. C. Braren, weiland Lehrer am Predigerseminar in Breklum. Breklum 1920.

BRAREN, Johann, Chronik des Dorfes Oevenum auf Föhr. [Wyk] 1988.

BRAREN, Lorenz, Geschlechter-Reihen St. Laurentii/Föhr. Bd. 1–2. München/Wyk 1949–50. [Reprint Husum 1980].

BREDEREK, Emil, Verzeichnis der Geistlichen und Gemeinden in Schleswig-Holstein 1864–1933. Wismar 1933.

Brockhaus Enzyklopädie. 17. Aufl. Bd. 2. Wiesbaden 1967.

BRUHN, Emil, Nachrichten über und aus Coldenbüttel. In: Mitteilungen des Nordfriesischen Vereins für Heimatkunde und Heimatliebe, Bd. 3 (1905/06), S. 51–108.

CHRISTIANSEN, Ernst, Dagbogsblade fra Afstemningstiden. In: Slesvig delt..., Flensburg 1923, S. 235–300.

Dansk Biografisk Haandleksikon. Bd. 1–3. Kjøbenhavn/Christiania 1920–26.

Dansk Biografisk Leksikon. 3. Aufl. Bd. 1–16. København 1979–85.

Den dansk-tydske Krig i Aarene 1848–50, udgivet af Generalstaben. Bd. 1–3. Kjøbenhavn 1867–87.

Den dansk-tyske Krig 1864, udgivet af Generalstaben. Bd. 1–3. Kjøbenhavn 1890–92.

Der deutsch-dänische Krieg 1864, hrsg. vom Großen Generalstabe, Abtheilung für Kriegsgeschichte. Bd. 1–2. Berlin 1886–87.

EVERS, Ernst, Die Insel Föhr. Volksgliederung und soziale Ordnung. Hamburg 1939.

FALK, Fritz Joachim, Ricardus Petri og Jesper Ørum – navigationsundervisning på Føhr og Rømø. In: Sønderjysk Månedsskrift 1987, Nr. 4, S. 97–104.

FALK-JENSEN, A./HJORTH-NIELSEN, H., Candidati et examinati juris 1736–1936. Bd. 2. København 1955.

FALTINGS, Hilde [Hrsg.], Die vornemsten Lebensumstenden von Lorens Fr. Jepsen, wohnhaft auf der Insul Föhr. Neuenhain 1976.

FINK, Troels, Da Sønderjylland blev delt 1918–1920. Bd. 1–3. Åbenrå 1978–79.

[von] F.[ischer], [Friedrich], Der Krieg in Schleswig und Jütland im Jahre 1864. In: Österreichische Militärische Zeitschrift, Bd. 4. Wien 1866, S. 361–370.

Folkets Kamp for Slesvig i Aaret 1864. Kjøbenhavn 1864–65.

Föhr I. Zur lithographischen Darstellung der Insel Föhr um die Mitte des 19. Jahrhunderts, beschrieben von Gerhard Röper. (Norddeutschland. Städte und Landschaften. Mappe 5). Otterndorf 1976.

Foriining for nationale Friiske 1923–1983. o. O. [1983].

FRANZ, Werner, Einführung und erste Jahre der preußischen Verwaltung in Schleswig-Holstein. In: Zeitschrift der Gesellschaft für Schleswig-Holsteinische Geschichte, Bd. 82 (1958), S. 163–215, und Bd. 83 (1959), S. 117–242.

Geschichte Schleswig-Holsteins, hrsg. von Olaf Klose. Bd. 8. Neumünster 1966.

Haandbog i det nordslesvigske Spørgsmaals Historie: vgl. JESSEN, Franz von [Hrsg.].

HAEBERLIN, Carl, Chronik des Seebades Wyk-Föhr 1819–1919. Wyk 1919.

HAEBERLIN, Carl/ROELOFFS, Friedrich, Bunte Bilder aus der Föhrer Kulturgeschichte. (Föhrer Heimatbücher Nr. 15). Wyk 1927.

HAMMER, Otto C., Vesterhavsøernes Forsvar i Aaret 1864. Kjøbenhavn 1865.

HAMMER, Rørd, Kaptajnløjtnant O. C. Hammer. En Livsskildring. København 1928.

HANSEN, C. P., Das Schleswigsche Wattenmeer und die friesischen Inseln. Glogau 1865.

HANSEN, C. P., Chronik der friesischen Uthlande. Garding 1877.

HANSSEN, H. P., Et Tilbageblik. Bd. 1–4. København 1928–34.

HAUSER, Oswald, Preußische Staatsräson und nationaler Gedanke. (Quellen und Forschungen zur Geschichte Schleswig-Holsteins, Bd. 42). Neumünster 1966.

Hiimstoun aw e wråål dåt hilist stuk jard. Friesisch-schleswigscher Verein, Foriining for nationale Frashe 1923–1963. [Flensburg 1963].

HINRICHSEN, H. C., Beiträge zur Auswanderung von Föhr und Amrum nach Amerika. In: Friesisches Jahrbuch 1961, S. 225–243.

HOEG, Hans, Nann Mungard, der Kämpfer für's Friesentum. In: *Flensborg Avis* vom 30.7.1985.

JAPSEN, Gottlieb, Den fejlslagne germanisering. Den tyske forening for det nordlige Slesvig – Bidrag til det tyske mindretals historie efter 1864. Åbenrå 1983.

JENSEN, Johannes, Nordfriesland in den geistigen und politischen Strömungen des 19. Jahrhunderts (1797–1864). (Quellen und Forschungen zur Geschichte Schleswig-Holsteins, Bd. 44). Neumünster 1961.

JENSEN, N. A., En tro Tjener. In: *Jyllands-Posten* vom 18.11.1952.

von JESSEN, Franz [Hrsg.], Haandbog i det nordslesvigske Spørgsmaals Historie. Dokumenter, Aktstykker, Kort og statistiske Oplysninger vedrørende Sønderjylland. København 1901.

von JESSEN, Franz [Hrsg.], Haandbog i det slesvigske Spørgsmaals Historie 1900–1937. Bd. 1–3. København 1938.

JÖRGENSEN, V. Tams, Zu dieser Ausgabe [= Geleitwort zu]: Ein inselnordfriesisches Wörterbuch, Bd. 1, von Nann Mungard. Westerland 1974.

KETELS, Ernst, Lebenserinnerungen 1859–1939. [Unveröffentlichtes Manuskript ca. 1940. Im Privatbesitz].

Kongelig Dansk Hof- og Statscalender. Statshaandbog for det danske Monarchie for Aaret 1864. Kjøbenhavn 1864.

KOOPS, Heinrich, Die Insel Föhr. Eine Bibliographie (bis 1960). (Studien und Materialien veröffentlicht im Nordfriisk Instituut, Nr. 5). Bräist/Bredstedt 1974.

KOOPS, Heinrich, Die Österreicher auf Föhr im Jahre 1864. In: *Der Insel-Bote* vom 4., 7., 9., 10., 14., 16., 17., 18., 24. und 30.11.1978.

KOOPS, Heinrich, Die Kirchengeschichte der Insel Föhr. Husum 1987.

KORTUM, Gerhard, Sozialgeographische Aspekte der Auswanderung von den Nordfriesischen Inseln in die USA unter besonderer Berücksichtigung des Zielraumes New York. In: Nordfriesisches Jahrbuch, N.F., Bd. 13 (1977), S. 9–48.

LASSEN, Aksel, Valg mellem tysk og dansk. Hundrede års folkevilje i Sønderjylland. Åbenrå 1976.

LÜDEN, Walter, „Redende Steine". Grabsteine auf der Insel Föhr. Hamburg 1984.

Marineveteraner fra 1864 fortæller. Udgivet af Marineforeningen. København 1924.

MUNGARD, Nann, Der Friese Jan. Vor, während und nach der Abstimmung in der Zweiten Zone. Flensburg [1922].

MUUSS, Rudolf, Tausend Jahre nordfriesischer Stammesgeschichte. In: Nordfriesland. Heimatbuch für die Kreise Husum und Südtondern, hrsg. von L. C. Peters. Husum 1929, S. 140–214.

NERONG, O. C., Das Dorf Wrixum. [Dollerup] 1898.

NERONG, O. C., Die Insel Föhr. [Dollerup] 1903. [Reprint Leer 1980].

NERONG, O. C., Die Kirchhöfe Föhrs. 3. Aufl. [Dollerup] 1909.

NIELSEN, K., Danmarks konger & dronninger. København 1978.

[NORDENTOFT, Iver,] Joachim Hinrichsen. In: Grænsevagten, Bd. 8 (1926), S. 323–328.

NORDENTOFT, Iver, Joachim Hinrichsen. In: Grænsevagten, Bd. 12 (1930), S. 304–305.

OESAU, Wanda, Schleswig-Holsteins Grönlandfahrt auf Walfischfang und Robbenschlag. Glückstadt, Hamburg, New York 1937.

OLUFS, Karin/MARÉES, Erik, Witsum. Chronik eines Dorfes. Witsum 1984.

PETERSEN, Cornelius, Vore prøjsiske Modstandere. Fra Afstemningsrøret vesterpaa. – Fremtidsperspektiver. In: Slesvig delt... Flensborg 1923, S. 131–146.

PETERSEN, Egon, Wyk. Ein Überblick über seine Geschichte. Wyk 1930.

Quedens, Georg, Inseln der Seefahrer. Sylt, Föhr, Amrum und die Halligen. Hamburg 1982.
Quedens, Georg, Die alten Grabsteine auf dem Amrumer Friedhof. Amrum 1984.
Quedens, Georg, Tagebücher aus dem alten Amrum. Amrum 1986.
Roeloffs, Brar, Von der Seefahrt zur Landwirtschaft. Ein Beitrag zur Geschichte der Insel Föhr. Neumünster 1984.
[Schlee, Emma,] Lebensbeschreibung des Brar Volkert Riewerts (1842–1930). [Masch.-Schrift 1956].
Schleswig-Holsteinischer Kunstkalender 1914. Potsdam 1913.
Sievers, Kai Detlev, Schleswig-Holstein im Rahmen der deutschen Überseewanderung des 19. Jahrhunderts. In: Zeitschrift der Gesellschaft für Schleswig-Holsteinische Geschichte, Bd. 101 (1976), S. 285–307.
Simonsen, P., Værnepligtsforholdene i Nordslesvig efter 1864 og Befolkningens Stilling dertil. In: Franz von Jessen, Haandbog i det nordslesvigske Spørgsmaals Historie, S. 337–348.
Skautrup, Peter, Det danske Sprogs Historie. Bd. 1–4 (plus Registerband). København 1944–1970.
Skrumsager, Niels, Vesterhavsøen Før i Afstemningstiden. In: Grænsevagten, Bd. 4,2 (1922), S. 30–40 und 83–86.
Skrumsager, Niels, Før og Amrum i Afstemningstiden. In: Slesvig delt... Flensborg 1923, S. 147–154.
Slesvig delt... Det Dansk-tyske Livtag efter Verdenskrigen. Redigeret af L.P. Christensen. 2. Aufl. Flensburg 1923.
Sønderjyllands Historie. Bd. 5. Tidsrummet 1864–1920. Under Redaktion af Vilh. La Cour, Knud Fabricius, Holger Hjelholt og Hans Lund. København 1932–1933.
Steensen, Thomas, Affäre ohne Ende? Der Fall „Friedrich-Christiansen-Straße". In: Nordfriesland, Nr. 53 (1980), S. 23–24.
Steensen, Thomas, Die Insel Föhr in der Abstimmungszeit. In: Festschrift Dr. F. Paulsen (= Nordfriesisches Jahrbuch, N.F., Bd. 20 [1984]), S. 111–142.
Steensen, Thomas, Die friesische Bewegung in Nordfriesland im 19. und 20. Jahrhundert (1879–1945). Bd. 1–2. (Quellen und Forschungen zur Geschichte Schleswig-Holsteins, Bd. 89 und 90). Neumünster 1986.
Stenz, Chr., Sønderjyder under junigrundloven. In: Sønderjyske Årbøger 1980, S. 185–232.
Stolz, Gerd, Die „Eroberung" der nordfriesischen Inseln im Jahre 1864. Eine „Affäre" aus dem deutsch-dänischen Krieg. (Heimatkundliche Schriften des Nordfriesischen Vereins. Heft 10). Husum 1988.
Thorn, Eduard, Die erste Teilung Schleswigs 1918–1920. Hamburg 1921.
To Hundrede Træsnit. Tegninger fra Krigen i Danmark 1864. 3. Aufl., Kjøbenhavn 1865.
Topsøe-Jensen, T.A., Personalhistoriske Oplysninger af det Danske Søofficerscorps 1. Jan. 1801–19. Sept. 1919. København 1919.
Volquardsen, Sönnich, Cornelius Petersen – Westeranflod. In: Zwischen Eider und Wiedau 1983, S. 118–124.
Weigelt, Georg, Die nordfriesischen Inseln vormals und jetzt. Eine Skizze des Landes und seiner Bewohner. 2. Aufl. Hamburg 1873.
von Wiser, Friedrich, Die Besetzung der nordfriesischen Inseln im Juli 1864. [Sonderdruck aus Danzer's Armeezeitung 1914]. Wien 1914.
Zacchi, Uwe, Menschen von Föhr. Lebenswege aus drei Jahrhunderten. Heide 1986.

Zeitungen

Apenrader Tageblatt, Jg. 1925
Flensborg Avis, Jg. 1947, 1985
Föhrer Lokal-Anzeiger, Jg. 1919, 1928
Föhrer Nachrichten, Jg. 1898, 1900, 1902
Föhrer Zeitung, Jg. 1919–1921, 1923, 1925, 1934, 1939
Der Insel-Bote, Jg. 1884, 1892, 1970, 1978
Jyllands-Posten, Jg. 1952

(aus: L. BRAREN, Geschlechter-Reihen St. Laurentii-Föhr, Bd. 2).

KAPITÄNLEUTNANT HAMMERS
MILITÄRISCHE LAGE IM WATTENMEER
WÄHREND DES KRIEGES 1864

Karte: V. Faltings (nach O. C. Hammer,
Om Vesterhavsøernes Forsvar i Aaret 1864)

Zeichenerklärung:
- Wattströme
- festes Land
- Sandbank
- Zollkreuzer
- Kanonenboot
- Kommandoschiff
- Feuerschiff

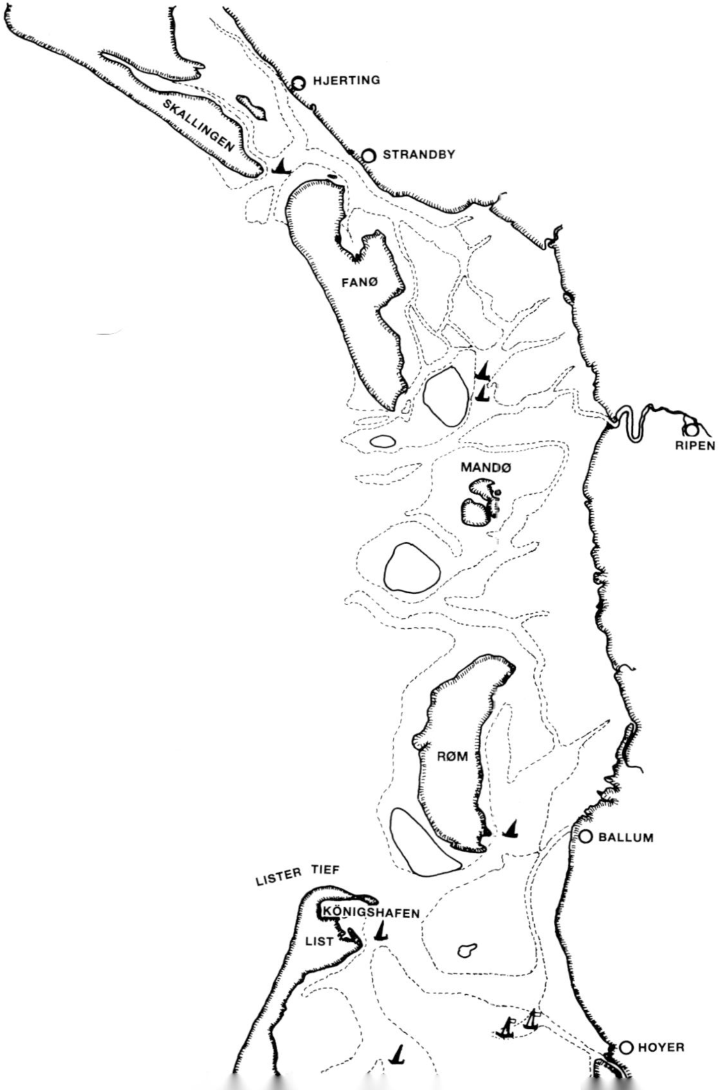

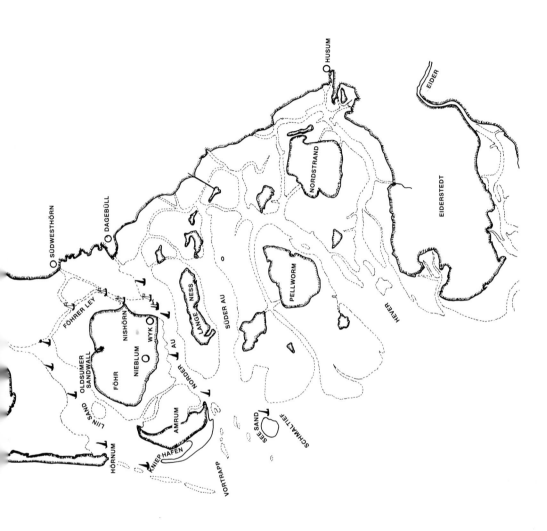

Personenregister

Angeführt sind alle identifizierbaren Personen, auch diejenigen, die lediglich in den Anmerkungen und Bildtexten genannt werden. Auf Joachim Hinrichsen und Iver Nordentoft wird nicht verwiesen. Das Signum * vor einer Seitenzahl besagt, daß die jeweilige Person auf dieser Seite abgebildet ist.

Adys, Volkert vgl. Hinrichsen, Volkert Adys
Arenberg, Prinz Louis d', österreichischer Rittmeister 168 Anm. 120
Arfsten, Arfst Jürgen, Alkersum 23, *24, 56, 71, 162 Anm. 21
Arfsten, Julius, Toftum 127, *130f.
Arfsten, Volkert, Süderende 36
Andersen, Andreas, Oevenum 137, 181 Anm. 304
Andersen, Ingenieur in Kopenhagen 140, 145
Andersen, Johannes, Hadersleben *117–120
Andersen, Niels, Toftum 166 Anm. 74
Andresen, Erich, Toftum 42, 50, *156, 166 Anm. 74
Andresen, Margarethe geb. Rolufs, Toftum *156
Andresen, Tönis, Toftum 42, 49, 166 Anm. 74

Bancroft, George, US-Botschafter in Berlin 73, 172 Anm. 182
Becker, Johann, Wyk 52, 168 Anm. 116
Bennedsen, Nicolai, Oldsum 136, 153, 181 Anm. 299
Bismarck, Otto von, preußischer Ministerpräsident 71, 167 Anm. 88, 173 Anm. 207
Bleicken, Matthias, Landrat in Tondern 86, *87f., 173 Anm. 207f., 174 Anm. 210
Bohn, Boy Cornelius, Toftum *156
Bohn, Friederike geb. Brodersen, Toftum *156
Bohnitz, Cornelius, Nieblum *126, 180 Anm. 285
Bohnitz, Erk, Nieblum *125f.
Bonde, Hans Peter, Kapitän der *Nordlyset* 65–67, 170 Anm. 152
Bossen, Andreas, Wyk 136, *137
Braren, Brar Cornelius, Utersum *30, 163 Anm. 32, 164 Anm. 37
Braren, Cornelius, Goting, Borgsum *55–60
Braren, Friedrich Christian, Süderende 96, *97, 115
Braren, Ingwert, Oldsum *92, 136
Bremer, Prof. Dr. Otto, Halle 123, *124f., 179 Anm. 282

Brix, Ernst, Wyk 20f., 26, 56, 60, 161 Anm. 15, 162 Anm. 16
Brodersen, Jan Richard, Oevenum 137, 181 Anm. 303f.
Brodersen, Ketel, Amrum 35, 165 Anm. 51
Bruun, Daniel, Flensburg 177 Anm. 254

Carlsen, Volkert, Hedehusum 127, *128
Christian VIII., König von Dänemark 24, *25f., 85, 162 Anm. 22
Christian X., König von Dänemark 101, *150, 183 Anm. 323
Christian August, Herzog von Schleswig-Holstein 37
Christiansen, Christian, Wyk 136, *137
Christiansen, Friedrich, Wyk 125, 179 Anm. 281
Christiansen, Heinrich, Toftum *96
Christiansen, Ernst, Flensburg 102, *103, 140
Christiansen, Peter, Wyk 125, 179 Anm. 280
Claudel, Paul, internationaler Kommissar 177 Anm. 252
Clausen, Anton, Wyk 52, 168 Anm. 117
Clausen, Heinrich (d. Ä.), Wyk 47, 52, 167 Anm. 85, 168 Anm. 117
Clausen, Heinrich (d. J.), Wyk 52, 168 Anm. 117
Clercq, Pieter de, Feanwâlden 115
Coenen, Bürgermeister in Wyk 109, 177 Anm. 255
Cold, Kopenhagen 145
Cordtsen, Friedrich, Wyk 39, 165 Anm. 67

Damgaard, Peter, Bramstedt 109, 114, 177 Anm. 251
Daniels, Cornelius, Witsum 127, *128
Dankleff, Ingeborg, Süderende 141, 182 Anm. 311
Dankleff, Johann, Süderende 109, 112, *113f., 141, 155, 177 Anm. 257, 178 Anm. 262, 182 Anm. 318, 183 Anm. 334
Dankleff, Martha geb. Irion, Süderende 114, 178 Anm. 261

Danner, Louise Gräfin, Kopenhagen 25, *26–28
Daugaard, Jacob, Bischof in Ripen 163 Anm. 35
Duhm, Hotelier auf Eiderstedt 96, 175 Anm. 230
Ellbrecht, Carl von, dänischer Marineoffizier 161 Anm. 10
Faltings, Boy, Oldsum 68, 70, 171 Anm. 163
Faltings, Caroline geb. Jepsen, Oldsum 21, *154, 162 Anm. 17
Faltings, Christina geb. Ketels, Oldsum 40, *41
Faltings, Friedrich, Oldsum 21, 162 Anm. 17
Faltings, Johann, Utersum 136, *138, 181 Anm. 299
Faltings, Volkert, Oldsum *40, 64, 84, 97, 138, 170 Anm. 150, 174 Anm. 216
Faltings, Volkert, Utersum 96, *97
Fontenay, Christian de, Amtmann von Tondern 173 Anm. 207
Forchhammer, Wilhelm, Wyk 67f., *69f., 75, 169 Anm. 131, 172 Anm. 189
Fredericke, Nachbarstochter in Toftum 20, 161 Anm. 13
Frederik VI., König von Dänemark 18, 24, 163 Anm. 24
Frederik VII., König von Dänemark 24f., *26, 27f., 35, 57, 163 Anm. 28, 180 Anm. 295
Frerks, Knud, Boldixum 85, *86, 174 Anm. 210
Friedrich VIII., Herzog von Schleswig-Holstein 36, *37, 69, 162 Anm. 22, 165 Anm. 52, 173 Anm. 207
Friedrichs, Heinrich, Oldsum 68, 70, 171 Anm. 162
Früdden, Johannes, Oldsum 93, *95

Gad, Peter, Hejsel 119f., 179 Anm. 271
Gerrets, Gerret, Süddorf *38f., 43f., 62
Godbersen, Andreas, Goting 127, 180 Anm. 288
Godt, Dr. Bertel Pedersen, Generalsuperintendent in Schleswig 173 Anm. 208
Goltermann, Justus, Nieblum 178 Anm. 263
Greve, Leve, Wyk 35
Guste, Dienstmädchen von Pastor J. Dankleff 112, 114, 177 Anm. 258

Gylsen, Carl, Wyk 38f., 42–44, 58, 62, 165 Anm. 58 u. 62
Hammer, Frits, Wyk 164 Anm. 41
Hammer, Henriette geb. Hastrup, Wyk 52, *53
Hammer, Otto, Wyk 10, 20, 30–33, *34, 35–41, 43–55, 58–60, *61f., 64, 83, 85f., 120f., 146, 163 Anm. 25, 164 Anm. 42–44, 165 Anm. 53, 60 u. 62, 167 Anm. 91–93, 168 Anm. 112 u. 120, 169 Anm. 134f., 170 Anm. 140f., 181 Anm. 299
Hammer, Rørd, Kopenhagen 135, 145, *146, 180 Anm. 195
Hansen, Conrad vgl. Hansen, Heinrich
Hansen, Daniel Goos, Nieblum 35, *36
Hansen, Georg, Wyk 178 Anm. 264
Hansen, Gustav, Landrat in Tondern 79f., 80, 172 Anm. 195
Hansen, Hans Simon, Klintum 87, 174 Anm. 216
Hansen, Heinrich, genannt Conrad, Utersum 122, *123
Hansen, Peter, Wrixum 25, 27, 163 Anm. 26
Hansen, Peter, Oldsum 90, 174 Anm. 218, 175 Anm. 219
Hanssen, Hans Peter, nordschleswigscher Politiker 109, *110, 112, 121f., 174 Anm. 216, 176 Anm. 241, 177 Anm. 253
Hartung, Gendarm der Internationalen Kommission 177 Anm. 254
Hayen, Johann, Oldsum 19, 161 Anm. 7
Heftye, Thomas, internationaler Kommissar 177 Anm. 252
Heldt, Heinrich, New York 75f.
Heymann, Levi, Wyk 71, 81, *82, 171 Anm. 172, 173 Anm. 198
Hinrichs, Jan, Süderende 85–88, 173 Anm. 206 u. 208
Hinrichsen, Dorothea geb. Ketels, Toftum 15, 19, 27, 29, 31, 58, 62, 71, 75, 79, 84, 101, 161 Anm. 6
Hinrichsen, Hinrich, Toftum, New York 31, 72, 76, 84, 172 Anm. 177f., 173 Anm. 201
Hinrichsen, Ida geb. Braren, Oldsum 72, 172 Anm. 179
Hinrichsen, Ingke geb. Riewerts, Toftum 14, 15, 29, 40, 69, 73, 75–*77, 78, 80, 83f., 91, 93, 98, 101, 109f., 131, 141, 144–*147, 148, 150f., 159f., 172 Anm. 180f., 181 Anm. 302

Hinrichsen, Jan, Süderende *71
Hinrichsen, Ocke, Toftum 19, 161 Anm. 5
Hinrichsen, Roluf, Dunsum 127, *130
Hinrichsen, Volkert Adys, Alkersum 23 f., 162 Anm. 21–23
Hinrichsen, Volkert, Wyk 140, 181 Anm. 307
Hitscher, Dr. Georg, Nieblum 169 Anm. 136
Holbøll, Pingel, Wyk *47, 49–52, 62, 64, 169 Anm. 135
Hollesen, Thomas, Wyk 79–84, 166 Anm. 73, 172 Anm. 194, 173 Anm. 197
Hübschmann, Gendarm der Internationalen Kommission 177 Anm. 254

Jacobs, Jacob, Goting 126 f., 180 Anm. 287
Jacobs, Hinrich, Alkersum 71, 122, 179 Anm. 276
Jacobs, Simon, Wyk *121 f., 179 Anm. 277
Jacobs, Sophie geb. Sörensen, Wyk 179 Anm. 277
Jacobsen, Hinrich Alwin, Utersum 127, *129
Jappen, Johannes, Toftum 127, *130 f., 133
Jappen, Ocke, Utersum 29, 163 Anm. 32 u. 37
Jensen, August, Dunsum 136 f., 153, 181 Anm. 302
Jensen, Christian, Breklum 30
Jensen, Gardine geb. Riewerts, Dunsum 181 Anm. 302
Jensen, Johann, Goting 127, 180 Anm. 289
Jensen, Jürgen, Dunsum, Borgsum *27, 57
Jensen, Riewert, Dunsum 96, 175 Anm. 227
Jepsen, Lorenz Friedrich, Oldsum 20, *21, 154 f., 161 Anm. 10, 162 Anm. 16
Jessen, Christian Toft, Toftum 28, 163 Anm. 32 u. 34
Jirrins, Arfst vgl. Arfsten, Arfst Jürgen
Johanssen, Dr. Adolf, Regierungspräsident in Schleswig 157, 186 Anm. 336
Johnsen, Johann, Süderende 85 f., 163 Anm. 35, 173 Anm. 203
Juhl, Emil, Alkersum 96, *97
Jürgens, Arfst Boh, Utersum 39, 43 f., 62, 165 Anm. 61
Jürgens, Arfst vgl. Arfsten, Arfst Jürgen
Jürgensen, Johannes, Utersum 127, *129

Ketels, Erk, Klintum 19, 71, 160
Ketels, Ernst, Hamburg 28, *133 f., 136, 154 f., 163 Anm. 30
Ketels, Hinrich, Kiel, Goting 28, *107–109, 133 f., 143, 163 Anm. 30, 176 Anm. 264 u. 249
Ketels, Johann Erich, Süderende 27, *31, 35, 64 f., 107 f., 111, 170 Anm. 150 f., 178 Anm. 260
Ketels, Johanna geb. Johannesen, Klintum 160
Ketelsen, Boy, Oldsum 40, 165 Anm. 68
Ketelsen, Dr. Peter, Oldsum *148
Kinzer, Christoph, Wyk 41
Kjems, Niels, Harrislee 150, 152, *153 f.
Kjølsen, Frederikke geb. Hammer, Kopenhagen 135, 180 Anm. 295
Kloppenborg-Skrumsager, Hans, Københoved 103, *122 f., 179 Anm. 278 u. 282
Knudsen, Hans Ocksen, Trøjborg *88 f.
Knudsen, Julius, Utersum 124
Knudtsen, Jens, Borgsum 55
Kortzen, Friedrich vgl. Cordtsen, Friedrich
Kronowetter, österreichischer Fregattenkapitän 169 Anm. 121 u. 126
Krüger, Emil, Wyk 140, 181 Anm. 306

Lendrop, Christian, Wyk 35, 37, 56, 163 Anm. 25, 164 Anm. 49 f.
Lind, Cornelius Christian (d. Ä.), Wyk 47, *48, 58, 120, 167 Anm. 91, 179 Anm. 272
Lind, Cornelius Christian (d. J.), Wyk 120, 122, 153 f., 179 Anm. 272
Lorenzen, Bahne, Eiderstedt 96
Lorenzen, Betty geb. Matzen, Toftum 136, *139, 147, 182 Anm. 317
Lorenzen, Christian, Toftum 74, 84, 96, 99, 109, 116, 123, 136 f., *139–141, 146, 176 Anm. 244, 177 Anm. 254, 180 Anm. 282, 181 Anm. 299
Lorenzen, Cornelius, Toftum *149
Lorenzen, Frieda, Toftum 84, 173 Anm. 202
Lorenzen, Friedrich (Fritz), Wyk 32, *46, 47, 166 Anm. 82
Lorenzen, Henriette geb. Nommensen, Wyk 46
Lorenzen, Jan Friedrich, Utersum 127, *129
Lorenzen, Julius, Borgsum 110, 177 Anm. 256
Lorenzen, Jürgen, Toftum 74, 172 Anm. 183
Lorenzen, Martin, Bargum *142
Lornsen, Cornelius, Keitum 167 Anm. 91
Lornsen, Uwe Jens, Keitum 167 Anm. 91
Ludwigsen, Gerret, Nieblum, Amrum 42, 166 Anm. 75

Lütgens (Lütjen), Peter, Oevenum 23, *24, 162 Anm. 21 f.

Mac Lean, preußischer Marineoffizier 58
Maegaard, Anna geb. Hammer, Kopenhagen 182 Anm. 315
Maegaard, Christian, Kopenhagen 145 f., 182 Anm. 315
Marling, Sir Charles, internationaler Kommissar 177 Anm. 252
Matthiesen, Christian, Esbjerg 179 Anm. 278
Matthiesen, Gustav, Hedehusum 96, 175 Anm. 229
Matthiesen, Hinrich Meinert, Keitum 168 Anm. 102
Matthiesen, Jes, Toftum 29, 163 Anm. 36
Matthiesen, Nickels, Toftum 29, 163 Anm. 36
Matzen, Brar, Oldsum *96
Matzen, Jung Rörd, Oldsum 145, *146
Matzen, Robert, Dunsum 127, *130
Mechlenburg, Friedrich, Sachsenhausen 28, 163 Anm. 31
Mechlenburg, Lorenz Friedrich, Nebel 27, *28, 163 Anm. 28 u. 35
Mechlenburg, Richard, Nebel, Sachsenhausen 27 f., 163 Anm. 29
Michaels, Matthias, Oldsum 131, 180 Anm. 290
Momsen, Julius, Marienhof *119, 121 f.
Mungard, Nann, Keitum 114, *115–118, 121, 178 Anm. 264, 182 Anm. 308

Nerong, Friederike geb. Lorenzen, Dollerup *32 f.
Nerong, Ingke geb. Hinrichsen, Wrixum *32 f.
Nerong, Johannes, Wrixum 32
Nerong, Ocke, Dollerup *32 f., 47
Nickelsen, Dorothea geb. Riewerts, Toftum *74
Nickelsen, Jan Richard, Oldsum 96, 99, 101, *102, 106, 115, 117, 122 f., 127, 136, 146 f., 151 f., 154
Nickelsen, John Wilhelm, Nieblum 173 Anm. 202
Nickelsen, Julius, Toftum *156
Nickelsen, Nanning, Utersum 96, *97
Nickelsen, Nickels, Toftum 57, 73, *74 f., 79–84, 96, 173 Anm. 196
Nommensen, Nommen Friedrich, Wyk 47, 166 Anm. 82
Nordentoft, Benedict 11

Oldis, Elena geb. Holm, Alkersum 165 Anm. 54
Oldis, Hinrich, Alkersum 165 Anm. 54
Oldis, Meinert, Alkersum 37, 39, 43 f., 54, 62–64, 165 Anm. 54
Oldsen, Johannes, Lindholm 136 f., 150, *152, 154, 181 Anm. 297 u. 300, 182 Anm. 309
Olufs, Roluf, Toftum *31

Paulsen, Paul Christian, Oevenum 178 Anm. 263
Paulsen, Paul Meinert, Wyk 48, 58, *59
Paulsen, Thomas, Toftum 92, 175 Anm. 221
Pedersen, Sören, Hedehusum 96, 175 Anm. 228
Peters, Adolph, Oldsum 63 f., 170 Anm. 145
Peters, Dorothea geb. Friedrichs, Oldsum 63, 170 Anm. 147
Peters, Erich, Utersum 163 Anm. 27
Peters, Peter Riewert, Oldsum 63, 170 Anm. 146 u. 148
Petersen, Cornelius, Vester Anflod 93, *95 f., 98, 102, 105, 109, 114–117, 138–140, 178 Anm. 264, 181 Anm. 299
Petersen, Jørgen, Kopenhagen 102, 176 Anm. 237
Petersen, Pensionswirt in Altona 75, 172 Anm. 186
Petersen, Peter Nahmen, Altona 172 Anm. 186
Petersen, Peter Sönke, Klintum 96, 99, 105, 107, 175 Anm. 224
Petersen, Richard, Süderende 85, 173 Anm. 205
Petersen, Thorvald, Tondern 93
Pontoppidan, Hendrik, dänischer Generalkonsul 53

Rasmussen, Louise vgl. Danner, Louise Gräfin
von Revertera, österreichischer Zivilkommissar 36, 164 Anm. 49
Rickmers, Boy, Oldsum 66, 107, 109–*111, 119, 140, 176 Anm. 245
Rickmers, Claudius, Satrup *134, 180 Anm. 294
Rickmers, Jacob, Oldsum *30, 134, 163 Anm. 32
Rickmers, Nickels, Oldsum 20, 161 Anm. 11

Riewerts, Anna geb. Hinrichs, Dunsum 73, 172 Anm. 181
Riewerts, Brar Volkert, Neumünster 28, *29
Riewerts, Broder, Oldsum 155, 183 Anm. 331
Riewerts, Ingke vgl. Hinrichsen, Ingke geb. Riewerts
Riewerts, Julius, Oldsum *96
Riewerts, Riewert, Dunsum 172 Anm. 181
Roeloffs, Brar, Süderende 109–*111, 112, 125, 135, 139f., 157–159, 180 Anm. 282
Roeloffs, Christian Diedrich, Süderende 27, 57, *58, 69, 92, 109, 111, 113, 155
Roeloffs, Erk, Süderende 113, *114, 177 Anm. 260
Roeloffs, Johanna geb. Ketels, Süderende 110, *111, 134
Roeloffs, Keike geb. Braren, Süderende 113, *114
Roeloffs, Keike, Süderende 27, 57, 163 Anm. 27
Rohde, Jacob, Eiderstedt 96, 105 f.
Rolufs, Christine geb. Sörensen, Toftum 16, *91, 122, 179 Anm. 277, 182 Anm. 319 f.
Rolufs, Ernst Philipp, Toftum *91–93, 96, 109, 114, 122, 127, 131, 136, 146, 182 Anm. 320
Rolufs, Göntje geb. Nickelsen, Toftum *156
Rolufs, Ocke, Toftum *156
Rolufs, Robert, Toftum *92, 109, 123, 177 Anm. 254, 180 Anm. 282
Rörden, Hinrich, Hedehusum 127, *128
Rörden, Ocke Adolf, Witsum 127, *128
Rörden, Rörd, Süderende 171 Anm. 167

Schidlach, österreichischer Oberstleutnant 168 Anm. 120, 169 Anm. 122
Schmidt, Friedrich, Oldsum 96, 175 Anm. 226
Schmidt, Nikolaus, Süderende 89, 174 Anm. 213
Schrödter, Simon, Nieblum 87, 174 Anm. 210
Sievert, Johannes, Nieblum 87, *88, 174 Anm. 210
Simonsen, Max, Oldsum 40, 89, 96, 99, *100 f., 114, 116, 123, 127, 141, 178 Anm. 263, 179 Anm. 279
Simonsen, Pauline geb. Christians, Oldsum *100
Simonsen, Simon, Wyk 40, 89, 165 Anm. 70, 174 Anm. 211
Skalweit, Hans, Landrat in Niebüll 157 f.
Skrumsager, Niels, Toftlundgård 96, 98, 102, 106, *118, 145, 175 Anm. 223 u. 225, 176 Anm. 236, 178 Anm. 267, 179 Anm. 269 u. 282, 180 Anm. 291
Søgaard, Jørgen, Jarplund 152–154, 183 Anm. 327
Sörensen, Franz, Toftum 40, 50, 165 Anm. 71, 174 Anm. 211
Sörensen, Lorenz Sönke, Oevenum 91
Steinmann, Georg von, Oberpräsident in Schleswig *108, 176 Anm. 248
Suenson, Edouard, dänischer Marineoffizier *44
Svendsen, Nicolaj, Redakteur 175 Anm. 219
Sydow, Oscar von, internationaler Kommissar 177 Anm. 252

Tedsen, Dr. Julius, Boldixum, Flensburg *120–122, 178 Anm. 264
Thomsen, Andreas, Alkersum 96, *97
Thomsen, Karl, Alkersum 96, *97
Thorvaldsen, Bertel, dänischer Bildhauer 102, 176 Anm. 238
Trojel, Hans, Nieblum 41, *56–58, 68, 163 Anm. 25, 166 Anm. 73, 169 Anm. 131, 171 Anm. 164
Tückis, Ingke geb. Lorenzen, Toftum *156

Viborg, Niels, Wyk 35, 64, 164 Anm. 45
Volkerts, Arfst, Wrixum 63, 170 Anm. 147 f.
Volkerts, Tesje geb. Friedrichs, Wrixum 63, 170 Anm. 147
Vollert, Hardine geb. Olesen, Toftum 161 Anm. 12
Vollert, Jürgen, Toftum, Boldixum, 161 Anm. 12

Wilhelm II., deutscher Kaiser 112
Will, Julius, Oldsum 176 Anm. 244
Wögens, Roluf, Utersum 129
Wögens, Simon, Utersum 127, *129
Wulff, Emil, dänischer Marineoffizier 161 Anm. 10

Zahle, Carl, dänischer Staatsminister 103, *104, 110, 122, 176 Anm. 241
Zedlitz, Konstantin Freiherr von, preußischer Zivilkommissar 173 Anm. 207